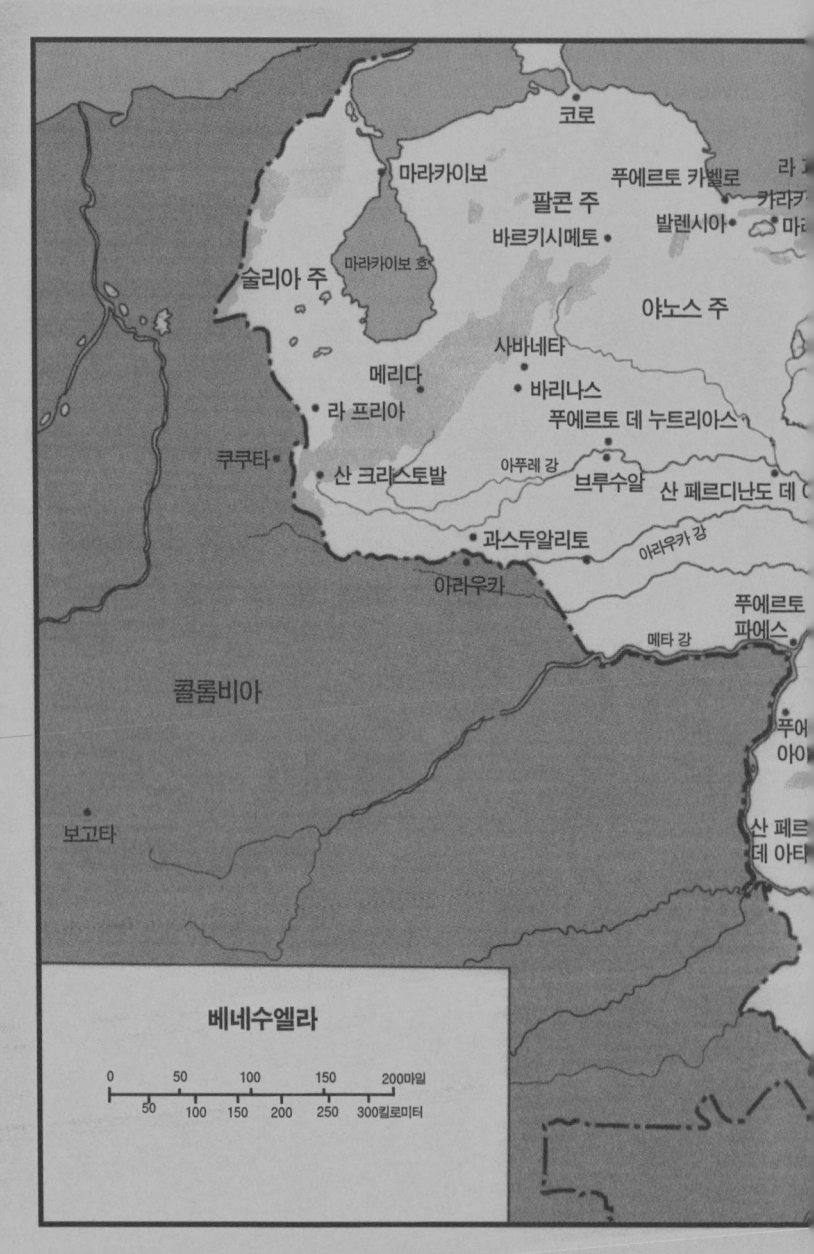

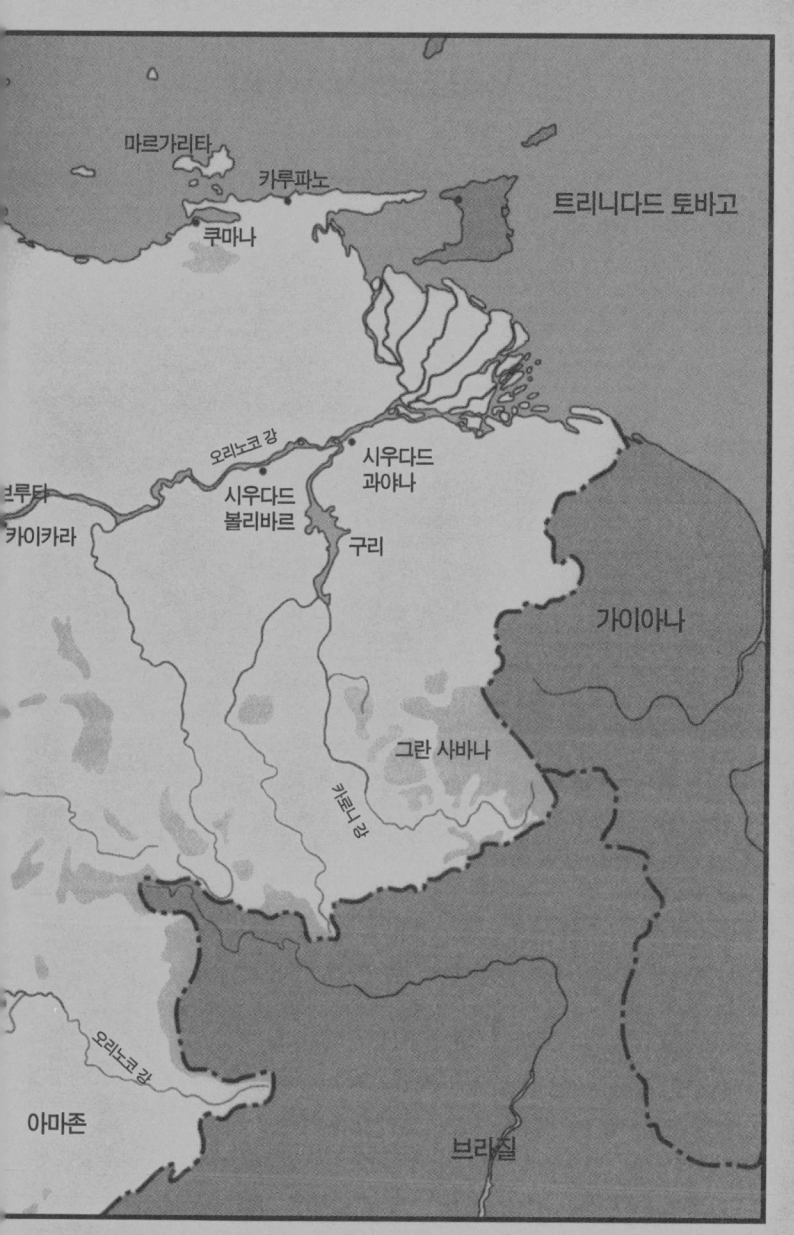

차베스

민중의 호민관 차베스

리처드 고트 지음 · 황건 옮김

당대

Hugo Chávez and Volibarian Revoultion
Copyright ⓒ Richard Gott 2005 / Photo ⓒ Georges Bartoli

Korean translation edition ⓒ 2006 by Dangdae Publishing Co.
published by arrangement with Verso, London, UK
through Bestun Korea Agency, Seoul, Korea.
All rights reserved.

이 책의 한국어 판권은 베스툰 코리아 에이전시를 통하여 저작권자와 독점계약한 당대 출판사에 있습니다. 저작권법에 의해 한국 내에서 보호를 받는 저작물이므로 어떠한 형태로든 무단전재와 무단복제를 금합니다.

민중의 호민관 차베스

지은이 — 리처드 고트
옮긴이 — 황건
펴낸이 — 박미옥
펴낸곳 — 도서출판 당대

제1판 제1쇄 인쇄 — 2006년 8월 30일
제1판 제1쇄 발행 — 2006년 9월 9일

등록 — 1995년 4월 21일(제10-1149호)
주소 — 서울시 마포구 서교동 395-99 402호
전화 — 323-1315~6
팩스 — 323-1317
e-mail — dangbi@chol.com

ISBN — 89-8163-134-4

옛날에 어떤 여행자가 땅거미가 질 무렵 카라카스에 도착하여 흙먼지도 털 새 없이, 숙식할 곳을 찾기에 앞서 볼리바르 동상이 어디 있느냐고 물었다. 여행자는 동상 앞에 서서 눈물을 흘렸다. 동상은 아들을 맞이하는 아버지처럼 움직이는 것 같았다. 그 여행자는 마땅히 해야 할 일을 했을 뿐이다. 아메리카 대륙에 사는 우리 모두는 볼리바르를 아버지처럼 사랑해야 하기 때문이다.

호세 마르티(*La Edad de Oro*, New York, 1889)

차례

머리말 — 11

I. 어느 대통령의 초상화
1. 아바나 야구경기 — 25
2. 구체제의 붕괴 — 39
3. 고향 바리나스의 유래 — 47
4. 바리나스에서 카라카스로 — 52

II. 볼리바르주의 혁명의 준비기
5. 혁명을 준비하는 군인들 — 61
6. 엘로르사로 추방 — 70
7. 카라카스의 봉기, '카라카소' — 73
8. 페레스 정부를 파멸시킨 신자유주의 정책 — 82
9. 군부와 민간 혁명세력의 토론 — 94
10. 차베스의 '군사적 개입' — 104
11. 그뤼버 제독의 불발 쿠데타 — 116
12. 민간 혁명세력의 애국전선 — 124
13. 라틴아메리카의 급진적 군부반란들 — 133

III. 19세기 혁명전통의 재발견
    14. 해방자 시몬 볼리바르의 유산 — 147
    15. 로빈슨 크루소와 시몬 로드리게스의 철학 — 165
    16. 에세키엘 사모라와 '과두체제의 공포' — 179

IV. 평화적 수단으로 구체제의 전복 시도
    17. 야레 감옥과 정치적 동맹세력 규합 — 193
    18. 급진운동당의 등장 — 203
    19. 차베스의 대선 승리 — 217

V. 차베스의 집권
    20. 제헌의회와 새 헌법 — 229
    21. 하늘이 열리던 날 — 238
    22. 자생적 농업을 위한 계획 — 247
    23. 석유의 새로운 정치학 — 262

24. 경제계획을 둘러싼 분열 — 272
25. 사법부 개혁 — 282
26. '볼리바르주의' 외교정책 — 286
27. 사나운 이웃, 콜롬비아 — 300
28. 토착민의 새 권리 — 311
29. 변화하는 반대세력 — 322
30. 어용노조들 혁명에 반대하다 — 328

VI. 반동의 물결

31. 반대세력의 조직적인 저항 — 337
32. 쿠데타와 역쿠데타 — 346
33. 4월 쿠데타, 그후의 분위기 — 369
34. 지옥의 네 기수: 언론전쟁 — 379
35. 반대세력의 경제쿠데타 — 386
36. 민중들에게 식량과 교육을 제공하다 — 396
37. 반대세력의 소환 국민투표운동 — 402

에필로그: 군부와 시민사회 — 415

부록: 아바나의 차베스와 카스트로 — 424
참고문헌 — 431

머리말

베네수엘라 대통령 우고 차베스(Hugo Chávez) 대령이 처음으로 세계의 진지한 주목대상이 된 것은 그가 2002년 4월의 쿠데타로 전복되었다가 이틀 후 대중의 요구를 업고 기적적으로 권좌에 복귀하면서였다. 많은 사람들이 저 멀리 떨어진 라틴아메리카 한 나라의 유별난 포퓰리즘 실험쯤으로 여겼던 베네수엘라 사태가 갑자기 국제적인 관심사가 되었다. 미국의 주요 석유 공급국인 베네수엘라 국내의 치열한 투쟁이 이제는 국외에서도 좌파와 우파 모두에 의해 세밀하게 검토·분석되기 시작했다.

4월의 불발 쿠데타가 지닌 공공연한 파시즘적 성격은, 피노체트가 살바도르 아옌데 대통령을 축출하고 정권을 잡았던 1973년의 칠레사태를 연상케 했다. 쿠데타세력은 노조운동 내부의 공모자를 내팽겨쳐 버리고 상공회의소연합회(Fedecámeras) 대표를 명목상 지도자로 내세우고는, 신속하게 국회·대법원·정부 기구들과 차베스의 새 헌법을 정지시켰던 것이다. 이처럼 명백한 우파쿠데타가 일어나자 비로소 많은 사람들은 차베스 정부가 어쩌면 생각했던 것보다 혁신적이고 급진적이었을지도 모른다는 생각을 하게 되었다.

이어 쿠데타의 전후와 짧은 진행기간 동안 카라카스의 미라플로레스 대통령궁의 사태를 다룬 아일랜드의 훌륭한 다큐멘터리 〈혁명은 방영할 수 없다〉가 전파를 타면서, 외국의 수많은 시청자들은 그제야 베네수엘라가 처한 정치·사회·문화적 위기의 본질을 분명히 인식하게 되었다. 또 이 다큐멘터리는 민영방송이 쿠데타를 부추기고 선동·조직했을 뿐 아니라 나중에는 군대의 지지를 얻어 대통령을 복귀시킨 군중들의 집회장면을 촬영하지 못하게 하거나 방영하기를 거부하는 등 특별한 역할을 했다는 사실도 폭로했다.

이 책의 초판이라 할 수 있는 『해방자의 그늘』(*In the Shadow of the Liberator*)은 차베스의 집권 첫해인 1999년에 집필하여 2000년에 출판되었다. 당초 이 책의 목적은 라틴아메리카 사태에 대한 외부의 관심이 저조했던 당시에 주로 외국인들에게 차베스와 그의 '볼리바르주의 혁명'을 소개하는 데 있었다. 당시 나는 1998년 12월 6일에 차베스가 유권자

56%의 지지를 얻어 대통령에 당선된 것은 베네수엘라뿐 아니라 라틴아메리카 대륙 전체에 의미심장한 새 시대의 서막일 가능성이 크다는 생각을 가지고 있었다. 인상에 남는 젊은 지도자가 민중의 지지를 받으며 아메리카 대륙의 정치판도를 바꿔놓을 급진적인 계획을 가지고 등장했다는 생각이었다.

차베스의 여러 가지 야심 중 한 가지는 특히 1960~80년대의 독재로 실추된 라틴아메리카 군부의 이미지를 회복하는 것이었다. 아르헨티나와 볼리비아, 브라질, 칠레, 우루과이에서 정권을 잡았던 우익장교들이 그동안 라틴아메리카 군부의 명예를 심하게 훼손시켰기 때문에, 대중들은 과연 군대가 국민의 신뢰를 되찾을 수 있을지 의문을 갖고 있던 터였다.

1992년에 차베스 자신도 한무리의 급진적인 청년장교들과 함께 쿠데타를 일으켰다가 실패의 대가를 치른 적이 있었다. 그러나 그 당시에도 이 쿠데타는 허영심에 들뜬 파시스트 대령의 쿠데타 시도가 아니라 급진적 해방운동의 시도였다는 것이 명백했다. 오래 전부터 그의 계획은 베네수엘라의 당면문제를 제대로 다루지 못하는 꽉 막힌 정치체제를 뛰어넘어 보자는 것이었다. 본질적으로 민주적인 그의 소명의식은 나중에 그 스스로 1998년 대통령선거에 출마함으로써 분명해졌다. 그 이후로도 그는 자신과 정부를 여러 차례의 선거와 국민투표에 내맡김으로써 자신의 변함없는 민주주의 공약과 놀라운 대중적 인기를 입증해 주었다.

나는 초판 집필 당시만 해도 차베스가 국내외적으로 그처럼 큰 논쟁의 대상이 되리라고는 내다보지 못했다. 사관학교의 인기 교관이라는 평판을 누렸고 또 특출한 대화술을 갖춘 이 매력적이고 지성적이며 교양 있는 장교가 어떻게 카라카스의 구시대 정치엘리트들의 주장처럼 20세기의 대표적인 독재자들과 맞먹는 괴물로 변모할 수 있단 말인가? 이번 증보개정판에서, 나는 그의 지지자와 적들이 차베스 정부를 어떻게 받아들이고 해석하고 있는지도 다루어보고자 한다.

지금 베네수엘라에서 진행중인 혁명은 갈수록 강도를 더해 가고 있어 차베스 대통령의 지지자와 반대자들 모두를 놀라게 하고 있다. 이 혁명은 카리스마를 지닌 차베스 혼자서 만들어낸 작품이 아니며(그는 드러난 빙산의 일각일 뿐이다), 베네수엘라 하층계급의 비범한 투쟁정신과 반대세력의 정치적 무능력의 결과로서 표출된 것이다. 이 드라마는 비극으로 끝나게 될지도 모른다. 공개석상마다 검은 옷을 입은 장신의 경호원들이 대통령을 빈틈없이 호위하는 모습을 보고 있노라면 라틴아메리카 정치가 아직도 총포의 경호 속에서 이루어지고 있구나 하는 섬뜩한 생각을 떠올리게 된다. 정치적 암살은 항상 가능성으로 남아 있다. 그럼에도 불구하고 베네수엘라의 혁명과정은 이미 확고하게 자리 잡아가고 있어, 라틴아메리카는 지금 거의 반세기 전의 쿠바혁명 이래 가장 놀랍고도 특별한 정치적 과정을 겪고 있는 것이다.

이제 칠레와 니카라과는 잊기로 하자. 1970년대의 살바도르 아옌데도 혁명가라기보다는 사실 능란한 부르주아 정치인이었다. 그는 대통령이 되기 전에, 자기가 칠레의 안데스 산맥에서 게릴라활동을 시작한다면 정부가 앰뷸런스를 보내 동상에 걸린 자신을 구출해 주어야 할 것이라고 말하곤 했다. 1980년대 니카라과의 산디니스타 운동은 처음에는 혁명을 잘 조직했지만, 정치문화가 쇠락한 작은 나라의 운동이어서 필연적인 미국의 반격에 제대로 저항하지 못했다. 냉전은 여전히 라틴아메리카 대륙에 재앙의 그림자를 드리우고 있다.

베네수엘라의 경험은 특이하기도 하고 뜻밖이기도 하다. 2400만 인구를 가진 가난한 산유국 베네수엘라는 1960년대에 카스트로 방식의 게릴라운동을 활발하게 전개한 적도 있었지만, 그럼에도 늘 혁명이 일어날 가능성이 없는 나라로 간주되어 왔다. 라틴아메리카에서 가장 미국화된 중산층을 가졌고 빈곤과 굶주림에 영원히 짓눌려 살 것만 같은 최하층 계급이 전체 인구의 2/3에 달하는 베네수엘라는 사실상 20

세기의 마지막 30년 동안 지도에서 사라져 있었다. 이 나라는 외부의 관심을 불러일으키지도 못하였고, 외교관들에게는 인기 없는 부임지였으며, 라틴아메리카를 전공하는 외국 학자들은 오래 전부터 이 나라의 역사와 정치를 무시해 오던 터였다. 최근에는 베네수엘라에 관한 본격적인 연구서가 출판된 적도 거의 없었다.

그러나 냉전종식 후 10년 동안 외부사람들이 라틴아메리카 사태에 별로 관심을 가지지 않던 차에, 베네수엘라가 불쑥 무대의 전면에 떠올랐다. 베네수엘라는 라틴아메리카에서 관료들의 고질적인 부패를 가장 심하게 겪은 나라였고, 외부에서 강요된 신자유주의 정책과 이른바 '워싱턴 컨센서스'(Washington Consensus)에 대해 최초로 격렬하게 반대한 나라였으며, 또한 완전히 새롭고 독창적인 반(反)세계화 프로그램을 실험한 최초의 나라였다.

베네수엘라의 최근 정치상황은 수도 카라카스와 몇몇 주변도시의 최하층 사람들이 신자유주의 프로그램에 반대하여 일으킨 정치적 폭동 ── 1989년 2월의 이른바 '카라카소'(Caracazo, '카라카스 폭동, 타격 또는 사태'의 뜻을 가진 합성어─옮긴이)──에서 비롯되었다. 이 신자유주의 프로그램은 국민의 지지로 중임된 카를로스 안드레스 페레스 대통령이 추진한 것이었다. 카라카스에서는 이틀 동안 19세기 이래 베네수엘라 최초의 대규모 폭력사태가 벌어졌는데, 그것은 버스요금 인상 때문에 촉발되었다지만 사실은 훨씬 더 광범위한 정치적 불신감을 반영하는 것이었다. 뒤이은 군대의 진압과정에서 수천 명이 사망했다.

이 사건은 라틴아메리카로서는 같은 해 11월에 있었던 유럽의 베를린장벽 붕괴만큼이나 중요한 사건이었다. 라틴아메리카에 강요된 신자유주의 프로그램을 민중봉기로 철저하게 배격한 최초의 사건이었던 것이다. 그후 몇몇 나라에서 비슷한 폭동이 일어났지만, 베네수엘라가 그 시초였다.

10년 후 신자유주의 위기는 라틴아메리카 대륙 전체로 확산되어 거의 모든 나라에서 이 경제전략에 대한 적대감이 고조되었다. 2003년에 브라질에서는 오래 전부터 세계화에 반대해 온 노동당의 루이스 이나시오 다 실바(룰라)가 대통령에 취임했다. 같은 해 볼리비아 수도 라파스에서는 민영화와 새로운 세금부과에 반대하는 폭동이 일어나 기업가 출신 곤살로 산체스 데 로사다 대통령을 앰뷸런스로 구출해 내야 했다. 경찰도 파업에 들어가 군대와 대치하는 가운데, 민중들이 언덕에서 밀고 내려와 미국계 패스트푸드 식당과 슈퍼마켓들을 닥치는 대로 파괴했다. 에콰도르에서도 2000년에 비슷한 사태가 일어나, 토착민중과 급진적 청년장교들로 이루어진 동맹세력이 미국달러화를 공용화폐로 채택한 신자유주의 정부를 타도했다.

아르헨티나에서는 21세기 초에 중산층까지도 폭동에 가담하는 미증유의 사태가 벌어졌다. 평소에 근엄하던 부에노스아이레스 시민들은 지불불능 상태에 빠진 은행들의 문을 두드렸고, 최하층민들은 전국적으로 더욱 능동적으로 나섰다. 그러나 민중의 지지 없이, 가진 자들의 잔치로 치러진 총선 결과로 네스토르 키르치네르 대통령이 등장했다.

2004년에 이웃한 우루과이에서는 1970년대에 활동했던 도시게릴라 투파마로스(Tupamaros) 운동의 후계자들이 공직에 선출되었다.

콜롬비아에서는 1950년대부터 계속된 내전이 여전히 매우 격렬한 양상을 보이고 있으며 미국의 계속된 군사개입으로 사태가 더욱 악화되고 있다. 지난 500년 동안 대체로 그러했듯이, 이 나라의 상당 지역들이 지금도 중앙정부의 통제에서 벗어나 있다.

베네수엘라는 최근 몇 년 동안 라틴아메리카에 불어닥친 폭풍의 중심부에 서 있다. 1998년 12월에 우고 차베스가 처음으로 대통령에 당선되었을 당시, 이 나라는 이미 여러 해 동안 위기를 겪고 있었다. 석유자산이 줄어드는 가운데 부정부패의 늪에 빠져 있던 역대 정부는 신자유주의 프로그램을 밀어붙였지만 별 성과를 거두지 못하고 있었다. 1989년의 폭동, 1992년의 불발 쿠데타, 1993년의 페레스 대통령 탄핵, 1994년의 금융기관 붕괴 그리고 한때 강력했던 정당들의 내부분열 등은 모두가 파멸이 임박했음을 알리는 징조였다.

1998년에 차베스가 민중의 총아로 등장하자 낡은 정치에 실망했던 여러 저명인사들도 그를 지지하고 나섰다. 백만장자 기업인들과 언론매체 소유주들은 그가 너무 과격해지지 않기만 바랐는데, 그들은 언젠가 자기들이 차베스를 좌지우지할 수 있으리라고 생각했던 것으로 보인다. 그들 대부분은 차베스의 타고난 급진적 성향을 감지하지 못했기 때문에, 결국은 실망할 수밖에 없는 운명이었다.

차베스는 라틴아메리카에서 실로 독창적인 인물이다. 그는 아옌데와 같은 마르크스주의자도 아니고 페론과 같은 포퓰리스트(대중인기영합주의자)도 아니다. 그는 급진적 좌익 민족주의자이며 그의 국제주의적 통찰력은 라틴아메리카의 그 어떤 인물보다 피델 카스트로에 접근해 있다. 베네수엘라 농촌지방 출신인 차베스는 교사의 아들로 태어나 양친의 소양을 물려받았다. 한때 카라카스 사관학교의 인기 높은 명석한 교수였던 그는 청중을 매혹시키는 웅변가이면서도 타고난 교사답게 교훈벽을 지닌 인물이다. 그는 아프리카계와 인디오계의 혈통을 이어받은 전형적인 베네수엘라 메스티소의 신체적 특징을 지니고 있다. 그는 항상 편안한 미소를 짓는

붙임성 있고 사귀기 쉬운 남자이며, 사람들을 편안하게 만드는 능력을 타고난 인물이다.

차베스는 의사전달의 달인으로서 매주 일요일 아침에 라디오(나중에 TV로 바뀌었다) 토크쇼 〈알로 프레지덴테〉(안녕, 대통령)에 출연하고 있다. 온 나라가 그의 현학적인 말투에 익숙해져 있다. 그는 선생처럼 말하고 선생처럼 경청하면서, 질문을 잘 들었다가 질문자에게 되묻는다. 토크쇼에서 그는 가르치는 솜씨를 최고도로 발휘하여, 때로는 설명하고 예증하고 또 때로는 주장하면서 온갖 세련된 교양을 마음껏 구사한다. 그는 이 분야에 늘 친숙해져 있으니, 그가 가장 존경하는 인물 가운데 한 사람이 19세기의 시몬 로드리게스(Simón Rodrígues, 1769~1854. 베네수엘라 출신 교육가이며 철학자. 라틴아메리카 '해방자' 시몬 볼리바르의 어릴 적 가정교사이자 스승이었다-옮긴이)라는 사실은 우연이 아니다. 로드리게스는 망명중에 '새뮤얼 로빈슨'이라는 가명을 사용하면서 베네수엘라, 볼리비아, 칠레, 에콰도르 등의 빈민·인디오·흑인들을 위한 급진적 교육프로그램을 추진하기도 했다.

차베스의 방송이 베네수엘라 빈민들에게 얼마나 영향을 끼치는지는 가늠하기가 힘들다. 그는 TV에서 흔히 초대손님을 상대로 이야기하는 것처럼 보이다가도 불쑥 다른 카메라 앞에 선 듯이 농촌지방과 빈민촌에 사는 진짜 시청자를 상대로 진지하게 연설하곤 한다. 이런 연기는 늘 충격적인 효과를 가져다주는데, 그것은 그가 말하고 실천하고자 하는 바를 잘 알고 있는 민중들을 상대로 즉석에서 대화하듯이 이야기하기 때문이다.

카라카스의 특권 중산층과 적대적 언론들은 그가 거칠고 천박한 언어를 사용한다고 불평하며, 발음이 또렷하지 않고 시골티가 난다고 비난하기도 한다. 이들은 차베스의 이야기 상대가 그와 의기투합하는 사람들이라는 사실을 이해하지 못한다. 중산층은 다만 그와 코드가 다르기 때문에 그가 불러일으키는 흥분을 느낄 수 없을 뿐이다. 유전 임대료와 오일달러로 터무니없이 비대해지고 부정부패로 타락한 베네수엘라의 정치·문화적 특권층은 차베스의 집권 초기에 관심사가 자신들과 다른 이 구세주 같은 장교가 하는 일을 겁에 질려 그저 멍하니 바라보기만 했다. 그들은 이 나라에서 벌어지는 사태를 도무지 믿을 수가 없었다.

차베스의 지지기반은 가난하고 정치적으로 소외된 사회계층, 카라카스의 빈민촌 그리고 내륙의 거대한 망각지대에 사는 사람들이다. 차베스는 그들이 알아듣는 말로, 때로는 복음을 전파하는 설교자와도 같은 활기찬 언어를 사용해 가면서 거의 매일 그들과 이야기하고 있다. 그는 하나님과 사탄, 선과 악, 고통과 사랑이라는 말을 자주 사용한다. 그 결과 라틴아메리카의 다른 나라들의 대중이 그동안 페론, 발레스코 알바라도(Valesco Alvarado, 1910~77. 페루의 노동계급 출신 군부지도자, 대통령 - 옮긴이), 토리호스(Omar Torríjos Herrera, 1929~81. 파나마의 군 출신 대통령 - 옮긴이), 아옌데, 피델 카스트로를 지지해 왔듯이, 지금 베네수엘라의 토착민대중은 차베스를 지지하고 있는 것이다.

I. 어느 대통령의 초상화

-1-
아바나의 야구경기

1999년 11월의 어느 무더운 저녁에 당시 43세이던 우고 차베스 '사령관'은 베네수엘라 야구팀을 거느리고 아바나의 메인 야구경기장으로 달려나갔다. 쿠바팀 '감독'인 73세의 피델 카스트로 사령관이 그와 자리를 함께했다. 베네수엘라팀의 주전투수인 차베스는 적·황·청색의 베네수엘라 국기를 몸에 두르고 있었다. 그의 곁에는 금발의 미소가 매혹적인 아내 마리사벨이 서 있었다. 파란 상의에 빨간색 모자를 자랑스럽게 쓴 카스트로는 역시 국기를 두른 부통령 카를로스 라헤와 외무장관 펠리페 페레스 로케를 대동하고 있었다.

그날 저녁 행사는 베네수엘라와 쿠바의 두 사령관의 우의를 다지기 위한 친선경기였다. 카스트로가 '깜짝쇼'를 예고하기는 했지만, 40대 이상의 고참들만 선수로 기용하기로 사전에 합의되어 있었다. 아바나 스타디움의 수천 관중들과 라틴아메리카 전역의 TV시청자들에게 이날 경기는 두 거물 정치인들 사이의 역사적인 스포츠 대결이었다. 피델 카스트로는 20세기 라틴아메리카에서 최고령의 가장 유명한 혁명가였고, 우고 차베스는 이제 막 등장한 신출내기로서 카스트로를 닮은 반제국주의 웅변술을 구사하는 급진적인 전직 장교였다. 차베스가 베네수엘라와 라틴아메리카를 위해 추진하고자 하는 드라마틱한 계획은 한때 카스트로가 품었던 계획처럼 매우 폭넓은 것이었다.

우연한 역사로 인해 이들 두 대통령도 좋아하고 두 나라의 국민적 스포츠이기도 한 야구경기는, 이 지역의 으뜸가는 제국주의 열강이자 신자유주의 철학 옹호국인 미국의 인기 스포츠이기도 하다. 체 게바라는 쿠바인들이 축구를 배우지 않는 한 라틴아메리카에서 쿠바혁명이 제대로 진척되지 못할 것이라고 말한 적이 있고, 미국의 독일계 국무장관이었던 헨리 키신저도 장차 미국이 라틴아메리카에서 패권을 유지하려면 축구를 받아들여야 한다고 말했었다. 그러나 쿠바와 베네수엘라(그리고 니카라과)는 여전히 야구라는 제국주의 스포츠를 즐기고 있으며, 또 매우 잘하는 나라이기도 하다.

카스트로와 차베스는 나이 차에도 불구하고 여러 가지 닮은 점이 있다. 카스트로가 1953년 7월 산티아고 데 쿠바의 몬카다 병영을 탈취하려다 실패한 후 쿠바의 국민적 영웅으로 떠오른 것처럼, 차베스 대령도 1992년 2월 쿠데타에 실패한 후 전국적으로 이름이 알려지게 되었다. 두 지도자의 세대차이를 잘 보여주는 대목으로는, 카스트로의 몬카다 병영 습격사건이 일어난 것은 차베스가 태어나기 1년 전이었다는 사실이 적절할 것 같다.

카스트로는 투옥과 망명생활 그리고 2년간의 게릴라전쟁을 거쳐 1959년에 집권했으며, 차베스도 1992년에 체포되어 2년 동안 투옥되기는 했지만 그후로는 비교적 순탄한 과정을 거쳐 정상에 올랐다. 그는 형무소에서 석방된 후에 자신의 정치운동(제5공화국운동 Movimiento Quinta República, MVR-옮긴이)을 조직했으며, 1998년에는 급진적 민족주의 장교들과 잘 알려진 좌파 언론인 및 지식인들의 지지를 받아 대통령선거에 출마했다. 차베스를 지지한 이들 대부분은 1960년대에 베네수엘라의 '피델리스타' 게릴라운동을 지지했던 인사들이기도 했다. 이 나라의 기존 '민주'정권이 워낙 부패하고 혐오스러웠기 때문에 차베스는 1998년 12월 선거에서 압승을 거둘 수 있었다. 1990년대에 그의 주요 정적이었던 전직 대통령 카를로스 안드레스 페레스는 비록 망명은 하지 않았지만 부패혐의로 인해 가택연금 상태에 있었다.

여러 해 전부터 다져온 끝에 마침내 1999년 차베스의 쿠바 공식방문과 야구경기로 세상에 알려지게 된 차베스와 카스트로의 돈독한 우호관계는, 혁명가 차베스가 베네수엘라 국민의 과반수가 살고 있는 빈민촌의 주민들에게 인정받을 수 있는 더할 나위 없는 신임장 같은 역할을 했다. 그러나 베네수엘라의 부유층과 극소수 엘리트들은 이 신용장을 선뜻 받아들이려 하지 않았다. 이들은 자신들의 재산과 은행계좌가 앞으로 어떻게 될지 늘 불안해하고 있으며, 이들에게도 쿠바인 친구들이 있지만 그들은 아바나가 아니라 미국의 마이애미에 살고 있었다.

차베스는 라틴아메리카와 그 밖의 다른 지역들에서도 오래 전부터 사용되지 않았던 혁명적 수사학을 구사하여 자국 국민들의 민족주의적 열정을 불러일으키고자 했다. 그는 19세기 베네수엘라 영웅들의 말과 행동에 근거하여 급진적 민족주의를 부활시키는 방법으로, 신자유주의 세계화를 무작정 받아들이는 데 대해 항거한다. 또 그는 카스트로가 쿠바의 애국자 호세 마르티를 모범으로 삼았던 것처럼 '해방자' 시몬 볼리바르를 찬양하고 있다. 볼리바르와 마르티는 모두 스페인제국에 대항하여 싸운 인물이며, 지금 카스트로와 차베스 두 사람은 미국의 세계지배 기도에 대항하여 싸우면서 이들 19세기 투사들의 명망을 되살리고 있는 것이다.

차베스는 야구경기를 위해 아바나를 방문한 동안에 이 테마를 제기했다. 아바나대학에서 그는 깜짝 놀란 청중들을 상대로 이렇게 말했다. "지금 베네수엘라는 쿠바 인민들이 항해하는 바다와 똑같은 바다를 향해 여행하고 있습니다. 그것은 행복과 진정한 사회정의 그리고 평화의 바다입니다." 이어 카스트로 쪽으로 고개를 돌려 '형님'이라고 부르고는 '라틴아메리카 혁명의 불가분성'이라는 중심 테마를 상세히 설명해 나갔다.

지금 피델과 우고, 우리 두 사람은 최대의 경각심과 더불어 위엄과 용기를 지니고 우리 인민의 이익을 지키고 볼리바르와 마르티의 사상을 소생시키기 위해 싸우고 있습니다. 나는 쿠바와 베네수엘라의 이름으로 우리 두 나라 인민의 단결과 우리가 이끄는 두 혁명의 단결을 호소합니다. 볼리바르와 마르티, 통일된 단일국가!

라틴아메리카 본토에서 40년 동안 동맹국을 찾고 있던 카스트로는 차베스의 웅변에 더할 나위 없이 만족했지만, 그래도 새로 얻은 이 우정이 야구경기를 이기는 데 걸림돌이 되게 할 생각은 없었다. 6회 초에 그가 약속했던 '깜짝쇼'가 등장했다. 쿠바팀의 예비선수 두 명이 나왔는데, 쿠바에서 가장 유명한 프로선수인 오레스티 킨데를란과 루이스 울라시아였다. 두 사람은 은퇴한 선수처럼 가장하기 위해 가발을 쓰고 수염을 달았다. 차베스가 자신은 몰랐다고 주장했지만, 사실은 아무도 속지 않았다. 이런 게릴라전술을 동원하여 마침내 쿠바팀은 크게 힘들이지 않고 5 대 4로 승리했다.

차베스가 쿠바를 방문한 것은 야구경기 때문만은 아니었다. 더 중요한 문제들이 검토되고 있었다. 쿠바와 소련이 오래 전부터 시행해 오던 설탕-석유 물물교환이 1999년에 종결될 예정이었으므로, 쿠바는 베네수엘라의 석유를 특혜가격으로 확보할 수 있기를 바랐다. 전에도 그런 선례가 있었다. 1980년 코스타리카의 산호세에서 조인된 협정에 따라 베네수엘라와 멕시코는 카리브 및 중앙아메리카 11개국에 싼값으로 석유를 제공하기로 하였다. 이 선택된 그룹에 이번에 쿠바가 가입하게 된 것이다.

한편, 쿠바의 다른 장소에서는 베네수엘라 국영 석유회사(Petróleos de Venezuela, PdVSA) 사장 헥토르 시아발디니가 1960년대에 소련이 건설하여 지금은 노후화된 쿠바의 시엔푸에고 정유소 처리 문제를 검토하고 있었다. 쿠바측은 베네수엘라가 이 정유소에 2억 달러를 투자해 주면 좋겠다고 했지만, 결국은 좀더 조심스러운 협정이 체결되었다. 베네수엘라 국영 석유회사와 쿠바 국영 석유회사(Cupet)가 합작회사를 세워 시엔푸에고스 정유소를 운영하고, 또한 베네수엘라는 쿠바에 하루 5만 배럴의 석유를 공급한다는 내용이었다.

시아발디니 사장은 이 협정이 미국에 어떤 영향을 끼치겠느냐는 기자들의 질문에 이렇게 대답했다. "우리는 미국이 중국에서 물건을 살 때 아무런 질문을 하지 않는다. 미국이 수입하는 대량소비품 중 30%가 중국산이다. 두 나라가 이런 종류의 관계를 맺고 있다면, 우리나라도 우리가 원하는 나라 ─ 중국이건 또는 말레이시아나 쿠바이건─ 와 관계를 맺지 못할 이유가 없다고 생각한다." 그리고 일주일 후에 베네수엘라의 에너지·광업장관 알리 로드리게스는 이라크를 방문하여 사담 후세인에게 석유수출국기구(OPEC)를 부활시키도록 지원해 줄 것을 요청했다.

지난 반세기 동안 베네수엘라와 쿠바는 결코 순탄하다고 할 수 없는 관계를 유지해 왔던 터라, 바야흐로 차베스는 두 나라를 화해시킨 인물로 부각되었다. 차베스가 포용한 급진적 프로그램들은 지난 50년 동안 라틴아메리카에서 일어난 투쟁들에 그 뿌리를 두고 있다. 그 시기에 카스트로와 체 게바라가 고취시키고 직접 지원했던 베네수엘라 혁명운동은 쿠바혁명의 메시지를 라틴아메리카 대륙 전체로 확산시키고자 노력했다. 카스트로는 바티스타 정권을 몰아낸 직후인

1959년에 카라카스를 방문하여 베네수엘라 사람들이 물심양면으로 도와준 데 대해 감사를 표했다. 당시 카스트로는 베네수엘라에서 가장 인기 있는 인물이어서, 카라카스 중심부에 있는 드넓은 엘 실렌시오 광장에는 카스트로를 환영하기 위해 자발적으로 모여든 군중이 수천 명에 이르렀다.

카스트로의 게릴라부대가 승리하기 1년 전인 1958년 1월에는 카라카스에서 민중봉기가 일어났다. 수도 카라카스 서쪽의 마라카이(이후 1992년에 차베스가 쿠데타를 일으킨 본거지) 군사기지에서 시작된 폭동은 곧 수도로 확산되었으며, 좌파 '애국평의회'(Patriotic Junta)는 총파업을 성공적으로 이끌어 베네수엘라의 독재자 마르코스 페레스 히메네스를 퇴진시켰다. 그리하여 베네수엘라와 쿠바는 같은 길을 가고 있다는 것이 분명해 보였다.

그러나 1958년 폭동의 궁극적인 수혜자는 혁명파가 아니라 로물로 베탕쿠르트(Rómulo Betancourt)였다. 책략에 능하고 무자비한 개혁파 정치가로 알려진 베탕쿠르트는 미국의 적극적 지원을 받아 민주행동당(Acción Democrática)을 창당하였다. 당시 미국은 카스트로의 쿠바에 맞설 대안으로서 베탕쿠르트의 베네수엘라를 라틴아메리카의 모델국가로 내세웠던 것이다. 그러나 베네수엘라의 일반국민들은 그렇게 보지 않았다. 카스트로가 카라카스에서 베네수엘라가 보내준 지원에 감사를 표할 때 대단한 갈채를 받았지만, 그의 곁에 있던 베탕쿠르트는 심한 야유를 받았다. 그로부터 얼마 후 베탕쿠르트의 베네수엘라는 라틴아메리카에서 반(反)카스트로 운동의 거점이 되었고, 그의 비밀경찰은 미국 마이애미에서 온 반카스트로 망명세력이 장악하였다.

베네수엘라의 수많은 좌파인사들은 쿠바의 전례를 따라 산으로 들어가서 게릴라 반군을 조직, 60년대 말까지 계속 저항운동을 하였다. 이 가운데 일부는 공산당 계열이었으며, 또 일부는 민주행동당에서 떨어져 나온 분파그룹이었다. 그 밖에도 군부 내의 급진파 그룹과 긴밀한 관계를 맺고 있는 그룹이 있었는데, 훗날 이들은 베네수엘라 역사에 중요한 영향을 끼치게 된다.

공산당을 비롯한 정당 출신의 민간인 활동가들은 1962년 민주행동당 정부에 항거하여 카루파노와 푸에르토 카베요에서 일어난 두 차례 군사반란에도 참가하였다. 이 폭동들은 실패했지만 민중들의 뇌리에 강한 인상을 남겼다. 공산당 지도자의 한 사람인 길레르모 가르시아 폰세는 카루파노의 폭동 이후에 발표한 성명에서 반란군 장교들의 정치강령을 '광범위한 민족적 · 애국적' 강령이라고 밝히면서, 이 강령은 베네수엘라 국민들에게 '민주주의의 재건을 위해' 분투할 것을 촉구한다고 찬양하였다. 나아가 그는 이들 반란군이 "베네수엘라를 위해 크게 공헌했다"고 평가했다. 그로부터 40년 후인 1999년에 가르시아 폰세는 새 헌법 제정을 위해 선출된 제헌의회에서 차베스를 지지했다.

차베스는 진공상태에서 등장한 인물이 아니었다. 그는 베네수엘라의 좌익혁명의 전통을 계승하고 있었다. 1960년대의 게릴라운동에서 살아남은 많은 인물들이 21세기에 들어와서도 여전히 — 일부는 차베스 지지세력으로, 또 일부는 야당세력으로 — 정치에 참여하고 있다. 1992년의 쿠데타를 계획할 당시에 차베스는 상당한 공을 들여 민간인 좌익세력을 양성했으며, 집권 후에는 급진적 전통을 이어받은 이들 수많은 인재들을 등용하였다.

2000년에 선출된 의회 내 차베스 지지세력 가운데도 게릴라 출신 의원이 6명이나 포함되어 있었다. 또 에너지·광업장관(나중에는 외무장관)으로 OPEC의 부활을 추진했던 알리 로드리게스는 1960년대 팔콘 주(州)의 게릴라전사 출신으로서, 그후 중요한 좌파정당인 급진운동당(La Causa Radical, LCR)에서 활동한 인물이다. 노동장관 리노 마르티네스 역시 게릴라 출신이다.

차베스는 처음에는 좌익 원로정치인인 루이스 미킬레나와 호세 비센테 랑헬 두 사람으로부터 정치적 자문을 받았다. 베네수엘라 좌익운동사에서 찬란히 빛나는 미킬레나와 랑헬은 거의 반세기 동안 투옥과 망명 생활을 거듭하면서 좌익운동을 이끌어온 인물들이다. 특히 라틴아메리카에서 대표적인 정계의 마술사로 꼽히는 70대의 랑헬은 세 차례나 좌익 대통령후보로 나섰던 인물이지만, 나중에는 차베스 정부에서 외무장관과 부통령직을 맡는 등 차베스의 적극적인 옹호자가 되었다. 그리고 80대인 루이스 미킬레나는 국회의장과 차베스 정부의 초대 내무장관을 지냈다. 1940년대에 버스노조를 이끌었던 미킬레나는 1946년에 창당한 반(反)스탈린주의 공산당의 공동 발기인이기도 하다. 그가 끈질기게 고수한 레닌주의 노선은, 군인과 민간인들이 제5공화국운동(Movimiento Quinta República, MVR)을 창당하여 1998년에 차베스의 선거운동을 지원할 때 큰 도움이 되었다. 그러나 2001년에 미킬레나는 차베스와 결별하고 야당에 합세한다.

좌파 출신의 장관은 그 밖에도 더 있다. 미킬레나의 대자(代子)인 이그나시오 아르카야는 1960년 미주기구회의(OAS)에서 미국이 주도한 반(反)쿠바 제안에 서명하지 않았다는 것 때문에 해임된 외무장관의 아들이기도 하다. 또 기획장관 호르헤 히오르다니는 1970년대 게릴라운동이 종식된 후에 탄생한 좌파정당 사회주의운동(Movimiento al Socialismo, MAS)의 경제고문을 지냈던 사람이다.

1960년대 혁명운동의 생존자들 모두가 차베스를 지지한 것은 아니다. 차베스에 반대하는 우파진영에는 테오도로 페트코프가 이끄는 게릴라 출신 그룹이 있었다. 한때 공산당 지도자였고 차베스 정부 직전의 개혁정부에서 장관을 지내기도 한 페트코프는 몇 차례 좌파 대통령후보에 오르기도 한 인물이다. 차베스가 집권한 첫해에는 석간신문 『엘 문도』(*El Mundo*)의 유력한 편집인으로 있으면서 차베스에 대해 맹렬하게 반대하다가 그해 12월에 신문사 사주에게 해고당한 뒤로는 막강한 시사신문 『탈 쿠알』(*Tal Cual*)의 편집인으로 활동했다. 페트코프가 거느리고 있는 칼럼니스트들 가운데는 쿠바식 사회주의에서 사회민주주의 — 그리고 그 너머 — 로 떠돌아다니던 게릴라 출신 여러 명이 포진하고 있었다.

거의 처음부터 차베스에 반대해 온 좌파인물로는 더글러스 브라보가 있다. 1960년대에 팔콘 주의 게릴라 지도자였고 초기에는 아마 가장 강경한 좌파인물로 일컬어졌을 브라보는 80년대에는 차베스의 군대 동원계획이 진정한 민·군 작전이 될 것이라는 생각에서 차베스에 협력했다. 그러나 이 계획에서 민간인들이 소외되고 차베스 노선이 급진적이지 않다고 판단한 그는 1992년 이후로는 발을 뺐다.

오래 전 1968년에 나는 입산한 브라보와 인터뷰하기 위해 2주일 동안 카라카스에서 지내면서 그의 전화를 기다린

적이 있었다. 결국 접촉은 이루어지지 못했지만, 나는 30년이 지난 1999년 1월에 마침내 그를 만나게 되었다. 60대 후반인 브라보는 차베스 진영에 속하지 않았지만, 여전히 기운차고 쾌활한 혁명가의 모습이었다. 브라보는 차베스가 하급장교 시절 반정부 음모를 꾸밀 때부터 그를 잘 알고 있었다면서 이렇게 말했다. "차베스는 머리가 좋은 사람이오. 과감하고 카리스마를 갖춘데다가 웅변도 뛰어나지요. 타고난 통솔력을 갖췄어요."

그러면서도 옛 게릴라 지도자는 몇 가지 비판도 빼놓지 않았다. "차베스는 서슴지 않고 갑자기 방향을 바꾸는 사람이오. 그건 긍정적일 수도 있고 부정적일 수도 있어요. 그는 어떤 집단과 쉽사리 협정을 맺었다가도 이를 팽개치고 다른 집단과 타협할 수 있는 사람이지요. 차베스가 모의단계에 있을 때는 이런 능력이 상당히 진지한 측면이었지만, 대통령이 된 지금은 아주 위험한 측면이지요."

브라보와 같은 세대인 랑헬은 덜 비판적이었다. 그는 이렇게 말했다. "차베스를 신성시하는 것도 오류지만 그를 악마처럼 보는 것도 잘못이오. 그가 등장하지 않았더라도 필시 다른 사람이 나왔겠지요. 다행히도 이 방법이 민간인들과 함께 평화적인 변혁을 담보할 최선의 길임이 입증되었어요. 어쨌든 자칫하면 피노체트 같은 인물이 나올 뻔했지 않소?"

혁명전술과 군·민동맹을 둘러싼 베네수엘라 좌파의 내부토론은 차베스 시대에도 결말이 나지 않은 채 끊임없이 계속되고 있다. 그러나 정권을 유지하여 '볼리바르주의 혁명'을 강력하게 밀고 나가는 그의 능력 앞에서, 좌파 반대세력은 논거도, 지지자도 상실한 채 고립되고 말았다.

-2-
구체제의 붕괴

예전의 카라카스는 주변 산악지대의 비교적 우호적인 란초(판자촌)들로 둘러싸인 자그마한 도시였으며, 밤에는 빈민촌들의 불빛이 촛불처럼 깜박거렸다. 그러나 시내 중심부의 부와 사치 그리고 가난한 판자촌의 참상은 라틴아메리카의 가장 잘 알려진 특징— 뿌리 깊은 인종차별에 기초한 소득과 기회의 불평등— 을 유감없이 드러내 보여주었다.

지금의 중산층은 이전보다 규모도 작고 특권도 줄어들었지만, 그래도 경제위기의 압박을 받지 않는 사람들은 여전히 국제적인 생활수준을 누리며 환락을 즐기고 있다. 토요일에 고급 레스토랑에 앉아 점심을 먹고 있노라면, 흡사 바르셀로나 아니면 토리노나 프랑크푸르트에 있는 듯한 기분이 든다. 센트로 삼빌에 있는 고층 쇼핑몰에 가보면 미국 중서부의 어느 도시에 와 있는 것 같다. 오랫동안 정치와 경제의 위기가 심각했어도 이 사회집단은 미국을 비롯해 세계 곳곳에서 수입한 식료품과 소비재를 구입하고, 민족적인 것보다 세계적인 것을 선호하면서 흥청망청 잘살고 있다. 전에는 초콜릿을 수출하던 이 나라가 지금은 미국산 초콜릿을 수입하고 있다.

그러나 최근 들어 사회적 불평등이 더욱 심각해지면서 그만큼 도시생활의 위험도 커지고 있다. 미국 스타일의 대도시로 변모한 지금의 카라카스는 복잡하게 얽힌 수많은 간선도로와 콘크리트 교차로, 보행자 전용구역과 인파가 들끓는 쇼핑센터 들로 늘 화려해 보인다. 각종 건축양식으로 지은 거대한 마천루들의 숲은 반세기에 걸친 고삐 풀린 난개발의 결과를 고스란히 보여준다.

일부 빈민촌들은 개량하거나 새롭게 단장하여서 멀리서 보면 이탈리아의 어느 언덕마을처럼 아름답지만, 나무와 콘크리트로 지은 오두막집은 지금도 계속 늘어나 가난한 교외 지구로 겹겹이 뻗어나가고 있다.

전에는 높은 언덕 위의 판자촌들이 부유층에게 자신의 존재를 깨우쳐주는 역할을 했지만, 이제는 고층건물들이 들어서면서 상황이 완전히 바뀌었다. 빈민들은 중심부에서 점점 더 멀리 쫓겨나가고, 시내 한복판의 거대한 고층건물들은 소비사회의 부를 한껏 과시하고 있다.

라틴아메리카의 여느 대도시들과 마찬가지로, 카라카스에도 사실상 법과 질서가 존재하지 않는다. 한마디로 카라카스는 포위되어 있는 도시이다. 쇼핑센터마다 철책 바리케이드가 쳐져 있고, 주거지역 도로 곳곳에는 초소와 차단기가 설치되어 있고, 아파트건물마다 무장한 감시원이 지키고 있다. 부유층은 사설 경비원을 두고 높은 담 안에서 살고 있으며 가난한 청소년들은 살아남기 위해 스스로 무장갱단을 조직하고 있다. 중간에서 샌드위치 신세가 된 중산층은 자신의 재산과 목숨을 지키기 위해 늘 전전긍긍하며 살아가고 있다.

1989년 2월의 어느 날 카라카스의 중산층들에게 최악의 악몽이 닥쳤다. 주변언덕의 빈민들이 몰려 내려와 1주일 동안 온 시내를 돌아다니며 닥치는 대로 약탈한 것이다. 뒤이은 군대의 격렬한 진압과정에서 수백 명이 사망하여 계급간 관용(tolerance)의 폭이 얼마나 좁아졌는지를 새삼 일깨워주었다. '카라카소'(Caracazo)라고 불리는 이 사태의 원인은 간단했다. 석유가격이 올라 버스요금이 인상되자 그동안 참았던 분노가 폭동으로 분출되었던 것이다. 마침 급료인상 문제를 놓고 파업중이던 경찰은 도시폭동을 진압할 태세가 전혀 되어 있지 않았다. 카라카스 주민들의 약탈 장면과 경찰이 수수방관하는 모습이 TV에 방영되자, 다른 도시 주민들은 이를 자기들도 합세하라고 권장하는 것으로 받아들였다. 이

사건이 일어난 지 여러 해가 지난 오늘날까지도 카라카스의 중산층 시민들은 '안전'하다는 느낌을 갖지 못하고 있다.

이 나라의 '구체제'(ancien régime)는 소련의 구체제가 그러했듯이 무작정 여러 가지 새 모델을 모색하고 있었는데, 1989년 폭동은 부분적으로 이런 개혁운동이 원인이 되어 일어난 것이었다. 1950년대 말부터 베네수엘라는 동유럽 공산국가들처럼 1당국가의 속성을 모두 다 지니고 있었다. 다만 이웃한 콜롬비아도 마찬가지이지만, 베네수엘라의 특수성은 국가를 지배하고 변화시키는 권한이 한 정당이 아니라 두 개의 정당에게 부여되었다는 점이다. 최대 정당인 민주행동당이 주도적 역할을 했지만, '민주국가'라는 허울을 유지하기 위해 가끔은 기독교사회당(Partido Social Cristiano de Venezuela. 정식 명칭은 Comite de Organizacion Politica Electoral Independiente, Copei이므로 보통 Copei당이라 부른다-옮긴이)도 선거를 통해 집권하도록 허용되었다. 두 정당은 1958년에 이른바 푼토 피호(Punto Fijo) 협약을 체결하여 좌우를 막론하고 다른 정당들은 집권하지 못하도록 한다는 데 합의했다.

민주행동당과 기독교사회당은 당원이 많았다. 두 정당에 가입한 사람은 일자리를 얻어 이를 유지할 수 있었다. 당 지도층과 어용노조 간부들은 권력의 맛, 특히 오일달러 덕분에

번창하는 국영기업들에서 생기는 부정수입에 길들여졌다. 민주행동당 내부뿐 아니라 금융 및 무역 업계에도 상상할 수 없을 정도의 부정부패가 만연해 있었고, 해가 갈수록 그 정도는 더 심해졌다. 베네수엘라 엘리트 정치인들의 부정부패와 과시적 소비는 라틴아메리카 대륙 전체에서도 소문이 자자할 정도였다. 뿐더러 이들은 빈민층의 마음속에 깊은 분노와 억누를 수 없는 복수심을 키워주었다.

1970년대의 호황기에는 만사가 순조로운 것 같았다. 국고를 횡령하고 전형적인 제3세계 지도자의 성향인 민주행동당의 카를로스 안드레스 페레스 대통령은 1974~79년의 통치기간 동안 당시 유행했던 강력한 국가통제 노선을 취하였다. 셸과 엑슨 등 외국계 석유회사들은 국유화하고 산업개발에 재정자금을 대거 투입하여, 곳곳에서 좌익 민족주의 세력들로부터 갈채를 받았다. 지금도 특히 과야나 주(州) 남부지방을 가면 제철 및 알루미늄 공장이라든가 공업단지, 카로니 강의 거대한 구리(Guri) 수력발전소 등, 페레스가 재임기간 동안에 쏟아부은 오일달러의 흔적을 많이 찾아볼 수 있다.

그러나 시간이 지나면서 국영산업은 경직성을 보이기 시작하였으며, 비효율적이고 경쟁력이 없으며 과잉고용에다 부패가 심각한 것으로 드러났다. 대규모 공장들의 설비는 신규투자가 없어 녹슬어갔으며, 각종 프로젝트들은 시작하자

마자 중단됐다. 또한 라틴아메리카의 다른 나라들과 마찬가지로 이 나라도 탐욕스러운 국제 금융기관들의 부추김으로 엄청난 외채를 짊어지게 됐다. 1980년대를 거치면서 이미 베네수엘라는 정치적·경제적으로 파국으로 치닫고 있었다.

마침내 1989년에 신자유주의 노선에 입각한 경제의 구조조정 계획이 마련됐다. '그리운 옛 시절'을 재현할 임무를 띠고 재집권한 페레스 대통령은 뜻밖의 정책전환을 단행했다. 페레스 정부는 아무런 사전경고도 없이 자국경제를 자유시장과 국제경쟁이라는 험난한 바다로 내몰았던 것이다.

그러나 이와 같은 신경제계획은 정치체제의 토대까지 허물어뜨림으로써 일반국민들은 물론이고 집권여당의 내부에서도 지속적인 반대에 봉착했다. 겉으로 드러난 도시 중산층의 풍요로움에도 불구하고, 라틴아메리카 주민들은 동유럽 사람들보다 훨씬 더 빈민층에 접근해 있다. 보수당의 원로들이 베네수엘라 식 '페레스트로이카'에 극력 반대한 것은 이해할 만하다. 국가경쟁력 강화는 원래부터 힘들 뿐 아니라, 이를 위해서는 거대한 기득권 구조를 해체해야 하기 때문이다.

'카라카소'가 발생한 지 3년이 지난 1992년 2월에 38세의 군부지도자 차베스 대령이 극적으로 등장하여 부패한 정치인들을 타도하고 빈민들의 생활을 개선하는 등 국정을 새로운 방향으로 이끌어가겠다고 약속했다. 당시 카라카스에서 자동차로 한 시간 거리인 마라카이의 공수부대 연대장이었던 차베스는 쿠데타를 일으켜 구체제에 도전하기에 좋은 위치에 있었다.

그러나 다른 지역들의 반란은 성공적이었지만, 카라카스의 대통령궁은 결국 장악하지 못하고 실패로 돌아갔다. 차베스는 항복하고 직접 TV에 나와서 다른 동료들에게도 항복할 것을 촉구하면서 이렇게 말했다. "동지들, 불행하게도 우리가 세운 목표가 '지금 당장은' 수도에서 이루어지지 못했습니다." 다음 번에는 운이 따르리라는 뜻이었을 것이다.

'지금 당장은'(por ahora)이라는 말이 대중의 마음을 사로잡았다. 반란의 목적은 실현하지 못했지만 대다수 민중은 이 메시지를 낙관적으로, 즉 나중에 투쟁에 복귀하겠다는 차베스의 신호로 받아들였다. 'Por ahora'라는 슬로건은 차베스의 트레이드마크가 되었고 공수부대의 붉은색 베레모는 그의 로고가 되었다. 호세 비센테 랑헬은 그때의 TV발언을 인용해 가면서 차베스는 앞으로 항상 언론의 자유를 강력하게 지지할 것이라고 말했다. "차베스는 말이 총보다 훨씬 강하다는 것을 잘 압니다. 그는 총을 사용하여 실패했지만, 언론을 활용하여 성공했어요. 그는 10년 동안 쿠데타를 준비했다가 군사적으로 실패했지만, TV에 나오는 것이 허용되었던 단 1분으로 온 나라를 정복할 수 있었습니다."

나라가 통째로 무너져 내리던 때에 등장한 차베스는 하루아침에 국민적 영웅이 되어 시와 노래를 통해 전국적으로 유명해졌다. 지난 20년 동안 각종 복음주의 종파가 가톨릭교회의 권력과 영향력에 맞설 만큼 급성장해 있던 이 나라에서 차베스 대령의 등장은 예수의 재림처럼 환영받았다.

차베스는 구속되어 2년 동안 감금상태에 있었지만, 구속되고 얼마 후부터 그가 동료장교들과 혁명계획을 짜고 있다는 소식이 흘러나왔다. 차베스는 19세기 라틴아메리카의 3대 영웅 — 볼리바르와 그의 스승 시몬 로드리게스 그리고 1840~50년대의 '연방전쟁'에서 지주계급의 과두체제에 대항하여 싸운 농민지도자 에세키엘 사모라 — 을 부활시켜 대중적 호소력을 가진 혁명적 민족주의 정강을 스케치해 나가기 시작했다. 라틴아메리카에서 미국식 문화와 정치에 가장 깊숙이 빠져 있는 이 나라에서, 차베스는 미국이 냉전종식 후 세계에 강요하고 있는 세계화 프로그램에 대한 강력한 반격에 착수했다. 얼마 후 그는 각종 여론조사에서 수위를 달리기 시작했고, 마침내 1998년 12월에 대통령으로 선출되었다.

-3-
고향 바리나스의 유래

무더운 소도시 바리나스는 안데스산맥의 끝자락, 광활한 오리노코 분지의 가장자리에 위치해 있다. 나는 카라카스에서 버스를 타고 산기슭의 잘 닦아놓은 도로를 달려 마라카이와 카라보로와 아카리과를 거치며 8시간 동안 여행한 끝에 바리나스에 도착했다. 이곳에서부터 야노스(llanos, 대평원-옮긴이)가 시작되어 콜롬비아 국경선을 넘어서 브라질의 아마존 강 지류들까지 광활하게 뻗어 있다.

바리나스는 번잡한 버스정류장에서부터 주로 단층건물들이 넓게 펼쳐져 있는 자그마한 도시이다. 나는 산 도밍고 강변의 사모라 광장에 있는 작은 호텔에 묵었다. 사모라 광장은 이곳에서 멀지 않은 산타 이네스의 전투에서 대승을 거둔 1850년대의 혁명지도자 에세키엘 사모라의 이름을 붙인 것이다. 사모라는 차베스 대통령에게 많은 영감을 준 영웅이기도 하다. '야노스'는 19세기에 여러 차례 동족상잔이 벌어졌던 곳으로서, 시몬 볼리바르도 1819년에 이곳에서 평원의 주민들을 결집해서 콜롬비아의 스페인 군대를 공격하여 성공을 거둔 바 있다.

이 고장은 수도 카라카스에서 버스로 8시간밖에 안 걸리지만, 그 밖의 면에서는 수도와 몇 광년은 족히 떨어져 있는 매력적인 시골도시이다. 안내책자에는 "이곳에서는 할 일도 없고 볼 것도 별로 없다"고 씌어져 있는데, 사실 그렇다. 잠시 후 나는 닭고기 바비큐와 타피오카, 마라카이보산(産) 맥주를 파는 옥외 레스토랑을 들어갔다. 벽은 밝은 색상의 유토피아 벽화로 덮여 있고, 낡아빠진 자동전축에서는 심금을 울리는 평원아(兒)의 노래가 흘러나오고 있었다.

그래도 현대문물이 전혀 없지는 않았다. 중앙 광장에 있는 거대한 볼리바르 동상 뒤쪽으로는 비교적 조촐한 주지사 관저 뒤에 세운 거대한 통신탑이 솟아 있다. 동상은 원래 주변을 굽어볼 수 있게 세워져 있었지만, 지금은 이 현대의 필수적 구조물 때문에 아주 왜소해 보인다. 내가 투숙한 호텔 인테르나시오날(국제호텔)은 수십 가지의 TV채널을 수신하지만, 그 가운데 베네수엘라 채널은 네 개뿐이다. 볼리바르라는 역사적 인물에 대한 존경심과 200년 전에는 상상도 할 수 없었던 21세기 기술이라는 현실 사이의 이 같은 괴리는 일부 교육받은 베네수엘라 사람들이 여전히 차베스 노선에 회의를 품는 한 가지 이유이기도 하다. 지금에 와서 볼리바르의 사상과 야심을 내세운다는 것은 뭐랄까, 좀 묘하게 여겨질 수도 있다.

바리나스는 차베스 대통령의 고향이다. 1998년 11월부터 이 고장의 주지사로 있는 그의 아버지는 차베스 정치운동의 지지자이기도 하다. 사실 차베스는 이곳에서 몇 마일 떨어진 사바네타 마을에서 태어났지만, 바리나스의 학교에 다녔고 군에 있을 때도 몇 년 동안 이곳에 주둔한 적이 있었다. 바리나스는 그가 일을 시작하기에 알맞은 고장으로 보였다.

차베스는 1954년 7월 28일에 태어났다. 그의 아버지 우고 데 로스 레이에스 차베스와 어머니 엘레나 프리아스는 모두 학교교사였으며, 정치에도 적극적으로 참여하였다. 아버지는 오랫동안 주 정치에 관여하였고, 한때 기독교사회당(Copei)에 가입하기도 했다. 정치는 집안내력인 모양이어서 메리다대학의 교수였던 형 아단 차베스는 1999년에 제헌의회 의원이 되었고, 차베스의 두번째 아내 마리사벨 로드리게스도 제헌의원을 지냈다.

차베스는 처음에 바리나스 출신인 난시 콜메나레스와 결혼하여 아들 우기토와 두 딸 로사 비르히니아와 마리아 가브리엘라를 두었으며, 차베스가 처음 대통령에 당선되었을 때 아들과 두 딸 모두 대학생이었다. 이미 아들 라울을 두고 있던 마리사벨은 재혼 후에 딸 로사-이네스를 낳았다. 라틴아메리카 정계의 중요한 특징 하나는 부족제도를 연상시키는 가족관계에 있다. 아단 차베스는 나중에 농지개혁장관에 이어 아바나 주재대사를 역임했다.

차베스 가문 자체가 19세기의 반란군 전통을 이어받고 있는데, 차베스의 외고조부는 게릴라 대장 페드로 페레스 페레스 대령이었다. 페레스 대령은 에세키엘 사모라의 부름을 받고 1840년대에 사모라의 독립인민군에 가담하여 지주 과두체제와 싸웠다. 역시 전설적 인물인 그의 아들 페드로 페레스 델가도 장군(일명 마이산타)은 1914년에 독재자 후안 비센테 고메스 장군에 대항하여 반란을 일으켰다. 마이산타는 20세기 초에 시프리아노 카스트로 장군 휘하로 들어가서 야노스 지방의 사바네타에 이미 정착해 있었으며, 그 고장 여인 클라우디나 인판테와 결혼해서 두 딸을 두었다. 그중 한 명인 로사가 우고 차베스의 할머니이다.

그후 마이산타는 야노스 지방에서 고메스에 반대하여 반란을 일으켰으나 체포되었다. 그는 땅을 몰수당하고 옥사하였지만, 그의 아들이 투쟁을 이어받았다. 어린 우고는 할머니한테서 큰 칼을 든 군인들이 농장에 몰려와서 농민들을 학살하고 집을 몽땅 불태웠다는 이야기를 자주 들었다. 그러나 할머니는 마이산타는 자객이었다면서 잊는 것이 좋다는 말도 하였다. 외증조부가 독립투사였다는 것을 제대로 이해한 것은 차베스가 어른이 되어서였다.

이 고장의 역사와 집안내력에 관한 이야기는 어린 우고에게 큰 영향을 끼쳤던 것으로 보인다. 지금도 차베스는 전형적인 군인혁명가인 마이산타와 에세키엘 사모라를 볼리바르와 함께 으뜸가는 영웅으로 생각하고 있다.

-4-
바리나스에서 카라카스로

2000년에 내가 우고 차베스를 처음 만났을 때, 그는 카라카스의 대통령 관저 '라 카소나'의 정원에서 관저를 등지고 잔디밭 가장자리의 조그만 대나무와 야자나무 숲을 쳐다보며 서 있었다. 즉흥연설을 하거나 미라플로레스 대통령궁에서 공식접견을 하거나 판자촌에서 악수를 하며 돌아다니는 그의 모습이 거의 매일 TV에 나오기 때문에 차베스가 어떻게 생겼는지는 모두가 잘 안다. 사람들은 권투선수를 연상케 하는 그의 얼굴이며, 두툼한 입술, 환한 미소에 친숙해 있다. 그는 늘 확신에 찬 표정을 짓고 있으며 자신감에 넘치는 낙천적인 분위기를 풍긴다.

그러나 잔디밭에 혼자 서 있는 그는 왠지 허약해 보였고, 회색양복을 입은 모습이 어렴풋한 흑백의 조각상 같았다. 그는 몇 분 동안 꼼짝 않고 서 있었는데, 낯선 사람이 찾아온 것도 모르는 것 같았다. 마침내 그가 몸을 돌려 잔디밭을 걸어와서 나를 맞이했다.

차베스는 상당한 연기력을 갖춘 깜짝 제스처와 화려한 웅변술의 달인이다. 나는 잠시 로베스피에르 유의 금욕적인 정치가였던 19세기 초 파라과이의 대통령 호세 가스파르 로드리게스 데 프란시아를 떠올렸다. 그는 파라과이를 당시의 세계화 조류로부터 30년 동안 효과적으로 격리시킴으로써 경제발전의 확고한 기초를 닦은 사람이었다. 차베스에게도 이와 비슷한 메시아적 풍모가 있다.

이른 아침의 습기 찬 무더위 속에서 장시간 동안 계속된 대화는 주로 그의 야심찬 농촌개발 계획에 관한 것이었다.

인터뷰를 할 때면, 차베스는 식탁의 이야기꾼이 되기도 하고 개별지도를 하는 대학강사의 모습이 되기도 하면서 동떨어진 이야기를 장황하게 늘어놓다가도 다시 현안의 문제를 해설해 주기도 한다. 언젠가 호세 비센테 랑헬 부통령은 나에게 차베스는 "어느 누구와도 전혀 다른 국가원수"라면서 이렇게 말했다. "대부분의 국가원수는 말수가 적고 겸손하지만, 차베스는 정반대예요. 그는 모든 분야의 도전을 기꺼이 받아들이고, 끝없는 대결을 진정으로 즐깁니다. 그는 외향적인 사람이고 뛰어난 의사전달자이며, 논쟁을 좋아합니다." 랑헬은 또 차베스는 사람들이 생각하는 것보다 훨씬 더 지성적이고 대단한 창의력을 지닌 사람이라면서 "그는 실용적이기도 하고 로맨틱하기도 한, 열정과 신중함을 겸비한 사람"이라고도 말했다.

그날의 첫번째 인터뷰는 개별지도 방식이었다. 차베스는 20세기의 베네수엘라 역사를 섭렵하면서, 1920년대에 석유개발로 농촌경제가 붕괴되어 나간 과정을 설명해 주었다. 석유개발로 인해 농촌지방의 커피·사탕·코코아 재배가 도시지역의 산업개발과 함께 성장해 가는 '균형과 조화의 모델'이 깨지게 되자, 정부가 아예 농촌을 포기하면서 이른바 이농현상이 시작되었다. 차베스는 그것은 "농민들이 원해서가 아니라 정부가 농촌지방을 포기했기 때문에" 생긴 현상이라는 점을 강조했다.

그는 개인적인 경험을 예로 들었다. "나는 고향을 떠나고 싶지 않았지만 어쩔 수가 없었어요. 구심력 때문에 도시로 끌려 들어왔단 말입니다." 차베스는 자신의 정책목표는 이 구심력을 반대방향으로 돌리는 것이라고 설명했다.

사바네타에서 6학년을 마친 후 그는 고향을 떠나 처음에는 바리나스로, 이어 카라카스로 갈 수밖에 없었다.

"아버지가 교사였던 만큼 나는 공부를 계속하고 싶었고, 그러자면 좀더 큰 도시인 주도 바리나스로 갈 수밖에 없었어요. 사바네타에 중학교가 있었더라면 그럴 필요가 없었겠지요."

더 교육을 받으려 해도 바리나스에는 대학교가 없었다. "내 형제들은 메리다의 대학에 다녀야 했고, 나는 사관학교에 가기 위해 카라카스로 와야 했던 겁니다. 고향을 떠나지 않은 사람들은 뒤처지고 말았지요."

교육에 영향을 끼친 이런 요인들은 사바네타와 바리나스의 의료제공에도 영향을 주었다. "진료를 받아야 할 사람은 바르키시메토나 카라카스에 가야 했어요. 운동선수들도 마찬가지지요. 대규모 하시엔다(남미의 대농장주-옮긴이)에게 땅을 빼앗긴 농민들도 떠났습니다. 엄청난 이농현상이 일어난 거지요."

군대에도 이 같은 구심력이 작용하여 군인들을 도시로 끌어들였다. 차베스는 자기가 군에 있을 때 "병역의무를 다하기 위해 들어온 농촌 출신 아이들과 늘 마찰이 있었다"고 말했다.

"농촌 출신 젊은이들이 도시로, 카라카스의 병영으로 가게 되면 당연히 외출을 나가서 도시생활을 보게 되죠. 그렇게 되면 고향으로 돌아가기 싫어지는 겁니다. 고향이라고 돌아가 봐야 있는 거라곤 고작 판잣집 한 채뿐, 땅도 없고 일자리도 없거든요. 병역이 사람들을 도시로 몰아내는 또 한 가지 요인이었어요."

차베스는 베네수엘라 사람들이 여러 해 동안 비좁은 중북부 해안지대로 몰려들어 지금 이곳에는 "인구의 80%가 집중되어 있다"고 지적하면서, 자기는 이 추세를 역전시키고 싶을 뿐이라고 했다. 요컨대 혁명의 주된 목표는 "나라의 지리적 공간을 좀더 조화롭고 균형 있게 사용하자는 것"이라는 말이었다.

집권 첫해에 차베스는 주민 수십만 명을 베네수엘라 북부지방의 혼잡한 도시들에서 인구밀도가 낮은 동남부의 새 경제중심지들로 이주시킨다는 과감한 계획을 제시했다. 사람이 별로 살지 않는 이 지역들에 '종합농공단지'를 개발하게 되면, 빈민촌 사람들을 농촌지방에서 새로운 생활을 시작하도록 유도해 나갈 수 있으리라고 생각했다. 초기에는 대부분의 빈민들이 빈민촌에 눌러살고 싶어한다는 보도가 있었지만, 일부 주민들은 땅과 새 집을 제공받아 새 생활을 시작할 수 있다는 데 대해 고무되어 있다는 보도도 있었다.

오랫동안 정치가들과 도시계획 입안자들은 라틴아메리카의 거대한 도시 인구밀집지대 문제를 둘러싸고 논쟁을 벌여왔다. 역사적 경험에 비추어볼 때, 도시 거주민들을 농촌으로 돌려보낸다는 것은 지나친 욕심이 아닐 수 없었다. 고된 농촌생활을 원하는 사람은 거의 없기 때문이다. 그러나 일찍이 19세기 초에 볼리바르의 스승 시몬 로드리게스도 농촌지역에 외국 이주민들을 끌어들이지 않고 자국민을 거주하게 하는 구상을 제안한 바 있었다. 차베스의 유토피아 구상은 유서 깊은 계보를 가지고 있는 셈이었다.

II. 볼리바르주의 혁명의 준비기

-5-
혁명을 준비하는 군인들

차베스가 군에 입대한 것은 열일곱 살이었는데, 야구를 좋아해서 군대에 들어갔다는 설도 있다. 그는 군대에서 최우수 선수로 뛰고 싶었으나 결국은 스포츠보다는 정치에 더 큰 소질을 나타냈다. 1971년에 차베스는 카라카스의 사관학교 (Academia Militar de Venezuela)에 입학했다. 당시는 기독교 사회당 창설자인 라파엘 칼데라가 대통령 첫 임기기간이었으며, 나중에 차베스 지지자가 된 일부 게릴라들이 투쟁을 포기하고 산에서 내려오던 때였다. 칼데라 대통령은 1960년대 혁명봉기 후의 평화정착 사업을 주도해 나가면서, 게릴라 출신들이 상당한 유예기간을 거쳐 평상생활에 복귀할 수 있도록 해주었다.

청년 차베스의 정치사상은 초기에는 집안의 특수한 경험

에서 자극받아 역사를 공부하면서 많은 영향을 받았으나 머지않아 현실의 당면문제에 대해서도 새로운 통찰력을 가지게 되었다. 1974년에 사관생도 차베스는 다른 청년군인들 10여 명과 함께 페루를 여행할 기회가 있었는데, 안데스 산맥의 옛 식민도시 외곽에 위치한 전쟁터에서 열린 아야쿠초 전투 150주년 국제 기념식에 참석하기 위해서였다. 1824년에 일어난 아야쿠초 전투에서 볼리바르와 수크레의 군대는 페루를 스페인의 통치로부터 해방시켰다.

근대에 들어와서, 특히 1968년 이후에 페루는 군부에 의한 급진적인 정치실험의 현장이 되고 있었다. 1968년에 리마에서 정권을 장악한 매우 진보적인 후안 벨라스코 알바라도 장군은 군부 내 혁명세력과 일부 좌익정당들의 지지를 받아서 급진적인 개혁정책을 펼쳐나가고 있었다. 차베스는 이때 처음으로 급진적 군사정부를 접하였으며, 더구나 페루에서는 볼리바르가 여전히 존경받고 있었다.

차베스를 비롯한 베네수엘라의 사관생도들은 벨라스코 대통령으로부터 조그만 기념품을 받았는데, 『페루 민족혁명』이라는 제목의 연설문집이었다. 지금도 차베스는 이 소책자와 페루를 방문했던 당시의 경험 그리고 대통령을 열렬히 지지하던 페루 사관생도들을 생생하게 기억하고 있다.

페루의 아야쿠초를 다녀온 이듬해 1975년에 차베스는

소위로 사관학교를 졸업하였으며, 1811년의 베네수엘라 독립을 기념하는 7월 5일 열병식에서는 페레스 대통령으로부터 지휘도를 수여받았다. 그리고 그로부터 16년 후인 1992년 2월에 차베스는 페레스 대통령 타도에 나서게 된다.

차베스는 졸업 후 2년 동안 바리나스의 기지에 배치되어, 1960년대의 게릴라전쟁 이래 그곳에 주둔하고 있던 게릴라 진압대대에서 근무했다. 1976년에 이 진압대대는 60년대의 게릴라전략을 고수하는 극좌파 '반데라 로하'(Bandera Roja, 붉은 기)의 일파가 조직한 새로운 게릴라활동을 분쇄하기 위해 쿠마나로 파견되었다. 차베스의 설명에 따르면, 이 무렵부터 그는 자기 부대의 전투상대인 게릴라들에게 얼마간 공감을 가지기 시작했다. 또한 정계에 만연해 있는 부정부패가 군대 내에도 침투해 있다는 것을 알게 되었다. 장교들은 예산을 횡령하고 군수장비를 훔쳐 착복하기 일쑤였던 것이다.

1977년에, 임관된 지 2년밖에 안 된 스물세 살의 차베스는 직접 무장혁명군을 조직하기로 결심하고, 혁명을 꿈꾸는 몇몇 친구들을 결집하여 '베네수엘라인민해방군'(ELPV)을 조직했다.

"목적이 무엇이었지요?" 몇 년 후 콜롬비아의 소설가 가브리엘 가르시아 마르케스가 그에게 묻자, 차베스는 이렇게 말했다. "아주 간단합니다. 유사시에 대비하기 위해서였지요." 사실 그것은 23세의 젊은 혈기의 발로에 불과했을 것이다. 차베스도 "우리는 당시 무엇을 해야 할지 전연 생각하지 못했다"고 회상한다.

그로부터 얼마 후 차베스는 자기와 비슷한 급진적 생각을 갖고 있던 또 다른 청년장교 헤수스 우르다네타 헤르난데스를 만났다. 두 사람은 곧 친구가 되었고, 차베스는 우르다네타에게 자신은 군대생활에 실망하여 소규모 혁명조직을 만들었다면서 "평생 이런 식으로 군대생활을 계속할 생각이 없다"고 말했다.

그리고는 둘이서 좀 색다른 일을 해보자고 제안했다. 그는 게릴라운동 조직의 가능성은 배제하면서 다음과 같이 말했다. "군대 내에 운동조직을 만들면 어떨까? 우린 게릴라에 가담하지는 않을 걸세. 그건 다 끝난 얘기고 어쨌든 우리의 전망과 교육배경은 그들과 맞지 않아."

차베스가 우르다네타에게 털어놓은 속내는 전연 다른 것이었다. "군대 내에 운동조직을 만들자"는 것이 자기 계획이었던 것이다. 나중에 장군이 된 우르다테타는 1차 내각 때 비밀경찰(DISIP, 내무부 산하의 '정보예방국'-옮긴이) 책임자로서 핵심적 역할을 맡았다. 그가 맡은 여러 가지 업무 중 한 가지는 여러 해 전부터 비밀경찰에 고용되어 있던 쿠바 망명자와 이스라엘 세력을 발본색원하는 일이었다.

1978년에 차베스는 마라카이의 기갑대대로 전속되었고, 그로부터 2년 후에는 야구취미를 살릴 겸—수석 스포츠 교관이 되어—카라카스의 사관학교로 되돌아갔다. 1980~85년의 중요한 기간 동안 스포츠 교관으로 지내던 차베스는 마침내 문화부문으로 옮겨 역사와 정치학을 담당하는 강사가 되었다. 카리스마를 지닌 이 지성적인 강사가 사관생도들에게 끼칠 영향을 당국은 과소평가했던 것이다.

이 기간 동안 차베스의 정치적 야심은 자기 세대 장교들이 언젠가는 나라를 떠맡게 되리라는 확신으로 굳어졌다. 1970년대는 베네수엘라 사람들이 머지않아 부유한 서구식 선진국으로 발돋움하리라고 믿었던 번영의 '베네수엘라 사우디타'(Venezuela Saudíta, 사우디 베네수엘라. 베네수엘라의 번영을 사우디아라비아에 빗대어 표현한 말-옮긴이) 시기였지만, 80년대 초 들어와서 베네수엘라는 마침내 평가절하와 외채증가가 빈곤의 악순환으로 이어지는 가혹한 현실에 직면하게 되었다. 민간정부는 갈수록 무능하고 취약해 보이기 시작했다. 70년대의 페레스 정부는 1973년 석유위기 이후로 엄청나게 늘어난 세입과 오일달러에 의존했지만, 80년대의 그 후임자들은 그와 같은 세입원을 갖고 있지 못했다.

마침내 1982년에 차베스는 진지한 정치적 모반을 꾸미기 시작했다. 그는 사관학교 강사인 다른 두 장교와 함께 군 내부에 '볼리바르주의 혁명운동-200'(MBR-200)이라는 정치 세포조직을 만들었다. 명칭에 '200'이 첨가된 것은 1783년 7월에 태어난 볼리바르의 탄생 200주년을 기리기 위한 것이었다. 함께한 두 장교는 친구 헤수스 우르다네타와 펠리페 아코스타 카를레스였는데, 우르다네타는 나중에 차베스 정부에서 중요한 역할을 하게 되지만 아코스타는 1989년의 '카라카소' 봉기 때 사망했다.

1982년 12월 17일, 혁명군 장교들은 마라카이 근처의 사만 데 구에레에 있는 큰 나무 밑에서 선서식을 가지고 볼리바르의 서약을 복창했다. 일찍이 1805년에 볼리바르는 이탈리아 로마의 몬테 사크로 언덕에 올라가(스승인 시몬 로드리게스와 동행했다-옮긴이) 베네수엘라를 스페인의 속박으로부터 해방시키겠다고 서약했다.

"나는 당신 앞에서, 그리고 선조들의 신 앞에서, 우리를 억압하고 있는 사슬을 깨뜨릴 때까지 긴장을 풀지도 마음을 놓지도 않을 것을 맹세한다…."

처음에 'MBR-200'은 정부전복 음모라기보다는 정치연구를 위한 서클로 시작하였으나, 청년장교들은 자기 나라의 역사와 당면문제들을 공부하는 동안 일종의 쿠데타 같은 것을 생각하게 되었다. 그들은 베네수엘라판 '민주주의'는 속임수이기 때문에 기존 정치체제를 전복해야 한다고 판단했다. 1999년 6월 아구스틴 블랑코 무뇨스와 가진 인터뷰에서, 차베스는 기존 체제에 대한 자신의 견해를 밝히면서 이렇게 설명했다.

베네수엘라에서 지금 민주체제라고 불리는 것은 최근의 마르코스 페레스 히메네스 독재정권, 1945~48년의 [민주행동당] 정부, 이사이아스 메디나와 로페스 콘트레라스의 정부 그리고 심지어 1908년까지 거슬러 올라가는 후안 비센테 고메스 정부와도 별로 다를 것이 없다. 모든 것이 기본적으로 똑같으며, 고메스 장군의 체제이건 라파엘 칼데라 박사의 체제이건 얼굴만 바꾸었을 뿐 동일한 지배체제였다. 베레모를 썼건 쓰지 않았건, 캐딜락을 탔건 벤츠 자동차를 탔건 이런 인물, 이런 우두머리의 배경은 인권을 부정하고 민중의 자기 운명 결정권을 부정하는 똑같은 정치·경제 체제였다.

차베스와 그의 동지들은 사관학교 내의 직책을 이용하여 불만을 품은 젊은 장교들을 끌어들이기에 좋은 위치에 있었다. 1985년 3월에는 가톨릭 신학교 학생이었고 콜롬비아에서 대학원 과정을 밟다가 귀국한 프란시스코 하비에르 아리아스 카르데나스 소령이 합류했다. 술리아 지방 출신인 아리아스 카르데나스는 1992년 2월의 불발 쿠데타에서 중요한 역할을 하게 된다. 민간 좌익운동 진영에 친구들이 많았던 그는 90년대에 군소 진보정당인 급진운동당(LCR)에 가입하여 자기 출신지역의 주지사로 선출되기도 했다. 아리아스는 차베스와 같은 권위와 카리스마는 지니지 못했지만, 한때 차베스 운동에서 가장 탁월한 지식인으로 평가받았던 인물이다.

'볼리바르주의 혁명운동' 참가자들은 차베스에게 자극받아 베네수엘라의 3대 역사적 인물들의 사상에서 자기들의 역사적 정당성을 찾고자 했다. 3대 인물이라 함은 베네수엘라 사람이라면 누구나 어렸을 때부터 배웠으면서도 잘 모르고 있던 에세키엘 사모라와 '해방자' 시몬 볼리바르, 볼리바르의 스승인 시몬 로드리게스이다.

청년장교들은 처음부터 좌익 성향을 지니고 있었지만, 이윽고 그들 중 일부가 카라카스의 중앙대학에서 공부할 때 배운 민간운동의 좌익 용어를 사용하기 시작했다. 1980년대 베네수엘라 군부가 지니고 있던 흥미롭고도 특이한 특징 하나는 민간부문과의 관계라고 할 수 있다. 민간대학에 파견되어 사회과학을 공부하던 하급장교들이 민간사회를 돌아다니는 동안 60년대 게릴라운동에서 살아남은 생존자들과 접촉하게 되었던 것이다.

혁명을 꿈꾸는 장교들은 군대조직에서 진급하면서 점차 쿠데타를 일으킬 가능성을 생각하기 시작했다. 1992년이 최초의 호기였던 것으로 보인다. 이 무렵이 되면 그들이 군대 지휘권을 갖게 되기 때문이었다. 이들 그룹은 이제 '마카테'(MACATE. 소령 majores, 대위 capitanes, 중위 tenientes의 머리글자를 딴 합성어-옮긴이)로 알려지게 되었고, 이어 '코마카테'(COMACATE. 그중 일부가 지휘관 comandante이 되면서 CO가 첨가된 것-옮긴이)라고 불렸다.

이와 같은 조직이 비밀리에 유지된다는 것은 어려웠을 테고, 마침내 군사정보국(DIM)이 이들의 동태를 주시하게 되었다. 그러나 DIM은 사관학교에서 이들이 가르치는 급진적 강의내용에 대해서는 파악했지만, 어떤 종류의 음모가 얼마나 광범위하게 추진되고 있는지는 알지 못했다. 당국은 이들을 군대 내에서 가장 유능하고 인기 있고 승진 가능성이 높은 장교집단의 일원이라고 보았기 때문에, 이들을 징계하거나 추방하면 그로 인해 군 내부에 심각한 불만이 조성될 것을 우려했다.

확실히 당국은 차베스를 위험인물이라고 보았지만, 처음의 대책은 그를 카라카스에서 될수록 먼 곳으로 전속시키는 것이었다. 1986년에 차베스는 사관학교의 영향력 있는 자리에서 면직되어 콜롬비아 국경선 가까이 있는 외딴 마을, 아푸레 주의 엘로르사로 배치되었다.

-6-
엘로르사로 추방

나는 조그만 시골버스를 타고 바리나스에서 12시간 거리에 있는 엘로르사로 갔다. 도로는 포장이 벗겨진 지 오래되어 형편없었다. 바리나스의 정남쪽에 위치한 엘로르사에 가려면 도중에 오리노코 강의 큰 지류인 아푸레 강과 아라우카 강을 건너야 한다. 아푸레 강에는 시우다드 에 누트리아와 브루수알이라는 두 도시를 연결하는 다리가 있는데, 유토피아의 꿈을 버리지 않고 있는 차베스 대통령은 지금 이 두 도시를 원대한 야노스 개발사업의 중심지로 삼을 계획을 하고 있다.

호텔 하나, 간선도로 하나 그리고 외곽에 군 기지가 있는 엘로르사는 베네수엘라의 전형적인 농촌마을이다. 상점들은 시리아인이, 또 식당은 콜롬비아인들이 경영하고, 토착민인

쿠이바족과 야루로족은 변두리에 모여살고 있다. 이곳 사람들은 자기네 고장을 유명하게 만들어준 차베스를 여전히 기억하며 큰 호감을 가지고 있다. 나는 식당을 찾아 음식을 먹으면서 식당주인과 이야기를 나누었다. 그는 콜롬비아의 끊임없는 내전을 피해서 비교적 평화로운 베네수엘라로 넘어온 난민이었다.

당시 차베스 중위는 기계화부대를 지휘했지만, 이 근무 기간을 이용하여 몇 가지 정치·사회적 구상을 실험해 보았다. 군·민 협력사업을 실험적으로 추진하는 과정에서, 엘로르사 기지의 이 급진적인 중위는 아푸레 지방에서 매우 유명해졌다. 차베스는 처음에는 지역 내 사회·경제 개발사업에 군이 지원하는 방식으로 협력을 추진하다가 이후에는 역사적인 전통 야외극을 조직하고 구술역사를 수집하는 등 공동체 생활분야로 활동범위를 넓혀갔다.

당국이 차베스의 과거 활동을 잊어버렸거나 아니면 그의 신상기록을 분실했는지 모르지만, 아무튼 민주행동당 출신 하이메 루신치 대통령의 집권 말기인 1988년에 차베스는 카라카스로 복귀하여 미라플로레스 대통령궁에서 근무하게 되었다. 국가안보회의의 보좌관이 되어, 마침내 출세길에 접어든 차베스는 같은 해에 니카라과의 콘트라 전쟁과 과테말라의 게릴라 진압작전이 절정에 달한 중앙아메리카에 공식 파견되기도 했다.

　차베스가 엘로르사에서 근무하는 동안에는 군 내부의 혁명동지들로부터 고립되어 있었지만, 마침내 카라카스에 돌아온 그는 혁명운동을 계속 기획할 수 있는 유리한 위치에 서게 되었다. 이듬해 1989년 2월에 카라카스에서는 전혀 예기치 않았던 비조직적인 봉기가 일어났다. 차베스는 늘 이같은 사태가 '일어나주기를' 고대하고 있었으나, 막상 사태가 발생했을 때 그의 볼리바르주의 혁명세력은 전혀 준비가 되어 있지 않았다.

-7-
카라카스의 봉기, '카라카소'

카라카스에서 동쪽으로 30킬로미터쯤 가면 페레나스라는 곳이 있다. 수도 카라카스에서 일하는 수천 명의 서비스직 노동자들이 살고 있는, 한마디로 활기라고는 찾아볼 수 없는 따분한 위성도시이다. 그런데 1989년 2월 27일 월요일 이른 아침에, 바로 이곳에서 소요사태의 징후가 처음으로 나타났다. 그날 아침 카라카스로 출근하기 위해 버스를 타러 나온 사람들은 버스요금이 2배로 인상된 것을 알게 되었고, 너도나도 항의하기 시작했다. 급기야 우발적인 항의소동은 페타레로 퍼져나갔으며, 이 사실이 TV를 통해서 알려지면서 이미 오전중에 마라카이, 발렌시아, 바르키시메토, 시우다드 과야나, 메리다 등 전국의 주요 도시들로 소요는 확대되었다.

버스들이 전복되고 불에 탔지만, 그것은 폭동의 시작에

불과했다. 몇 시간도 안 되어 상점과 슈퍼마켓의 약탈과 파괴 행위가 확산되면서 점점 본격적인 폭동양상을 띠어갔다. 교외에 사는 가난하고 분노에 찬 청소년들이 카라카스의 상업지역으로 몰려들었고, 도심 가까이에 있는 아빌라 산기슭의 부유층 고급 주거지역으로 떼거리로 몰려갔다. 밤새도록 계속된 폭동과 약탈은 다음날까지도 그칠 줄 몰랐다. 소요사태는 '카라카소'라 불리게 되는 본격적인 폭동으로 발전하였고, 마침내 군대의 잔혹한 탄압으로 이어졌다.

그날 아침, 차베스는 전염성 질환에 걸려 침대에 누워 있었다. 실제로 대통령궁 전속의사는 대통령 가족에게 병이 전염되지 않도록 그에게 집에 가서 쉬도록 조치했다. 혁명을 모의하던 청년장교들은 그동안 대중폭동의 가능성을 자주 토론하곤 했다. 그러나 막상 폭동이 일어났을 때 그들은 전혀 준비가 되어 있지 않았으며, 그들 가운데 몇 명은 폭동진압에 나서야 했다.

'카라카소'가 일반국민이나 군인들에게 던진 충격은 그 후 10년 동안의 정치적 사태발전에 커다란 영향을 끼쳤다. 실로 베네수엘라의 현대사는 '카라카소'에서부터 시작한다고 할 수 있는데, 볼리바르주의 혁명을 추진하던 장교들이 '카리카소'를 계기로 계획을 앞당겼기 때문이다.

1989년은 전세계 대부분의 나라들에게도 중요한 해였다.

그해 가을의 베를린장벽 붕괴와 뒤이은 동유럽 친소정권들의 몰락은 공산권 전체의 종언을 예고하는 것으로 인식되었다. 마찬가지로 '카라카소'는 베네수엘라의 구체제가 무너지기 시작했음을 의미했다. 30년 전인 1958년 1월에 국민들은 길거리로 쏟아져 나와 '애국평의회'(Patriotic Junta)의 주도 아래 페레스 히메네스 독재정권을 타도할 길을 닦아놓았다. 이제 국민들은 거의 우발적으로 또다시 거리로 쏟아져 나와 민주주의 허울을 쓴 부패한 관료주의 정부를 쫓아내겠다는 열망을 드러내고 있다. 그러나 1958년 봉기가 목적의식을 가진 조직적 봉기였던 데 반해, 1989년의 '카라카소'는 지도자 없는 무정부상태의 무질서한 폭동이었다.

이 같은 자연발생적 폭동은 완전히 정보기관의 허를 찌른 것이었다. 군대식 조직체계를 갖춘 비밀경찰(DISIP)은 오랫동안 극좌파 정치조직에 침투하는 데 전념했으나, 80년대 말이 되자 그런 정치단체들은 거의 사라진 상태였다. '카라카소'를 일으키는 데 이 정치단체들이 한 역할은 아무것도 없었다. DISIP는 빈민촌의 자생적 폭동조짐을 구태여 감시하지 않았다. 누가 보더라도 군 정보기관인 DIM이 더 많은 정보를 가지고 있었다. DIM은 모종의 사태가 일어나리라는 것을 알고 있었고, 정부에 2월 27일이 힘든 날이 될 것이라고 경고까지 하였다. 그러나 이 경고는 대통령궁에 도달하지 못했거나, 아니면 아예 무시되었던 것으로 보인다. '카라카소'를 연구한 사회학 교수 하인트 존타크는 나에게 이렇게 말했다. "첫째날에 과레나스 교외에서 소요가 일어났지만 경찰은 개입하지 않았습니다. 다음날에도 마찬가지였어요. 그래서 민병대가 투입되었으나, 그들은 빈민촌에 진입하는 것을 거부했지요."

이렇게 해서 군대가 빈민촌에 투입되어 1950년대에 페레스 히메네스 정권이 세운 고층 아파트단지들을 차단했다. 군인들이 닥치는 대로 총을 쏘아댔다. "공식적인 사망자 수는 372명이었지만, 보다 신빙성 있는 사망자 수는 카라카스에서만 2천 명이 넘습니다." 부상자도 수천 명이었다.

"이 같은 탄압은 빈민들에게 다시는 폭동을 일으키지 말라는 일종의 경고였다"는 것이 존타크 교수의 생각이다. 존타크는 그것이 한동안 효과가 있었다면서 "사람들은 공포심에 사로잡혔다"고 회상했다. 이 사건은 1990년대까지 그림자를 드리워 베네수엘라 사람들 사이에서는 절망과 정치적 무관심이 팽배해 있었다. 이런 분위기는 1998년에 차베스가 대통령에 선출되면서 비로소 사라지게 되었다.

1989년 2월 초는 카를로스 안드레스 페레스 대통령이 두번째 임기를 막 시작한 때였다. 70년대에도 대통령 자리에 앉아 있었던 페레스는 통치요령에 대해서는 잘 알고 있었지만, 민중폭동에는 속수무책이었다. 2월 28일 화요일, 페레스 대통령은 각료회의를 열어 계엄령과 시민적 기본권의 정지를 내용으로 하는 비상사태를 선포했다. 군대는 야간통행 금지를 실시했다.

폭동의 직접적 원인은 페레스 대통령이 열흘 전 2월 16일에 발표한 석유가격 인상에 있었다. 정부는 신자유주의 경제조치의 일환으로 석유가격 인상을 단행하기로 하고 2월 26일에 석유가격을 100% 인상하였으나, 충격을 줄이기 위해 버스요금은 순차적으로 인상한다는 구상이었다. 그리고 버스 소유주들은 석유가격 인상 후 첫 근무일인 운명의 월요일에 버스요금을 30% 올리고 3개월 후에 추가로 30%를 인상할 계획이었다.

그렇지만 대다수 버스 소유주들은 첫날부터 버스요금을 100% 인상하여 석유가격 인상분을 승객들에게 고스란히 전가해 버렸고, 월말이면 으레 돈이 달리게 마련인 가난한 통근자들에게 이것은 그간의 누적된 불만의 불씨에 기름을 붓는 격이 되었다. 특히 버스요금 50% 할인혜택이 없어짐으로써 학생들은 더 큰 부담을 안게 되었다.

며칠 후 도시생활은 어느 정도 정상화되었다. 그러나 빈민층은 부상자를 돌보며 정부에 대해 원한을 키워갔으며, 수백 구의 시체가 이름도 없는 무덤에 매장되었다. 부유층은

화를 면한 행운을 자축하면서 철제 울타리와 보안시설을 더욱 튼튼하게 보강했다.

그러나 '카라카소'에서 가장 의미심장하고도 직접적인 충격을 받은 것은 다름아니라 진압에 나섰던 군대였다. 동족을 사살하는 데 참가한 일부 군인들은 자신들의 행동에 수치심을 느꼈고, 차베스와 볼리바르주의 혁명운동에 연관되어 있던 정치장교들은 은근히 고대했던 기회가 이렇다 할 행동을 취할 겨를도 없이 지나가 버린 데 대해 자괴심을 느꼈을 것이다. 그동안 이들이 접촉했던 좌익정당의 인사들과 60년대 게릴라 출신들도 이들에게 무슨 일이 일어날 것이라고 귀띔조차 해준 적이 없었다.

쿠데타의 주요 멤버 여러 명이 '카라카소'가 일어났을 당시에 카라카스에 있었지만, 이들이 이 사태를 경험한 것은 제각기 달랐다. 차베스는 꼼짝없이 병상에 누워 있어야 했고, 그와 가까운 동료 프란시스코 아리아스 카르데나스(Francisco Arias Cárdenas)와 펠리페 아코스타 카를레스(Felípe Acosta Carles)는 빈민촌에 가서 폭동을 진압하라는 명령을 받았다. 그리고 아코스타는 총에 맞아 죽었지만, 그에 대한 해명이 전혀 없었다. 차베스를 비롯한 몇몇 사람들은 아코스타가 쿠데타 모의에 가담한 사실을 DISIP가 알고 있었을 것이며, 따라서 그가 폭도들이 아니라 비밀경찰에 의

해 사살되었을 가능성이 높다고 생각한다.

나중에 아리아스 카르데나스는 앙헬라 사고(Angela Zago)와 가진 인터뷰에서 자신이 가담했던 혁명운동이 "민·군 반란에서 민중들과 함께할" 준비가 되어 있지 못했다는 데 대해 분개했다. 군대가 이 전쟁에서 불의의 편에 섰다고 생각한 그는 군인들이 군중을 향해 총을 쏘지 못하도록 하기 위해 엄청난 노력을 기울였다. 그는 섬뜩했던 현장상황을 다음과 같이 설명했다.

나의 작전지역이 될 현장에 도착하자마자 나는 지휘권을 나에게 인계한 장교가 이미 고층아파트들을 향해 사격명령을 내렸다는 것을 알게 되었다. 매우 무책임하고 비인간적인 짓이었다. 나는 또 비밀경찰이 저지른 잔혹행위에 관한 이야기도 들었다.

나는 즉각 부하들을 불러 모아놓고 "컨트리클럽 회원은 손들어 봐!" 하고 말했다. 놀란 표정으로 모두들 입을 다물었고 손드는 사람이 없었다. 내가 거듭 말했다. "알토 프라도나 라구니타 컨트리클럽이나 알타미라(모두 카라카스 교외의 부유층 전용 거주지역 – 옮긴이)에 사는 사람 있으면 손들어 봐!" 아무도 손드는 사람이 없었다.

이어 나는 이렇게 말했다. "그렇다면 우리는 모두 이곳과 같은 빈민지역이나 판자촌 출신이로군. 이곳 사람들은 모두 우리와 같은 사람들이다. 민중이고 우리 형제들이다. 그러니 누구도 명령 없이 총을 쏘면 안 된다. 공격받지 않는 한 사격하지 마라."

몇 주일 후 차베스는 미라플로레스 대통령궁으로 복귀했다. 정문을 들어서는데 경호원 몇 명이 그를 불렀다. 혁명운동에 가담한 것은 아니었지만 소문을 들어 낌새를 채고 있던 군인들이었다. 그들 중 한 명이 물었다. "소령님, 볼리바르주의 운동이라는 게 사실입니까? 그에 관해 좀더 알고 싶은데요. 우리는 국민들을 죽이러 갈 마음이 없습니다." 그들은 대통령 경호실에 근무하는 군인들, 정부가 신뢰하는 군인들이었다. 확실히 혁명모의는 속도가 붙고 있어, 결정적 행동의 순간을 오랫동안 미룰 수 없는 상황이었다.

그러나 당국이 그의 뒤를 밟고 있었다. 그해 말, 주지사 선거일인 1989년 12월 6일에 차베스는 동료 소령들 여러 명과 함께 최고사령부로 소환되었고, 반정부 음모를 꾸미고 크리스마스에 대통령과 고급장교들을 암살할 계획이었다는 혐의로 기소되었다. 하지만 허위제보라는 것이 밝혀지고 증거 또한 없었기 때문에 군당국은 아무런 조치를 취할 수 없었다. 결국 불온한 소령들 대부분을 벽지로 배치한다는 결정이 내려졌다. 차베스는 카라카스의 시몬 볼리바르 대학에 입학허가를 받아 정치학 석사과정을 밟기 시작했다. 쿠데타는 연기

될 수밖에 없었다.

　약 18개월이 지난 1991년 8월에 차베스는 참모대학 과정을 마치고 마라카이의 공수부대 대대장으로 임명되었다. 마침내 군대를 지휘하게 됨으로써 그는 오랫동안 준비해 온 계획을 행동으로 옮길 수 있는 위치에 섰다.

-8-
페레스 정부를 파멸시킨 신자유주의 정책

'카라카소'가 터진 지 1년이 지난 1990년 초의 어느 날 오후, 나는 카라카스 중심부에 있는 '미라플로레스 궁'이라 불리는 19세기풍의 아담한 백색 건물로 카를로스 페레스 대통령을 방문했다. 외국 언론인을 즐겨 만난 페레스 대통령은 한시도 상냥함을 잃지 않았다. 나는 그에게, 1970년대에 국가주도형 경제개발에 깊이 관여했던 그가 90년대에는 어떻게 그처럼 돌변하여 오랫동안 반대해 왔고 또 '카라카소'에 직접적 원인을 제공한 IMF의 경제정책을 받아들일 수 있었느냐고 물었다.

페레스는 '카라카소'가 불쾌한 충격이었다는 것을 시인하면서, 자신의 새 정책이 심각한 문제를 불러일으켰다는 데 대해 이의를 제기하지 않았다. 뿐만 아니라 이 조치가 생계비 상승으로 이어졌다는 점도 인정했다.

내가 내린 결정은 매우 힘든 것이었으며, 대체로 지금도 몹시 인기가 없다. 일반국민들은 우리가 취한 가혹한 조치에 분개하고 있다. 국민들은 지금도 시위나 항의집회를 통해 고통을 호소하고 있지만, 우리는 그것이 불가피한 조치였음을 이해해야 한다. 다른 해결책이 없었다.

지난 15년 동안 세상은 정말 많이 변했다. 경제가 더 세계화되고 더 조직화되었으니, 경제관계에 대한 인식도 달라져야 한다. 경제가 세계화됨에 따라 우리 국민들도 외국인 투자의 필요성을 더 잘 이해하게 될 것이다.

페레스 대통령은 베네수엘라는 지금 석유세입만 가지고 경제를 이끌고 갈 수 없기 때문에 외국인 투자가 절실하다고 말했다. 지금까지 국가의 독점적 투자부문으로 간주되었던 정유업의 경우에도 '외국자본의 참여'를 협상할 필요가 있다는 것이 그의 생각이었다.

페레스는 장래 국가 자체의 역할에 관해서도 회의적이었다. 그는 본질적으로 국가기관은 타락하는 경향이 있다는 교훈을 얻었다면서, 지금 정부는 "부정부패를 가능케 할 소지가 있는 모든 요소"를 폐지할 계획이라고 말했다. 물론 이런 부정부패 현상에서 자신의 역할에 대해서는 아무런 언급을 하지 않았다. 또 그는 환율을 자유화하고 무역규제를 철폐하면 부패가 사라질 것이라고 기대했다. 흔히 전향자에게서 볼 수 있는 열정을 담아 페레스는 "국가개입을 최소한으로 축소하는 것이 최선책"이라고 힘주어 말했다.

1990년대 이래 차베스의 정치적 수사는 대부분 '신자유주의'에 반대하는 것 그리고 미국이 라틴아메리카에 강요하고 페레스가 기꺼이 수용한 경제개혁 프로그램에 반대한다는 것이었다. 이런 개혁 프로그램이 가능했던 것은 주로 미국이 IMF와 세계은행 같은 금융기관을 장악한 결과이지만, 또 한편으로 라틴아메리카의 상당수 경제학자와 정치인들이 미국의 새로운 교리로 전향한 탓이기도 하다.

차베스는 평소에 신자유주의 프로그램을 '야만적'인 신자유주의라는 말로 뭉뚱그려 비난하지만, 그의 주장은 특히 1989년 이후에 베네수엘라가 겪었던 암울한 경험에 바탕을 두고 있다. 그의 주된 공격표적은 '카라카소'에 직접적 원인을 제공했던 페레스의 정책전환이었다. 그리고 이 정책전환은 1993년에 페레스 자신의 몰락으로 이어지게 된다.

앞장에서 살펴본 것처럼 '카라카소' 폭동의 직접적 원인이 되었던 석유가격 인상과 뒤이은 버스요금 인상은 그 자체가 한 달 전에 정부가 단행한 폭넓은 정책전환 — 일명 '대전환'(gran viraje) —— 의 일환으로 시행된 것이었다.

1990년대에 라틴아메리카와 그 밖의 지역들에 풀어놓은 신자유주의 정책은 흔히 '워싱턴 컨센서스'(Washington Consensus)라고 불린다. 70년대에 IMF의 존 윌리엄슨 고문이 작성하여 미국의 재가를 받은 '워싱턴 컨센서스'의 10개조 프로그램은 원래 70~80년대에 국제 금융기관들이 외채가 많은 나라들에게 강요하던 프로그램이었다. 그 목적은 라틴아메리카 등지의 채무국들이 주로 미국 은행들에게 진 외채를 상환할 수 있게 하기 위해 이 나라들의 경제 메커니즘을 개혁하는 데 있었다.

부패하고 무능한 역대 정부들이 높은 금리로 마구 빌려다 쓴 부채가 엄청나게 누적되어 있던 베네수엘라는 '워싱턴 컨센서스' 개혁의 제1표적이었다. 외국인 투자를 계속 끌어들이려면 필요한 개혁도 분명히 있었다. 그러나 어떤 개혁들은 심각한 부작용을 지니고 있었는데, 외국은행들의 요구조건만 상세하게 명시해 놓고 가난한 채무국 주민들의 요구는 철저하게 묵살하는 식이었다.

'워싱턴 컨센서스'를 작성한 존 윌리엄슨은 이 문제를 다룬 1994년의 어느 회의에서 '컨센서스'라는 용어를 해명하면서, 자기는 "채무국들이 취해야 할 정책개혁의 성격에 관해 '워싱턴'의 정책입안자와 학자들이 틀림없이 상당히 폭넓은 합의에 이를 수 있을 것으로 생각되는 10개 분야'를 선정한 것이라고 밝혔다.

제국주의 경제학자의 냉정한 언어로 표현된 그의 프로그램은 별 악의가 없는 것처럼 보일 수도 있다. 그러나 현실적으로 채무국에 요구한 이 조건들은 정확하게 새로운 형태의 식민주의를 나타내는 것이었다. 미국에 본부를 둔 초국적기업들이 신자유주의 프로그램에서 누리는 혜택은 단순한 채무회수를 훨씬 넘어서는 것이었다.

윌리엄슨이 정의를 내린 '워싱턴 컨센서스'의 10개 항목이 담고 있는 내용은 채무국 정부가 다음과 같은 개혁조치를 강행해야 한다는 것이다.

1. 건전재정 보장과 재정적자 억제
2. 공공지출 축소(특히 군사·행정 분야)
3. 조세기반 확대와 효율적 집행을 목표로 한 세제개혁
4. 시장이 금리를 결정하는 금융자유화
5. 수출주도 성장을 지원하는 경쟁환율
6. 수입허가제 폐지와 관세인하를 수반하는 무역자유화
7. 외국인 직접투자 장려
8. 국영기업 민영화를 통한 경영 효율화와 실적 향상
9. 경제의 규제철폐

10. 재산권 보호

이것이 바로 페레스 정부가 1989년 2월에 베네수엘라에서 시행하고자 했던 경제개혁 프로그램이었다. 이념적으로 공백상태에 있던 그는 주저 없이 당시의 유행을 받아들였다. 미국에서 공부한 시카고학파의 젊은 경제전문가들에게 둘러싸여 있던 페레스는 공식 취임식 2주 만에 이 '신경제종합정책'을 발표했다.

개혁 프로그램을 담당했던 정부 내의 두 핵심 인물에게는 '워싱턴 컨센서스'라는 용어가 더할 나위 없이 마음에 들었다. 개발장관 모이세스 나임과 기획장관 미겔 로드리게스는 미국의 MIT대학과 예일대학을 나온 젊은 수재들이었다. 이들은 1990년대 동유럽에서 자유시장 정책을 밀고 나갔던 체코슬로바키아의 바츨라프 클라우스와 폴란드의 레스체크 발체로비치, 두 경제전문가와 똑같은 부류였다.

두 사람은 다 신자유주의에 흠뻑 취해 있었으며, 연구소와 대학 강의실과 국제 금융기관의 풍토에 익숙해 있는 사람들이었다. 그러나 그들에게는 커다란 약점이 있었으니, 자기 나라의 정치권에 대한 지식이나 이해가 눈에 띌 정도로 부족했던 것이다. 그들은 경제논리는 자명한 것이며, 정치는 스스로 알아서 할 일이라고 생각했다.

하이메 루신치 대통령(1984~89)의 통치기간 마지막 몇 달 동안 베네수엘라 사람들은 누구나 경제위기가 닥쳐오고 있음을 느끼고 있었다. 1989년 1월에 위기가 곪아터지자, 루신치가 대통령으로서 취한 마지막 조치는 외채상환을 유예한 것이었다. 방만한 지출과 전대미문의 부정부패가 20년 동안 계속된 탓에 외환보유고는 바닥 나고 있었다. 이 결정의 여파로 국민들은 2월에 취임하게 될 신임 페레스 정부의 정책방향에 대해 여러 가지로 추측했다. 페레스는 겉으로 보기에 베네수엘라가 부자나라 같았던 1970년대의 '베네수엘라 사우디타' 황금시기를 이끌었던 인물이다. 국민들이 그를 다시 대통령으로 뽑은 것은 대체로 그가 다시 한번 기적을 일으킬 수 있으리라는 당치않은 기대 때문이었다.

페레스는 국민들을 계속 기다리게 했다. 대통령 당선자의 자격으로 페레스는 몇 주 동안 사우디아라비아, 쿠웨이트, 알제리 등 주요 OPEC 회원국들을 순방함으로써, 석유를 둘러싼 국제정치판에 베네수엘라가 다시 뛰어들 계획을 가지고 있는 것 아닌가 하는 기대감을 불러일으켰다. 마침내 카라카스로 귀국했을 때 그의 마음은 결정되어 있었다. 놀랍게도 그는 신자유주의 정책을 받아들여 일대 변혁을 꾀하기로 작정했던 것이다. 더구나 당시에 신자유주의는 아직 90년대의 새로운 정설로서 그 입지가 확고했던 것도 아니다. 페레스로서는 도저히 다른 해결책을 찾을 수 없었던 것이다.

지난 반세기 동안 정치·경제 영역에서 주도적인 역할을 담당했던 국가의 역할과 규모에 철저한 수정을 가하고 국영기업은 민영화하기로 했다. 정부 주도 아래 고용창출과 경제성장을 추구하기보다는 오히려 정부는 '민간부문의 가속적인 팽창'에 의지하기로 했다. 또한 물가와 금리를 '자유화'하고 변동환율제(variable exchange rates)를 폐지하기로 했다.

미겔 로드리게스가 이 구조조정 프로그램의 주도자였다. 몇 년 후 공직에서 물러나 있을 때, 로드리게스는 구조조정 프로그램의 내용을 자랑스럽게 설명했다. 그는 '워싱턴 컨센서스'의 조건들을 글자 하나 틀리지 않고 완전히 충족시켰다고 말했지만, 그 결과는 대부분의 베네수엘라 사람들이 오랫동안 믿어왔고 가장 소중히 여기던 것과 정반대로 가는 것이었다.

이 프로그램은 그 목적이 포괄적이었다. 여기에 포함된 내용은 무역제한의 전면적 철폐와 관세의 폭 축소 등 전면적인 무역개혁, 외환관리 전면철폐와 비전통적 수출산업의 개발에 적합한 자유변동(free float) 환율제의 채택, 가격 자유화, 폭넓은 분권화와 준(準)국영기업의 민영화 등 공공부문의 구조조정, 포괄적인 세제개혁, 효율적인 수준에서 공공서비스 가격을 책정하는 새로운 정책 그리고 금융 자유화와 경쟁력 강화, 조정기능 강화를 주요 내용으로 한 금융부문 구조조정, 연금기금 조성과 사회보장제도 개편을 포함한 노동입법의 현대화, 대외채무의 재편성, 해외금융 정책의 개편, (주로 부유층을 대상으로 한) 대규모 일반보조금 제도를 최빈곤층을 위한 특별보조금으로 전환하는 새로운 사회정책 등이다.

이것이 1989년 2월 베네수엘라에서 시행된 신경제정책이었으며, 페레스 대통령은 이에 덧붙여 그의 경제팀이 미국으로부터 향후 3년간 IMF 차관 45억 달러를 약속받았다고 발표했다. 과거 70년대의 행복했던 시절에 페레스는 제3세계의 지도자를 자처하면서 IMF 경제전문가들을 "경제적 전체주의에 고용된 대량학살 전문가"라고 매도했다. 그런데 이제 그는 지난날 자기가 "건물은 남겨두고 사람만 죽이는… 경제적 중성자탄"이라고 비난했던 IMF에 네발로 기어가서 돈을 구걸하는 신세가 되고 말았다.

'카라카소'는 페레스의 야심찬 계획을 지연시키는 데 기여했다. 첫해에는 민영화된 국영기업이 단 한 군데도 없었다. 1989년 8월에 페레스는 민영화 촉진법령에 서명했지만, 의회에서 공공부문으로 남게 될 '기본·전략 기업'의 정의에 대해 합의가 이루어지지 못했다. 대다수 의원들은 일부러 꾸

물거렸지만, 페레스는 이 유예기간을 활용하여 다가올 변화에 대처하지 못했다. 1990년이 되자 베네수엘라는 경제이론의 전지구적 변혁에 총체적으로 휘말리고 있다는 것이 분명해졌다. 나라의 사정이 각기 다른데도, IMF 처방은 프라하에서나 바르샤바에서나 모두 동일했다.

그해 나는 미겔 로드리게스 장관과 인터뷰하기 위해 그를 찾아갔을 때, 그는 와이셔츠 차림으로 앉아서 두 대의 전화기로 동시에 통화를 하고 있었다. 그가 앉아 있는 뒤쪽으로는 의무적으로 걸어놓은 듯한 볼리바르 초상화가 걸려 있었다. 흔히 젊은 경제전문가들은 정치적 경험이 부족할 수 있지만, 한 치의 어리석은 행동도 용서치 않을 것 같은 지적 탁월함과 유능함이 한눈에 드러나는 로드리게스는 확실히 권력의 행사를 즐기고 있었다.

그는 베네수엘라가 "원가에 훨씬 못 미치는 가격으로 소비자에게 판매되는" 값싼 전기와 석유에 익숙해져 있는 것은 불행한 일이라고 생각했다. 그리고 자신의 구조조정 프로그램이 "최단기간 내에 공공부문의 가격을 효율적으로 결정하게 될 것"이라고 말했다. 또한 테크노크라트들을 점잖게 폄하면서, 이젠 냉혹해질 때가 되었다고 했다. 내가 '카라카소'를 거론하자, 그는 손을 내저으면서 일축했다. "석유가격 인상에 반대한 건 일반시민들이 아니에요. 정치가들과 대학과 고등학교 내의 두세 명 선동가들이 반대한 겁니다. 국민들은 다 알고 있어요."

그의 주요 관심사는 정부시책의 의회통과가 늦어지고 있다는 것이었다. 의회의 지연작전으로 인해 정부가 주도권을 빼앗겼다면서, 그는 그 결과 야당이 재편성되고 타성이 붙게 되었다고 말했다. 그는 자신과 개발장관 나임(Naím) 다 집권 민주행동당 지도부에게 인기가 없다는 사실을 잘 알고 있었는데, 여당의 정치적 지지를 받지 못한다는 것은 경제개혁을 추진하는 데 큰 장애요인이었다. 젊은이들은 빨리 나가자고 재촉하고, 두목들은 신중하라고 권하는 형국이었다.

장기적으로 보면, 이 말썽꾸러기들의 정치적 이해력 부족이 군사쿠데타의 여건을 만들었고 페레스 대통령의 몰락을 가져왔다고 할 수 있다. 이들의 경제정책에서 비롯된 정치적 위기는 당초 아무도 내다보지 못했던 결과를 가져왔다.

차베스 대령은 '카라카소'에 자극받아 볼리바르주의 혁명운동의 거사준비에 박차를 가했고, 드디어 1992년 2월에는 페레스 대통령을 축출했다.

페레스의 임기 3년 만에 집권 민주행동당은 그를 희생시키기로 결정했다. 1993년 페레스는 부정부패 혐의로 의회의 탄핵을 받아 가택연금 상태에 들어갔다.

페레스가 아직 가택연금 상태에 있던 1996년 2월에, 나는 다시 그를 만났다. 카라카스 교외의 언덕 위 별장에서 만난 그는 공직을 모두 박탈당했는데도 아직 국민의 강력한 요청으로 권좌에 복귀할 날을 기다리고 있는 듯한 인상을 강하게 풍겼다.

커다란 책상을 사이에 두고 마주앉은 그는 이렇게 말했다. "베네수엘라는 지금 엄청난 구조적 위기를 겪고 있소. 그 한 가지 원인은 정당들의 위기에 있어요. 기독교사회당은 당구조를 라파엘 칼데라 한 사람이 장악하고 있는데, 이 사람은 자기말고는 어느 누구도 대통령후보에 나서지 못하도록 합니다."

페레스는 자신의 민주행동당에 대해서도 비판했다. "이 당은 불행하게도 정실과 당기구에 사로잡혀 있소. 나는 거기서 배척당했지만 계속 국민의 지지를 받고 있단 말이오. 사실 나는 그 때문에 여기 감금되어 정치기반과 접촉하지 못하도록 이렇게 격리되어 있어요. 이처럼 심하게 활동을 제약받기 때문에 현 사태에 직접 영향을 끼칠 도리가 없는 것이오."

베네수엘라가 위기에 처했다는 페레스의 말은 맞지만, 그는 이 사태의 큰 책임이 자기에게 있다는 것을 인정하지 않았다. 국민들은 그의 복귀를 강력하게 요구하는 것이 아니라 그의 목숨을 요구하고 있었다 —— 사실 그는 1992년 2월에 목숨을 잃을 뻔했다.

-9-
군부와 민간 혁명세력의 토론

차베스의 고향 바리나스에서 대학도시 메리다로 가는 도로는 무더운 오리노코 평원과 청명한 안데스 계곡을 거쳐서 숲과 폭포 사이로 구불구불 뻗어나간, 라틴아메리카에서도 가장 경치가 아름다운 길로 손꼽힌다. 나는 버스정류장에서 '포르 푸에스토' 한 대를 발견하고 차가 만원이 되기를 기다렸다. 택시 혹은 소형버스의 일종이라고 할 수 있는 '포르 푸에스토'는 좌석이 다 채워져야만 떠나기 때문이다. 이윽고 미니버스가 출발했지만 얼마 못 가 엔진이 멈춰버렸고 운전사가 아무리 애를 써도 시동은 걸리지 않았다. 차에 탔던 우리는 다 내려서 한 시간이 넘도록 도로에 서서 기다린 끝에, 우리를 태우러 온 다른 버스에 올라타고 메리다로 가는 구름에 싸인 고갯길을 넘어갔다.

메리다는 푸른 산들로 둘러싸여서 널찍한 계곡을 따라 펼쳐 있는 산악도시이다. 옛 식민지시대의 건물은 별로 남아 있지 않지만, 아침·저녁이나 점심시간 때면 거리는 젊은 대학생들로 붐비는 등 여전히 자그마한 대학도시의 매력을 간직하고 있었다. 이곳은 베네수엘라 지성의 중심지이며 카라카스의 악몽 같은 도시생활 흔적을 찾아볼 수 없는 평화롭고 고요한 오아시스 같은 곳이다. 휴일이면 사람들이 에너지 충전을 위해 이곳을 찾아오지만, 카라카스를 바빌론으로 여기는 이곳 안데스대학(Universidad de los Andes)의 교수들은 움직이지 않는다.

지금까지 늘 메리다는 좌파의 중심지였으며, 1960년대 게릴라운동이 붕괴된 후에는 수많은 게릴라 출신들이 이곳 메리다와 그 주변에 정착해서 살고 있다. 살아남은 게릴라 출신들 가운데 일부는 70년대에 '사회주의운동'(MAS)으로 다시 결집했고, 또 일부는 과거 팔콘 주의 게릴라 지도자이며 1966년에 공산당과 결별한 더글라스 브라보의 베네수엘라혁명당(PRV)에 가담했다. 합법정당인 PRV의 지지자들 중에는 메리다의 대학에서 과학을 가르치는 차베스의 형 아단 차베스 교수도 있었다. 80년대 초에 아단 차베스(Adán Chávez)는 자신의 혁명가 친구인 브라보와 혁명가 동생 우고를 서로 만나게 해주면 좋을 것 같다는 생각을 했다.

브라보는 1982년 아니면 1983년이었던 걸로 기억하는 이 만남을 떠올리면서, "처음에 차베스와의 토론에 관여한 조직은 PRV였다. 우리가 준비하고 있는 혁명조직에 몸담고 있던 '다른 장교들'을 비롯하여 차베스와 대화를 나누었다"고 말한다. 그들의 목적은 장기적으로 혁명의 준비를 목표로 한 민·군 운동조직을 건설하는 것이었다.

브라보는 알베르토 가르리도와 가진 인터뷰에서 당시의 논의내용을 비교적 상세하게 설명했다. "우리는 당장 봉기를 일으키자는 것은 아니었다. 군인들이건 민간인들이건 그 점은 분명히 했다…." 양측은 국내에 중대한 정치적 사태발전('민중의 기대감')이 조성되지 않는 한, 군부 내의 동조세력이 지휘관으로 진급하기 전까지는 중요한 변화가 일어나지 않을 것이라는 데 의견이 일치했다. 그러므로 군부 내 동조세력 대부분이 40세가 되는 1992년까지 기다려야 한다는 것이었다.

공교롭게도 1989년 2월의 '카라카소'야말로 그들이 얼마쯤은 기대했던 '중대한 정치적 사태발전'이었지만, 이때는 민간측도 군부측도 준비가 되어 있지 못했다.

1980년대의 정치·경제 위기 동안에, 민간과 군부 내의 여러 그룹들이 간헐적으로 접촉을 가졌다. 베네수엘라의 무능하고 부패한 정치체제에 반대하는 광범위한 민간단체들은 군부의 요주의 인물들을 접촉하는 것을 좋아하였다.

그러나 당시 차베스의 볼리바르주의 혁명운동이 군부 내의 유일한 정치조직은 아니었다. 해군에도 세포조직이 있었는데, 이 조직에 관해서는 1992년에 두번째 쿠데타를 일으킨 에르난 그뤼버 제독이 이끄는 그룹과 연관이 없다는 점말고는 별로 알려진 것이 없다. 또 공군에도 하버드대학에서 공부한 트로츠키파 성향의 윌리엄 이사라 중위가 이끄는 그룹이 있었다.

차베스가 육군 내에 볼리바르주의 혁명운동을 조직하고 있던 80년대 초에 이사라 중위는 이미 공군 내에 현역군인혁명동맹(ARMA)이라는 그룹을 조직해 놓고 있었다. 차베스처럼 이사라 중위도 한때 좌파의 대통령후보인 MAS의 테오도로 페트코프와 호세 비센테 랑헬 등 민간 정치인들과 만나고 있었다. 그러나 이러한 만남에서 구체화된 것은 아무것도 없었다.

나중에 이사라는 1992년 쿠데타 후에 차베스 쪽에 가담하여 차베스의 제5공화국운동(MVR)에서 국제관계를 담당했다. 그리고 1998년 11월에 상원의원에 당선되지만, 12월에 루이스 미킬레나와의 불화 끝에 차베스와 결별하고 1999년 5월에는 상원의원직까지 사퇴하고는 독자적으로 '직접민주주의운동당'을 창당한다. 그러나 결국 차베스 지지로 복귀하게 되며, 그의 아들 안드레스 이사라도 중요한 역할을 맡는다.

차베스는 늘 민간인 참여의 필요성을 역설했다. 1970년대에 페루의 군사혁명으로부터 많은 영향을 받은 차베스는 발레스코 정부가 실패한 것은 민간인 참여가 없음으로 해서 대중들의 지지를 받지 못했기 때문이라는 것을 잘 알고 있었다. 차베스와 그뤼버 제독 모두가 자신들의 '군사적 개입'이 성공하려면 민간인들의 지지가 있어야 하며, 따라서 엄선된 민간 정치단체들이 처음부터 가담해야 한다고 생각했다.

차베스는 민간 혁명세력과의 대화를 브라보 그룹하고만 한 것은 아니었다. 당시 카라카스와 볼리바르 주에서 활동하던 좌익 급진행동당(LCR)의 정치지도자들과 초기 단계부터 관계를 맺고 있었으며, LCR의 창설자인 알프레도 마네이로를 1983년에 그가 사망하기 얼마 전에 만나기도 했다. 마네이로는 1960년대 게릴라운동 속에서 등장한 카리스마 넘치는 혁명가들 중 한 사람이다.

군사혁명에 동조할 사람들 가운데는 LCR의 지지세력도 있었기 때문에, 차베스는 이들이 할 수 있을 만한 역할을 구상했다. 그는 파나마의 토리호스 장군의 좌익 군사정부가 시도한 조직화 작업에 큰 관심을 가졌다. 토리호스와 그를 뒤이은 마누엘 노리에가는 일종의 준(準)군사조직인 '존엄대대'(Dignity Battalion)를 조직해 군부를 지원하도록 했었다.

차베스는 언젠가 파나마에서 이 민간인 부대가 훈련받는 모습을 보고는, 정규군 반란세력과 협력하여 도로차단을 비롯한 각종 임무를 수행하는 등 비정규 부대로서의 역할을 충분히 할 역량을 갖추었다는 데 큰 감명을 받았다. 차베스는 LCR의 지도부에 이 문제를 제기했다.

여러 해 동안 우리는 이 사람들에게 빈민촌 출신 민간인들로 '존엄대대'들을 조직하여 진정한 공동체 지도자들이 이끌고 나가도록 해야 한다고 제안하였다. 그들에게 여러 가지 무기에 관한 교재들을 보여주고, 무기 사용법도 가르쳐주었다. 다만 몇 가지 이유로 무기를 공급하지는 못했다. 늘 감시받고 있었기 때문이다.

차베스가 LCR과 가진 초창기의 접촉은 별 성과가 없었다. 아마도 민간세력이 그의 능력에 의문을 품고 등을 돌렸을 것으로 보인다. 차베스는 어떤 좌익조직들은 정권을 잡기 위해 군대와는 단순히 전술적 제휴만을 원한다는 것을 우려하였으며, 또 어떤 조직들은 군인들에게 의존해서 혁명과업을 수행하는 안에 대해 내심 못마땅하게 생각한다는 것을 감지할 수 있었다.

민간인 좌익세력들과의 대화에서는 언제나 골치 아픈 문제들이 제기되었다. 쿠데타 전개과정에서 민간이 어떤 역할을 할 것인가 하는 것보다 더 중요한 문제는 쿠데타 이후의 정부에 그들이 어떤 방식으로 참여할 것인가 하는 것이었다. 이것은 결코 이론의 문제가 아니었다. 역사적으로 베네수엘라의 민간 좌익세력은 1958년 '애국전선'(Patriotic Front)의 민·군 봉기 후에 일어난 사태에 대해 배신감을 가지고 있었다. 당시 민중들의 희망은 기만당했다. 이를 만회하기 위해 수많은 사람들이 60년대의 게릴라운동에 참가했던 것이다.

'카라카소' 후에 차베스와 다시 접촉하기 시작한 브라보는 그 당시부터 차베스가 전에 접촉하던 '혁명분자'들을 멀리하기 시작했다고 주장한다. 두 사람은 몇 차례 이견을 보인 끝에 1992년 2월의 쿠데타를 4개월 앞 둔 1991년 10월에 마지막으로 만나 절충을 시도했다. 브라보는 이렇게 설명한다.

우리는 만나서 봉기계획을 이야기했는데… 무엇보다도 [1958년] 1월 23일에 '애국평의회'가 조직했던 총파업과 같은 민간측의 행동이 있어야 한다는 데 의견을 같이했다. 군부는 그후에 나서야 한다는 것이었다. 그러자면 민간인이 혁명운동에 적극 참여해야 하겠지만, 그것은 차베스가 바라는 것이 아니었다. 그건 절대로 안 되었다! 차베스는 민간인들이 실질적인 세력으로서 참여하는 것을 원치 않았다. 시민사회는 박수를 치되 참여해서는 안 되었다. 그건 전혀 다른 얘기였다···.

브라보는 그 시기에 일어났던 한 가지 일화를 들려준다.

스물인가 스물다섯 명 가량의 게릴라가 모이자 차베스는 쿠데타 행동계획을 내어놓았다. 하지만 그 계획은 전에 우리가 그와 얘기했던, 혁명운동에 시민사회를 적극 참여시켜야 한다는 구상과 전혀 닮은 데가 없었다···. 그래서 차베스가 자기 계획을 밝히자 한 참석자가 말했다. "호세 마리아(차베스의 가명이었다), 마라카이보와 발렌시아, 카로라, 바르키시메토, 야라쿠이, 마라카이, 카라카스 등지의 군부대가 모두 동원된다는 것은 알겠는데, 그럼 우리 민간인들은 이 계획의 어디에 참가하지요?" 차베스가 단호하게 대답했다. "민간인들은 방해가 됩니다. 우리가 집권하면 부를 겁니다."

브라보는 그것이 단지 차베스 쪽의 전술 때문만은 아니었다고 주장한다. 그의 '정치적 입장'이었다는 것이다.

    브라보와 관계를 단절한 차베스는 베네수엘라혁명당(PRV)의 또 다른 구 혁명세력, 특히 게릴라 출신으로서 아리아스 라미레스 대령의 자문이 된 클레베르 카르데나스와 계속 모임을 가졌다. 두 사람 모두 가톨릭 신학교 출신이어서 공통점이 많았다. 라미레스는 1992년 2월 쿠데타의 준비과정에서 역할을 맡았지만, 결국에는 비판을 받게 된다. 그것은 1991년 12월에 쿠데타를 일으키기로 한 당초 계획을 본의 아니게 어겼다는, 다소 억울한 이유 때문이었던 것으로 보인다.

초기 단계에는 차베스 자신도 인식하지 못했지만, 쿠데타에 민간인을 참여시키는 전략과 관련한 문제점 하나는 민간 혁명세력에서는 군사반란 같은 시도에 요구되는 그런 종류의 철저한 규율을 좀처럼 찾아보기 힘들다는 점이었다. 볼리바르주의 혁명운동에 참가하는 민간인이 늘어날수록 그만큼 비밀이 새어나갈 위험이 커졌다.

결국 차베스는 여러 구 좌익세력들에게 실망했고 좌익세력 역시 그에게 실망했다. 나중에 차베스는 1960년대 게릴라전략이 이 나라의 정치발전에 끼친 역효과에 대해 이렇게 고찰했다.

베네수엘라에서 게릴라운동이 가져다준 한 가지 불행한 결과는, 이 나라의 발전에 많은 도움이 될 수도 있었던 정치지도자들을 고립시켰다는 것이다. 이런 사람들 가운데 상당수가 산에 남거나 야당진영에 투신했다. 나는 새로운 정치흐름을 만들어 냈을 수도 있었던 한 세대 전체가 이로 인해 고립되고 단절되었다고 생각한다.

그동안 노동운동이나 농민들 속에, 판자촌에, 사회 전체에 엄청난 지도력 공백상태가 있었다. 이런 역사적 상황을 고려하여, 우리는 행동을 통해 집단의식을 변화시키는 데 온힘을 기울여야 한다. 새로운 지도력을 발휘함으로써 이 공백을 메워나가야 한다….

베네수엘라 좌익세력의 대부분을 더할 수 없이 정확하게 기술한 이 분석은 알프레도 마네이로와 LCR의 분석과 전혀 다를 바 없었다. 차베스가 옛 게릴라 지도자들의 지지나 그들의 행동을 별로 이끌어내지는 못했지만, 그들의 견해가 차베스의 사고방식에 영향을 준 것만은 분명하다.

-10-
차베스의 '군사적 개입'

1992년 2월 4일 화요일 아침 이른 시각에, 차베스 대령이 이끄는 육군 5개 부대가 도로를 통해 카라카스로 이동해 갔다. 차베스는 카라카스에서 약 50마일 떨어진 마라카이의 공수연대 지휘관이었다. 그의 목표는 카를로스 안드레스 페레스 대통령을 구금하고 최고사령부를 장악하는 것이었다. 그런 다음 전국의 주둔군 지휘관들에게 새 정부의 포고령에 복종하라는 지시를 하달하도록 되어 있었다.

1개 부대는 국방부를 공격했고, 또 한 부대는 시내에 있는 군용 비행장 '라 카를로타'로 진격하고, 또 한 부대는 미라플로레스 대통령궁을 향해 이동하였다. 차베스 자신은 차를 타고 대통령궁 근처의 역사박물관으로 갔는데, 그곳에 통신시설을 설치해 놓고 전국의 작전을 지휘할 계획이었다.

카를로스 대통령은 외유중이었으나, 대통령궁에 심어둔 제보자에 따르면 대통령은 그날 귀국하여 라 과이라 항구 근처의 마이케티아 공항에 도착할 예정이었다. 나중에 차베스는 아구스틴 블랑코 무뇨스에게 이렇게 말했다. "공항에서 페레스를 구금하여 자동차 편으로 역사박물관으로 데려온다는 구상이었다. 우리 애들이 특공대를 조직해서 공항에서 그를 체포하기로 되어 있었으나, 정오부터 경비가 심해 공항에 들어갈 수 없었다."

사실 쿠데타 모의는 그 전날에 누설되었지만, 당국은 반란의 구체적 내용이나 규모는 알지 못했다. 국방장관 페르난도 오초아 안티치는 모종의 사태가 일어날 것이라고 판단하고, 방위군과 해병대로부터 소규모 병력을 차출해서 대통령을 만나러 직접 마이케티아 공항으로 갔다.

계속해서 차베스는 이렇게 말했다.

"두번째 시도로, 자동차 전용 터널 속에서 불이 난 승용차 한 대로 도로를 차단하기로 했지요. 하지만 경비병이 너무 많았고 우리는 병력이 부족했습니다. 그래서 우리는 대통령을 라 카소나의 관저에서 체포하기로 하고 관저를 공격했지만, 비밀경찰 병력이 반격을 가했어요. 페레스는 그곳에 도착하였다가 관저가 포위되기 몇 분 전에 미라플로레스 궁으로 도망쳤지요. 그가 대통령궁에 도착했을 때 우리측 탱크들이 공격했지만, 그는 경비가 없는 출입구를 통해 탈출했습니다."

차베스와 그의 동지들은 1992년이 쿠데타를 일으키기에 가장 좋은 때가 되기를 늘 희망했다. 그들이 기대한 대로 1991년에 모두가 연대장급으로 진급하였다. 앞에서 말했듯이 차베스는 1991년 8월에 마라카이의 공수연대 대장으로 진급하였으며, 우르다네타와 호엘 아코스타 치리노스는 그 전주에 연대장에 임명되었다. 정보기관에 근무하면서 항상 신분이 노출될까 봐 극도로 신경 썼던 프란시스코 아리아스 카르데나스는 이미 그 전해에 마라카이보의 포병 연대장이 되었다.

차베스는 군당국이 자신의 동태를 어느 정도 파악하고 있음을 직감했다. 앞의 7장에서 언급했듯이, 차베스 등은 1989년 12월에 고위 장성들 앞에 끌려가 쿠데타 음모혐의로 심문받다가 간신히 위기를 모면한 적이 있었다. 이제 서둘러야 할 때라고 차베스는 판단하였다. 처음 계획은 1991년 12월에 거사하는 것이었지만, 민간인 협력자들 때문인지 계획이 누설된 것 같았다.

합의된 작전은 1992년 2월에 대통령궁으로 진격하여 대통령과 고위 장성들을 체포한다는 것이었다. 대통령을 구금하지 못하면 거사는 실패였다. 차베스는 전군의 약 10%를 확실한 동조세력으로 파악하고 있었다. 그러나 초기에 대통령을 사로잡지 못함으로 해서 대통령이 계속 정부에 충성하는 40개 대대에 자유롭게 명령을 내리게 되면, 승리는 필연적으로 정부군 쪽에 돌아갈 수밖에 없었다.

차베스는 "우리는 1월 30일 목요일부터 계속 경계태세를 유지하고 있었다"고 밝히고 있다. 2월 2일 일요일, 팬아메리카 고속도로의 한 주유소에서 공군 내의 동조세력 프란시스코 비스콘티 오소리오와 루이스 레이예스 레이예스가 참석한 가운데 최종회의가 열렸다.

내 기억으로 그날 밤 자정이 다되어 미라플로레스 궁에 있는 우리 쪽 사람이 내게 전화를 걸어 페레스의 귀국일시를 암호로 알려주었다. 그 순간부터 우리는 작전개시에 들어가 월요일에는 깨어나자마자 병력을 이동시키기 시작했다.

차베스는 아내와 자식들에게 작별인사를 하고, 마라카이의 은행계좌에서 찾은 수표와 현금을 주었다.

2월 3일 월요일 저녁까지, 혁명동조자들이 마라카이, 마라카이보 등 여러 도시의 군부대들을 장악하고 카라카스로 진격할 준비를 마쳤다. 그러나 간단한 암호로 다른 군부대들과 전화통화를 해본 결과, 모든 것이 다 순조롭게 진행되고 있는 것은 아니었다.

"나는 제 시간에 못 가겠네."

"파티는 오늘이니 위스키를 보내야지."

"안 돼. 위스키를 못 보내겠어. 돈을 마련할 수가 없다구."

"좋아. 그럼 아무것도 보내지 말게."

그 무렵 비밀이 이미 누설되었다는 것을 혁명동조자들은 전혀 모르고 있었다. 바로 그 월요일 낮에 차베스가 고위급 장교들을 장악하라고 파견했던 카라카스 사관학교의 대위 한 명이 이 사실을 상관에게 보고하기로 결심했던 것이다. 이렇게 해서 최고사령부는 쿠데타 기도가 있으리라는 것을 알았지만, 어디서 터질지에 대해서는 아는 바가 없었다. 불과 24시간 내에 쿠데타 기도를 적발하고 전국을 다시 장악해야 했다.

오후 8시에 차베스의 병력이 여러 대의 전세버스를 타고 마라카이에서 카라카스로 이동하기 시작했다. 차베스 자신은 새벽 1시에 역사박물관의 지정된 위치에 도착했다. 그는 박물관에서 직접 지휘할 생각이었지만, 깜짝 놀랄 일이 그를 기다리고 있었다. 그의 부대가 기관총 세례를 받은 것이다. 비로소 그는 계획이 누설되었다는 사실을 인정할 수밖에 없었다. 차베스는 책임자인 대령에게 다가가서 증원부대를 이끌고 왔노라고 능숙한 말솜씨로 둘러대고는 박물관 입구를 통과했다. 그러나 안에 들어가 보니 자기가 사용하기로 되어 있는 통신장비가 도착해 있지 않았다. 다른 지역들의 동조세력과 연락할 수 없게 된 차베스는 혼자 고립되어 버린 것이다.

수도의 다른 곳들에서 한 무리의 병사들이 대통령궁을 공격했지만 돌파하지 못하고 있었다. 상황은 시시각각 악화되어 갔다. 증원군은 카라카스 교외에서 저지당했고, 모의에 가담했던 공군 장성들은 위험이 커지자 비행기들을 이륙시키지 않기로 결정했으며, TV와 방송국을 장악하기로 되어 있던 민간인 그룹도 임무를 수행하지 못했다. 쿠데타는 실패할 수밖에 없었다.

쿠데타 직후에 군 내부의 혁명세력들 사이에서 민간인 동조자들의 역할을 두고 상당한 논란이 벌어졌다. 발렌시아에서는 쿠데타를 지지하는 민간인들이 군부대에 도착하여 실제로 무기와 차량을 지급받았던 것으로 보인다. 그러나 카라카스와 마라카이보에서는 이런 일이 일어나지 않았다. 차베스는 이렇게 밝히고 있다.

민간인들은 나타나지 않았다. 미라플로레스 궁 근처에는 민간인들에게 건네줄 총기를 가득 실은 화물트럭 한 대가 와 있었다.

우리가 언론매체를 장악하지 못해 민중들에게 지원을 호소할 수 없었던 것은 사실이지만, 그날 밤에 거사가 일어날 것이며 암호('파에스-파트리아')를 대면 무기를 받을 수 있다는 것을 아는 사람들이 있었다는 것 또한 사실이다. 그런데도 그들은 나타나지 않았다. 우리만 탓할 일이 아니다. 사람들이 사전에 작전내용을 알고 있었는데도 아예 나타나지도 않은 것이다.

2월 4일 이른 아침에 페레스 대통령이 TV에 모습을 드러냈다. 그는 놀란 국민들을 향해 마라카이에서 군사반란이 일어났으며 현재 진압중이라고 발표했다. 차베스는 TV를 보고 쿠데타가 실패했다는 것을 알았다. 오전 9시, 차베스는 투항하기로 결정했다.

이 단계에서 놀라운 일이 일어났다. 차베스는 유혈사태의 확대를 피하기 위해서라며 자기가 TV에 나가 발언할 수 있게 해달라고 요청했다. 다른 지역의 군부대와 도시들을 장악한 대령들에게 투항하라고 권유하겠다는 것이었다. 마라카이보의 아리아스 카르데나스 등 몇몇 장교들은 아직 자기 지역을 장악하고 있었지만, 카라카스에서 작전이 실패했기 때문에 거사가 전국적으로 성공할 가망은 없었다.

차베스가 TV에 모습이 비친 것은 불과 1분 남짓이었다. 그러나 이 출연으로 차베스는 거의 알려지지 않은 평범한 대령에서 일약 전국적인 인물로 부상하는 뜻밖의 결과를 가져온다. 개인적으로 파멸의 순간에 주어진 단 1분의 방송시간은 그를 이 나라의 구세주가 될 인물로 바꾸어놓은 것이다.

그의 TV방송은 주로 아라과의 공수연대와 발렌시아의 장갑여단을 겨냥한 것이었다. 이 두 부대는 주둔지역 도시들을 성공적으로 점령하고 투항할 기미를 보이지 않고 있었다. 차베스는 이들이 투항하지 않으면 유혈사태가 뒤따르리라는 것을 직감했다. 그는 원고도 없이 자신만만하게 말했다.

먼저, 베네수엘라 국민 여러분께 아침인사를 드리고자 합니다. 그러나 이 볼리바르주의 메시지는 특히 아라과의 공수연대와 발렌시아 장갑여단의 용감한 장병들에게 드리고자 합니다.

동지들, 불행하게도 우리가 세웠던 목표가 지금 당장은 수도에서 이루어지지 못했습니다. 다시 말해서 이곳 카라카스에 와 있는 우리는 권력을 장악하지 못했습니다. 어디에서건 여러분은 임무를 훌륭하게 수행했지만, 지금은 다시 생각할 때입니다. 새로운 가능성이 다시 떠오르면 이 나라는 결정적으로 보다 낳은 미래를 향해 나아갈 것입니다.

그러니 내가 하는 말에 귀를 기울이시고, 지금 여러분에게 이 메시지를 보내는 지휘관 차베스의 말을 경청하시고, 부디 심사숙고하시기 바랍니다. 무기를 버리십시오. 사실 우리가 전국 차원에서 세웠던 목표는 지금 우리에게는 역부족입니다.

동지들, 이 연대의 메시지를 경청해 주십시오. 나는 여러분의 충성심, 여러분의 용기 그리고 여러분의 사심 없는 관대함에 감사드립니다. 국민과 여러분 앞에서, 이번 볼리바르주의 군사봉기의 책임은 전적으로 내가 지겠습니다. 감사합니다.

이 짧은 TV방송에서 두 군데 표현이 특히 충격을 주었다. 지금까지 베네수엘라 사람들은 정치인이 어떤 식으로든 사과하는 것을 들어본 적이 없었다. 통화가치 하락, 은행파산, 부정부패, 경기하락 등 최근의 여러 가지 정치·경제적 실패에도 불구하고, 집권층에서 미안하다거나 일부라도 책임을 지겠다고 말한 사람은 하나도 없었다. 그런데 군 장교 한 사람이 잘못된 일에 대해 책임을 지겠다고 나선 것이다. 전혀 새로운 모습이 아닐 수 없었다.

민중의 상상력을 사로잡은 또 한 가지 말은 '지금 당장은'이라는 표현이었다. 앞에서도 말하였듯이, 대다수 국민들은 이 말을 낙관적으로, 즉 언젠가는 다시 돌아와 싸우겠다는 차베스의 신호로 받아들였다. 현 정부를 타도하는 혁명계획이 이번에는 좌절되었지만 반드시 되살아날 것이라는 신호였다. 차베스 자신은 얼떨결에 한 말이었다고 회상한다. '지금 당장은'이라는 말에 숨겨져 있는 동기는 전혀 없었다는 것이다. 그러나 그후 여러 해 동안 이 말은 다시 돌아오겠다는 약속이 함축된 그의 트레이드마크처럼 되었다.

쿠데타는 끝나고 주모자들은 안전하게 철창 속에 가두어 놓았지만, 베네수엘라에는 큰 변화가 일어났다. 단일한 구조로 통합되어 있었던 군대가 심각하게 양분되고, 대다수 국민은 쿠데타 지도자를 한결같이 지지하게 되었다.

정치인들은 이 새로운 현실에 맞춰 담론을 수정해야 했다. 쿠데타 직후에 소집된 의회의 임시회기에서, 전 대통령 라파엘 칼데라는 쿠데타를 지지하는 듯한 연설을 하였다. 그리고 국민들은 그의 말을 액면 그대로 받아들였다. 2년 후 1993년 12월에 칼데라는 다시 대통령으로 선출되었고, 많은 사람들로부터 국민들 정서를 읽을 줄 아는 유일한 정치거물이라는 평을 들었다.

연설에서 칼데라는 군 내부의 분란은 페레스 대통령과 그의 신자유주의 경제정책에 책임이 있다고 단호하게 말했다. 그는 여러 가지 정곡을 찌르는 말을 했다.

나는 이 연단에 서서 막중한 책임감을 가지고 공화국 대통령에게 말하지 않을 수 없습니다. 국민이 요구하는 즉각적인 변화를 단행할 주된 책임은 대통령에게 있다고 말입니다….

민주주의와 법치주의가 국민들에게 식량을 제공해 주지도, 천정부지로 치솟는 생계비를 잡아주지도 못하는 마당에, 국민들에게 자유와 민주주의를 수호하기 위해 몸 바쳐 싸우라고 요구하기는 어렵습니다. 우리 모두가 우리 눈으로 똑똑히 보았듯이, 민주주의와 법치주의는 지금까지 이 나라의 체제 정통성을 침식시켜 온 가공할 만한 부정부패의 고리들을 결코 끊어낼 수 없었습니다. 그것은 숨길 수 있는 일이 아닙니다.

어떤 형태의 쿠데타이든, 쿠데타는 비판받아 마땅합니다. 그러나 이번 쿠데타를, 소수의 야심가들이 자신들의 행동이 함축하고 있는 광범위한 의미를 전혀 의식하지 못한 채 오로지 자신들을 위해 무분별하게 위험을 감행한 사건이라고 본다면 참으로 순진하기 짝이 없는 생각입니다. 이 같은 사태발전을 가져온 일련의 사정과 배경이 있었으니, 이것이야말로 이 나라가 처해 있는 심각한 상황입니다. 이 상황에 대처하지 못한다면, 머지않아 우리 모두는 뜻하지 않은 불행을 겪을 수도 있습니다.

쿠데타 지지 메시지로 해석된 연설을 한 사람은 칼데라 혼자만이 아니었다. 그의 뒤를 이어 교원노조 출신이며 LCR 소속 국회의원인 아리스토불로 이스투리스(Aristóbulo Istúriz)가 발언했다. 칼데라와 마찬가지로 이스투리스도 자신의 입장을 솔직하게 밝힌 덕분에 나중에 유권자들의 지지를 받아 카라카스 시장으로 선출되었다(이어 1999년에는 제헌의회 부의장을 거쳐 교육부장관이 되었다).

쿠데타 과정에서 군인 14명이 사망하고 50명이 부상당했으며, 십자포화에 갇힌 민간인 약 80명이 부상을 입었다. 그리고 군인 1천여 명이 구금되었다.

몇 달 동안 국방장관 오초아 안티치(Ochoa Antich) 장군의 역할을 두고 상당한 논란이 벌어졌다. 그는 차베스와 여러 해 동안 알고 지냈기 때문에, 국방장관이 쿠데타에 관련되었다는 갖가지 설이 떠돌았다. 입증되지는 않았지만, 그가 쿠데타를 모의한 장교들에 대한 조치를 일부러 늦추었다고 생각한 사람들도 있었다. 더구나 그의 동생 엔리케 오초아 안티치가 좌파라는 것은 잘 알려진 사실이었다. 엔리케는 MAS의 주요 구성원이었으며, 나중에는 사무총장직을 맡아서 1998년 차베스의 대통령 선거운동을 적극적으로 지원하게 되는 인물이다.

무능하지만 품위 있는 오초아 장군은 국방장관에서 외무장관으로 경질되었다가 결국 멕시코 대사로 쫓겨난다. 그러나 1992년 2월에는 군대 실태조사 업무가 그의 책임이었다. 성공할 뻔한 쿠데타가 왜 일어났는가? 재발 방지책은 무엇인가?

-11-
그뤼버 제독의 불발 쿠데타

차베스 대령이 '군사적 개입' 후 철창에 갇힌 상황에서 같은 해 연말에 일어난 불발 쿠데타는, 비록 훨씬 더 격렬하기는 했지만 첫번째 쿠데타의 피날레와 거의 비슷한 양상을 보였다. 11월 27일에 페레스 대통령을 체포하려는 두번째 시도가 일어났고, 미라플로레스 궁이 공군기의 폭격을 받았다. 카라카스와 마라카이에서 치열한 전투가 벌어져 170명 이상이 사망했다.

쿠데타 주모자는 에르난 그뤼버 오드레만(Hernán Grüber Odremán) 제독이었으며, 차베스의 볼리바르주의 운동 멤버로서 2월 거사 때 비행기를 이륙시키는 데 실패했던 공군의 프란시스코 비스콘티 오소리오(Francisco Visconti Osorio) 장군이 그를 지원했다. 두 사람 모두 나중에 1999년의 차베스 정부에서 주요 직책을 맡아 그뤼버는 카라카스 시장 그리고 비스콘티는 제헌의회 의원으로 활동하게 된다.

그뤼버 제독은 타고난 반역자가 아니었다. 1940년에 우파타에서 태어난 그는 카로니의 프란시스코 선교회 소유지였던 볼리바르 주(州)의 농지에서 농사를 지으며 오래 전에 정착한 독일계 이민가족 출신이었다. 그는 1958년에 해군에 입대했고, 그의 동생 로베르토도 육군에 들어가 나중에 장군으로 승진했다. 그뤼버는 1960년대에 라라와 안소아테기 지역의 좌익게릴라 진압작전에 참가하였으며, 그 뒤로는 국경지역들, 특히 콜롬비아 접경인 푸에르토 파에스에서 고위 직책을 맡았다.

1992년 2월의 불발 쿠데타 후에 정부와 군 내부에서 향후 전망에 관한 토론이 벌어졌다. 음모의 배경은 무엇인가? 음모조직은 어디까지 뻗쳐 있을까? 위기를 막을 대책은 무엇일까?

3월 들어서 국방장관 오초아 장군은 그뤼버 제독을 불러 비밀회의를 가졌다. 이 자리에는 역시 해군 장성인 루이스 엔리케 카브레라 마기레 제독도 합석했다. 계속 고조되고 있는 군부 내의 불만이 이슈가 되었다. 주요 현안으로 떠오른 한 가지 불만은 하급장교들의 진급이 절차를 무시하고 정치인들의 농간에 따라 결정된다는 것이었다.

그뤼버가 이 모임에 참석한 것은 대의명분을 쌓기 위해서였다. 그런데 모임에서는 군대 내에 만연해 있는 불평불만이 생생하게 드러났다.

오초아 장관은 두 제독에게 군 내부에 팽배한 불만이 우려된다고 말했다. "중·하급장교들 사이에 불만이 심각하다"는 소리를 들었다면서, 두 제독의 견해를 듣고 싶다고 했다.

이에 카브레라 제독은 다음과 같이 말했다. "보세요. 고급장교들이 깡그리 신뢰를 잃었다는 점을 이해해야 합니다. 간단해요. 하급장교들이 이젠 장군이나 대령들을 믿지 않습니다."

"어떻게 그렇게 단언할 수 있소? 그들을 뭉뚱그려 그렇게 말하는 거요?" 하고 오초아가 묻자, 카브레라가 대답했다.

"하나같이 상원의원의 가방이나 들어주고 승진한 장군이나 대령들에게서 무얼 기대하겠습니까?"

"그럼 어떻게 해야 하겠소?" 이번에는 오초아 장관이 그뤼버에게 물었다.

그뤼버는 참으로 딱하다는 표정을 지으며 말했다. "꼭 말씀드려야 하겠습니까? 최고사령부 전체를 사퇴시켜야 해요. 그 사람들은 즉각 예편시키고, 정말로 자격 있는 장교들을 그 자리에 앉혀야 합니다."

"하지만, 그럼 큰 혼란이 올 텐데요." 오초아가 반대하고 나서자, 그뤼버는 더욱 힘을 주어 말했다.

"이것 보세요. 군의 불만이 축적되면 혼란이 더 커질 겁니다. 소련에서는 젊은 독일인 조종사가 모스크바의 붉은 광장에 비행기를 착륙시켰다고 해서 국방장관을 비롯하여 고위 장교들이 무더기로 해임당하는 판에, 어째서 베네수엘라에서는 군대가 반란을 일으켜도 군 사령관이 그대로 자리를 유지하고 모두가 아무 일도 없었던 것처럼 태연할 수가 있단 말입니까?"

정곡을 찌른 문제제기였지만, 오초아 장군은 묵묵부답이었다. 그는 최고사령부를 해임할 수도, 필시 또 다른 쿠데타를 꾸미고 있을 하급장교들을 징계할 수도 없었다. 자동차 헤드라이트 앞에 노출된 토끼처럼 정부는 완전히 마비되어 이렇다 할 조치를 취할 능력이 없었다.

불만자들의 규모를 정확하게 파악하고 싶었던 오초아 장관은 어떻게든 군대 내 상황에 대한 학문적 실태조사를 하도록 준비시켰다. 카브레라 제독이 이 중요한 과제를 떠맡아서, 대학교수들로 구성된 조사팀을 꾸리게 되었다. 조사팀은 일선에서 물러났거나 현직에 있는 고위급 정치인과 장군들 상당수를 면담하였으며, 전국의 주요 군부대에 배속된 현역장병 5천 명에게 질문지를 발송했다.

7월 중순 무렵이 되자 카브레라 제독이 서명한 보고서가 완성되었다. 보고서는 군대와 국가 상황에 관한 주요한 불만사항을 다섯 가지로 정리하고, 그 밖에 여러 가지 의견과 권고사항을 담고 있었다. 일부 불만사항은 군부대의 빈약한 의료서비스, 비효율적인 사회보장제도, '잘못' 인식되고 있는 승진제도 등 근무조건에 관한 것이었다. 또 일부는 지도력 결여, 정치계·군대 할 것 없이 나라 전체에 만연해 있는 고위층의 부패 등 보다 총체적인(따라서 그만큼 개선하기가 힘든) 불만사항들이었다.

참모총장 이반 히메네스 장군이 이 보고서를 받아서 세밀하게 검토하기로 했다. 뿐만 아니라 그는 보고서에 담긴 권고사항의 집행을 보장할 위원회를 구성하겠다는 약속까지 했다. 그러나 이 보고서는 묵살되어 버렸다. 아마 이 나라의 정치적 현실에서는 불가항력적인 귀결이었을 것이다.

2월의 불발 쿠데타의 후속조치로서 그 어떤 개혁도 보장받지 못하고 또 이 7월 보고서에 아무도 관심을 보이지 않는 가운데, 8월 들어서 그뤼버 제독 그룹은 새로운 쿠데타를 모의하기 시작했다. 여기에는 해군의 카브레라, 공군의 비스콘티 그리고 주로 LCR에 소속된 민간인들도 다수 포함되어 있었다. 또 이들은 야레(Yare) 형무소 감방의 차베스가 지휘하는 볼리바르주의 혁명운동의 잔류자들로부터도 지원을 받았다. 그룹이름은 베네수엘라 독립투쟁을 기념하여 '7월5일운동'이라고 붙였다.

그뤼버 그룹은 지난번 봉기보다 더 효과적으로 봉기를 일으킬 방안을 강구하기보다는 쿠데타 성공 후의 사태를 계획하는 데 더 많은 공을 들였던 것으로 보인다. 최초의 정치계획은 민간인을 의장으로 하는 민·군 합동 국가평의회를 구성하여, 이 평의회가 1년여 동안 국가개혁 작업을 하는 것이었다. 기본 모델은 1958년의 애국평의회(Patriotic Junta)였지만, 로물로 베탕쿠르트가 1945년 10월 18일에 메디나 앙가리타 장군에 대항하여 쿠데타를 일으켜 미라플로레스 궁에 설치한 '혁명 군사평의회'의 사례도 참조했다.

그러나 계획이 여러 차례 지연되면서 몇 주일이 그대로 흘러가자, 몇몇 핵심 구성원들이 열의를 상실해 버렸다. 마침내 이들은 주지사와 시장 선거가 예정되어 있는 12월을 피해서 서둘러 11월에 행동하기로 결정했다. 선거기간 동안이나 선거가 끝나고 곧바로 쿠데타를 일으키면 거사동기를 오해받을 수 있다고 생각했기 때문이다. '줄리어스 시저'라는 암호명을 가진 그뤼버 제독은 회고록에서 '루비콘 강을 건너기로' 결정한 과정을 자세히 설명하고 있다.

11월 25일, 그뤼버 제독은 모든 준비를 마무리하고 쿠데타 당일에 전국에 방송할 연설문을 녹화했다.

이틀 후인 11월 27일 아침, 그는 쿠데타를 진두지휘하기 위해 자신의 사령부에 도착했다. 그러나 만반의 태세가 갖추어졌으리라는 그의 바람과 달리, 이번에도 차베스의 경우처럼 중요한 가담자가 약속시각에 나타나지 않는 등 중대한 실수와 태만이 속출했다. 가장 심각한 차질은 통신시설 고장이었다. 차베스가 그랬던 것처럼, 그뤼버도 다른 지역의 장교들과 연락할 방도가 없었다. 그 역시 연락이 끊겨 고립될 운명이었다.

다만 한 가지 차이점이 있었다. 이번에는 쿠데타세력이 방송국을 장악했기 때문에 그뤼버는 시민봉기에 희망을 걸었다. 국가 재건계획에 동참해 줄 것을 촉구하는 그의 녹화연설이 전국에 방송되기만 하면, 군중들이 들고 일어나 그를 지지할 것이라고 단순히 믿어버렸던 것이다.

이 계획 역시 수포로 돌아갔지만, 왜 그랬는지 그 이유를 아는 사람은 아무도 없는 것 같다. 그날 전파를 타고 전국에 방영된 것은 쿠데타를 발표하고 국민의 지지를 호소하는 그뤼버 제독의 녹화연설이 아니라 일련의 충돌장면들이었다. 복면을 쓴 남자들이 약탈을 자행하는 장면은 '카라카소'를 떠올리게 하였으며, 간간이 옥중에 있는 차베스가 한바탕 연설하는 목소리도 들렸다.

누군가가 의도적으로 녹화 테이프를 바꿔치기 하였거나,

아니면 방송국 기사가 잘못 알고 다른 테이프를 틀었던 것으로 보인다. 후일 자기 잘못이었다고 밝힌 사람은 아무도 없었다. 출근준비를 하다가 TV를 시청한 국민들은 웃어야 할지 울어야 할지 종잡을 수가 없었다. 국민들은 그처럼 엉성하게 조직된 쿠데타를 지지하기 위해 길거리에 쏟아져 나올 마음이 조금도 없었다.

페레스 대통령은 2월에 그랬던 것처럼 늦은 아침에 TV에 나와 모두 무사하다고 발표했고, 정오에는 그뤼버 제독이 투항했다. 바로 그 순간 공군기 한 대가 카라카스 상공을 통과하면서 쾅 하는 음속 돌파음을 냈다. 방영되지 않은 그뤼버 제독의 연설문에는 분열비행(flypast)이 있을 것이며 이를 신호로 시민들은 거리로 나오라는 언급이 있었다. 하지만 아무도 움직이지 않았다. 공군의 비스콘티 장군은 현명하게도 공군의 쿠데타 동조자들을 허큘리스 수송기에 태워 콜롬비아를 거쳐 페루로 망명했다. 야레와 산 카를로스의 두 형무소에는 불발 쿠데타 주모자들이 새로 들어와 옥중의 차베스와 합류했다.

-12-
민간 혁명세력의 애국전선

차베스 대령과 그뤼버 제독은 독자적으로 거사한 것이 아니었다. 1992년의 두 차례 불발 쿠데타 주동자들은 민간조직들과 제휴하여 정부를 구성할 계획이었다. 근본적으로 이들은 군사쿠데타를 고무하고 이에 참가하는 오랜 전통을 지닌 베네수엘라 좌익세력에 기대를 걸고 있었다. 특히 1944년(메디나 앙가리타 집권), 1958년(페레스 히메네스 집권), 1962년(로물로 베탕쿠르트 집권)의 쿠데타 등 지난 반세기 동안 대부분 쿠데타 시도는 민간세력의 참여로 이루어진 것이었다.

1989년 2월의 '카라카소'를 계기로, 민중적 폭발을 활용하고자 열망한 민간인 활동가들은 이와 같은 전통을 되살리기 위해 노력하였다. 이들은 함께 모여 새로운 '애국전선'을 구성하였다. 역사적으로 베네수엘라에는 나라가 어려움에 처했을 때 그 사태의 추이를 변화시키기 위해 종종 각계각층의 뜻있는 사람들이 모여서 애국전선이라는 정치조직을 결성하는 전통이 있었다. '애국전선'은 1958년에 페레스 히메네스 대통령을 권좌에서 끌어내리는 데 중요한 역할을 한 것도 애국전선이었으며, 옛날 1850년대의 에세키엘 사모라(Ezequiel Zamora) 시절에도 이와 비슷한 전선(front)이 구성되었다.

베네수엘라의 엘리트층은 걸핏하면 이 나라가 '민주주의' 국가라고 말하기를 좋아하지만, 베네수엘라가 민주화된 것은 비교적 최근의 일이다. 19세기 대부분의 시기와 20세기 전반기에도 줄곧 군부독재자가 통치하였던 데서 알 수 있듯이, 베네수엘라는 군부통치가 전혀 낯설지 않은 나라이다. 이런 역사를 갖고 있기 때문에, 정치인들이 자기네 계획에 군부를 끌어들이려고 하는 것은 크게 놀랄 일도 아니며, 좌익의 경우에도 여기서 예외는 아니었다. 1970년대에 라파엘 칼데라(Rafael Caldera)는 이렇게 썼다. "베네수엘라 사람들은 군을 정치싸움의 중재자로 삼는 데 익숙해 있기 때문에, 각양각색의 목적을 가진 각양각색의 집단들이 우리의 정치적 현실을 바꾸기 위한 새로운 모험에 언제든지 군대를 끌어들이려고 한다."

제2차 세계대전 시기에 이사이아스 메디나 앙가리타

(Isaías Medina Angarita) 장군의 정부는 공산당의 지지를 받았으며, 이 정부를 전복시킨 1944년의 군사쿠데타는 로물로 베탕쿠르트와 젊은 카를로스 안드레스 페레스를 비롯한 민주행동당의 민간정치인들이 조직한 것이었다. 또 1958년에는 군부와 공모한 좌익세력의 연대조직인 당시의 '애국전선'에 의해 군사정부가 전복되었다. 이어 좌익세력은 볼프강 라라사발 제독의 대통령 선거운동을 적극 지원했다. 마지막으로, 베탕쿠르트 정권에 대항하여 좌익세력이 게릴라운동을 전개하던 1962년에는 카루파노와 푸에르토 카베요에서 일어난 두 차례 군사반란에 민간 좌익세력이 깊이 개입하였다.

1989년의 '카라카소' 이후에 결성된 새 '애국전선'은 1940년대에 카라카스의 버스노조 위원장을 지냈던 베네수엘라 좌파의 거물인 루이스 미킬레나가 이끌었다. 이후 그는 차베스 대령의 수석 정치고문이 되며, 1999년에는 80세가 넘은 나이로 제헌의회 의장직에 오르지만 결국 2001년에 차베스와 결별하게 된다.

'애국전선' 구성원들은 하나같이 민·군의 정치적 제휴에 깊은 관심을 기울였으며, 차베스 정부가 출범한 뒤에 베네수엘라에서 전개된 내부토론도 거의 대부분 민·군 관계의 유산에 관한 것이었다. 1992년의 불발 쿠데타 덕분에 집권할 수 있었다는 비난에 시달린 차베스는, 자신이 얼마간

애정을 갖고 있는 메디나 앙가리카 장군의 진보적 정권을 무너뜨린 것은 다름아니라 베탕쿠르트와 자신이 노골적으로 경멸하는 민주행동당이었다는 사실을 종종 상기시키곤 한다. 베탕쿠르트의 지지자들은 물론 그를 '베네수엘라 민주주의의 아버지'라고 호의적으로 기억하고 있지만, 베탕쿠르트 역시 군사쿠데타를 통해 집권한 사람이었다.

루이스 미킬레나(Louís Miquilena)는 그 당시의 논쟁을 지켜본 산 증인이다. 그는 이렇게 회상한다. "베네수엘라에는 후안 비센테 고메스의 독재체제가 로페스 콘트레라스 장군으로 대체되면서 시작된 일정한 정치발전 과정이 있었다. 이러한 발전과정은 나중에 메디나 앙가리타 때 크게 진전하게 되는데, 앙가리타가 바로 민주주의의 문을 활짝 연 장본인이다."

메디나 장군이 통치하던 2차대전 당시의 베네수엘라는 베네수엘라 석유공급을 확보하려고 혈안이 되어 있던 연합국들 때문에 호황을 구가하고 있었다. 그는 외국계 석유회사들로부터 중요한 양보를 얻어내었으며, 공산당의 지지까지 받고 있었다. 좌익의 여러 분파들은 지금도 여전히 메디나 정부에 대해 긍정적인 기억을 가지고 있다. 그러나 전시의 석유생산 확보를 이유로 노동조합 권리들을 제약받아야 했던 석유산업 노동자들은 다른 면에서는 진보적이었던 메디나 정권의 정책들을 지지하지 않았다. 이런 노동자들의 권리를 옹호한 민주행동당은 곧 석유산업 부문의 지배적인 정치세력으로 떠올랐다. 그리고 마침내 1944년 10월, 공산당이 메디나 앙가리타가 선택한 후계자와 연대할 것을 우려한 베탕쿠르트와 민주행동당은 쿠데타를 일으켰다.

"사회적 제권리를 위해 싸웠고 노조투쟁에 적극 가담한 투사"로 자처하는 미킬레나는 메디나 앙가리타에 대해 호의적인 태도를 보이면서도 당시의 공산주의자들과는 달리 메디나 정부를 적극적으로 지지할 마음은 없었다. 그러나 메디나 정부가 위협을 받게 되자, 그는 메디나 정부에 대항하여 일어난 군사봉기를 적극 반대하고 나섰다. "나는 이 군사봉기를 저지시키기 위해 민주행동당의 폭동에 반대함으로써 메디나를 지지하는 나의 역할을 다했다."

결국 메디나 앙가리타는 전복되었지만, 미킬레나가 지적하듯이 그것은 쿠데타 주도세력에게 양날의 칼이었다. 베탕쿠르트와 민주행동당(그리고 총재 로물로 가예고스)은 1945~48년의 짧은 기간 동안 쿠데타의 결실을 누렸다. 그러나 1948년에 이 정부 역시 페레스 히메네스에 의해 무너지고 말았다. 그후 10년 동안의 독재정권 아래서 민주행동당은 쿠데타를 일으킨 대가를 톡톡히 치러야 했다.

오늘의 역사를 이해하기 위해서는, 제대로 알려지지 않

은 지난날의 사건들을 살펴볼 필요가 있다. 오랜 반체제운동 경력을 지닌 정치가 미킬레나의 역정은 특히 많은 것을 밝혀주는데, 비록 그가 결국에는 환멸을 느끼게 되지만 아무튼 차베스 거사계획의 핵심을 이루는 사회주의적 민족주의의 전통을 부활시키는 데 기여한 인물이기 때문이다. 정통 공산당이 메디나 앙가리타와 협력하고 있던 1944년에, 당시 노조지도자이던 미킬레나는 '마차미케스'(Machamíques)라는 이름의 반스탈린주의적 공산주의 집단에 가담하고 있었다. 얼 브라우더(Earl Browder)가 이끌던 미국 공산당의 지시(그리고 미국의 동맹국 소련의 스탈린의 지도)에 따라, 공산당은 전쟁이 끝날 때까지 계속 앙가리타와 협력했다. 소련은 서방 동맹국의 심기를 불편하게 하는 행동을 원치 않았던 것이다.

미킬레나는 역시 공산주의자인 구스타보 마차도와 에두아르도 마차도 형제와 함께 이 방침에 반대했다('마차미케스'라는 명칭은 이들의 이름을 합성한 것이다). 정책은 모스크바—하물며 미국—가 아니라 베네수엘라에서 결정해야 한다고 이들은 생각했던 것이다. 1964년에 미킬레나는 '통일 베네수엘라공산당'이라는 새로운 반스탈린주의 정당을 결성하는 데 가담했다. 당시 이 정당은 '로스 네그로스'(los negros, 흑색) 정당이라고 불리었는데, 문맹자가 많은 이 나라에서는 선거 때 불가피하게 정당의 색깔을 지정했는데 정통 공산당이 붉은색을 선점했기 때문이다.

'로스 네그로스'의 조직을 주도한 사람은 베네수엘라 사회주의적 민족주의의 선구자이자 카라카스 중앙대학 역사학 교수였던 살바도르 데 라 플라사(Salvador de la Plaza)이다(1970년 74세의 나이로 사망). 당시 제자들이 '붉은 탁발승'이라고 불렀던 이 잊혀진 인물은 우고 차베스 프로젝트의 지적 창시자 가운데 한 사람이다. 사실 1940년대 이후의 시기에 베네수엘라 좌익의 주요 정파들에게 영향을 끼친 데 라 플라사와 미킬레나의 강력한 반스탈린주의적 공산주의 전통을 논하지 않고, 차베스 성공의 역사적 뿌리를 이해하기란 불가능하다. 1989년 애국전선의 일부 가담자들에게만 영향을 준 이 전통의 가장 중요한 대변자가 미킬레나였다.

애국전선의 주요 구성원으로는 미킬레나 외에 더글라스 브라보, 1962년 군사반란에 가담했던 변호사 마누엘 키하다, 역시 게릴라전사인 리노 마르티네스 그리고 윌리엄 이사라 중위 등이 있었다.

애국전선은 『좌절의 30년』이라는 제목의 팸플릿 시리즈를 발간하여 언론에 일정한 영향을 주었다. 애국전선이 내어놓은 비교적 구체적인 제안 가운데 하나는 새 헌법을 기초할 제헌의회를 구성하자는 것이었으며, 이때의 헌법초안은 이후 차베스 정치강령의 뼈대를 이루게 된다. 그러나 애국전선은 구성원이 너무 다양하고 정치적 분열이 심해 1년을 버티지 못했다. 나중에 차베스는 이를 '사산'이라고 표현하면서 이렇게 말했다. "애국전선은 억지로 만들어질 수 있는 것이 아니다. 저명인사 100명이 모여서 '우리는 전선이다'라고 선언한다고 해서 되는 게 아니다. 난 그런 말을 믿지 않는다."

그렇지만 1989년의 애국전선 결성은 그후 몇 년 동안 일종의 중요한 지침 역할을 했으며, 그 일부 구성원들이 1999년 차베스 정부의 핵심적 지지세력이 되었다. 애국전선에 참여한 또 한 명의 좌익 민간인으로는 카라카스 중앙대학의 철학자이자 좌익진영에서 영향력 있는 인물로 늘 거론되는 페드로 두노 교수가 있었다. 군인가족 출신이었던 두노 교수는 다년간 군 관계자들과도 접촉을 하고 있었다. 그는 차베스의 지지자로서 미란다 주 상원의원으로 선출된 직후인 1998년 11월에 사망했다. '카라카소'가 발생한 지 2년 후의 1991년 6월 23일자 『울티마스 노티시아스』(Ultimas Noticias)에 쓴 글에서 그는 새로운 쿠데타의 이론적 배경을 마련했다.

부정부패와 약탈, 무능, 무책임과 냉소주의가 현재의 암울한 파노라마를 특징짓고 있는 베네수엘라는 한마디로 붕괴를 눈앞에 둔 나라이다. 이런 엄혹한 상황에서는 군대가 개입해야 한다는 설이 있다. 합리적 논거나 법률, 권리, 또는 헌법상의 설득력을 행사하기가 불가능하다면, 국가와 정부가 아무런 보장도 해주지 못한다면, 그렇다면 최후의 수단인 무력의 합리성을 행사하는 것은 정당성을 가지게 될 것이다.

그로부터 6개월 후, 1992년 2월 4일에 차베스 대령은 이 말을 실행에 옮겼다.

-13-
라틴아메리카의 급진적 군부반란들

여러 해 전 1974년에 나는 파나마의 군부독재자 오마르 토리호스 장군을 만나러 간 적이 있었다. 나는 비행기를 타고 태평양 연안에 있는 그의 별장으로 가서 하루 종일 그와 이야기를 나누었다. 그 자리에는 정보기관 책임자와 대학총장, 토리호스 그리고 나까지 모두 네 명이 있었다. 토리호스는 그들이 드리워진 안뜰에 걸려 있는 해먹에 거의 온종일 누워서 바다를 내려다보며 때로는 말을 많이 했다가 또 때로는 입을 꾹 다물고 있곤 했다. 우리는 주로 농민과 토지개혁 문제라든가, 중국과 칠레 · 베트남 · 페루 · 쿠바의 농촌지역에서 일어난 일들에 관해 이야기했다. 토리호스는 카스트로를 매우 존경했지만, 쿠바에서 진행되는 모든 일에 대해 다 동의하는 것은 아니라고 말했다. "농민들에게 자기 땅이라고 부를 만한 조그만 땅뙈기라도 남겨주었어야지요."

토리호스는 1968년에 정권을 잡아 1981년에 비행기사고로 사망하기까지 13년 동안 파나마를 통치했다. 그는 1903년에 미국이 조차한 '운하지대'와 주로 관련한 급진적 개혁 프로그램을 마련했다. '운하지대'는 1903년 이후에 미국 국방부의 직접적인 통제 아래 들어가서 운하와 수많은 군사기지가 건설되었다. 그런데 토리호스의 정치강령은 운하를 민족주의적 차원을 넘어서는 이슈로 다루고 있었다. 또한 그는 정치 엘리트층의 부정부패에 철퇴를 가했으며, 자작농에게 유리한 토지개혁을 밀어붙였다.

1970~80년대의 라틴아메리카 역사는 우익 군사독재의 분출로 채색되다시피 했기 때문에 다른 전통이 존재했다는 사실을 잊기가 쉽다. 20세기뿐 아니라 19세기에도 여러 차례 농민의 이익에 깊이 공감하는 급진적 장교들이 등장하여 국내 지주세력과 외국 자본가들에 대항하여 싸웠다. 볼리비아의 이시도로 벨수(Isidoro Belzú), 베네수엘라의 에세키엘 사모라(Ezequiel Zamora), 브라질의 루이스 카를로스 프레스테스(Louis Carlos Presres), 칠레의 마르마두케 그로베(Marmaduke Grove) 등, 이루 헤아릴 수 없이 많은 이름으로 가득 찬 환상적인 목록이 존재한다.

베네수엘라의 구 정치인들이 모여서 '차베스 현상'을 토론할 때면, 라틴아메리카와 그외 지역들에서 좌익 민족주의 장교들이 중심이 되어 군부통치를 한 나라들의 사례를 곧잘 검토한다. 단골로 거론되는 외국의 사례는 터키의 케말 아타튀르크와 이집트의 가멜 압둘 나세르이고, 가끔은 프랑스의 샤를 드골도 거론된다. 베네수엘라와 인접한 나라들에서는 파나마의 오마르 토리호스와 페루의 후안 벨라스코 알바라도, 아르헨티나의 후안 도밍고 페론이 흔히 검토대상이 되곤 한다. 그리고 여기에는 차베스 정부 역시 이들과 같은 길을 걸을 것이라는 점이 늘 전제된다.

1990년대의 라틴아메리카에서는 군부통치보다 민주주의 체제가 지배적이었지만, 항상 그랬던 것은 아니다. 라틴아메리카 대륙의 역사에서, 우익군인들이 핵심적인 역할을 수행한 시기를 가지지 않은 나라는 별로 없다.

라틴아메리카의 지배계층은 항상 군부에 대해 상반되는 견해를 지니고 있었다. 한편으로 이들은 군대를 수세기에 걸쳐 백인정착민들에게 토지를 빼앗긴 토착인디언들의 반란을 막는 데 필수불가결한 역사적 보루였다고 기억하고 있다. 이 시각에서는 군대란 식민지 정착민의 후손들이 영원히 감사해야 할 국민적 구세주가 된다. 현재 토착인디오의 후손들이 라틴아메리카 여러 도시의 빈민촌으로 폭발적으로 밀려 들어와 정착민 후계자들에게 유사한 위협을 가하고 있는 상황에서, 군대에 대한 감시는 여전히 중요한 의무로 간주되고 있다.

또 한편으로, 지배계층은 군대를 유용하고 필수적인 것이라고까지 생각하면서도 자신들이 늘 멸시하는 하층계급을 대표하는 것으로 인식하고 있다. 그래서 군 장교들은 걸핏하면 조롱의 대상이 되곤 한다. 더욱이 1970~80년대의 지나친 군부독재로 곳곳에서 군대가 악명을 떨쳤기 때문에, 21세기의 정치엘리트들은 군대는 필요악이며 병영에 가두어놓는 게 최선이라고 보는 경향이 있다. 이러한 시각은 90년대에 미국정부에 의해서 더욱 굳어졌는데, 이는 나약한 문민정권보다 강력한 군사독재를 선호했던 지난날의 미국정책과 정반대되는 것이었다.

지난날 미국은 민주주의 정권이 들어서면 민족주의나 좌익, 사회민주주의자 등 미국의 경제적·전략적 이해관계에 크게 신경을 쓰지 않는 사람들이 주류를 이루게 될 것이라는 점을 우려했다. 실제로 그런 경우가 많았다. 1970년대를 거쳐 80년대 들어와서도 미국은 라틴아메리카 나라들 대부분이 보수적 군부의 통치 아래 있는 것을 흡족해했으며, 종종 이런 군부통치 과정을 적극적으로 조장하기도 했다. 1964년 브라질에서 시작된 이 패턴은 1973년 9월에는 칠레로 이어져 피노체트 장군이 살바도르 아옌데의 민선정부를 전복시키기에 이르렀다. 70년대에 이 전통은 볼리비아와 우루과이에서도 이어졌으며, 마침내 아르헨티나의 호르게 비델라 장군이 쿠데타를 일으켜 페론 장군의 미망인 마리아 에스텔라(이사벨라, 에바 페론에 이은 페론 대통령의 세번째 부인 – 옮긴이) 정부를 무너뜨린 1976년 3월에 최악에 달했다.

이들 군사정권은 극악한 인권탄압으로 악명 높았지만, 장군들은 미국의 역대 정부들로부터 열렬한 지지를 받았다. 미국의 전통적인 경제적 이해관계에 대한 확고한 지지와 냉전시기의 단호한 반공주의 입장은, 이들 군부가 저지른 정치적 탄압에 대한 의혹을 불식시키고도 남았다. 또한 군부의 강압적인 중앙집권적 정부는 노동자의 단결권을 금지함으로써 외국자본으로부터도 높은 평가를 받았다.

그러나 90년대에 와서 군사정부를 필요로 하지 않는 새로운 신자유주의 경제가 등장하고 냉전이 종식되면서, 미국은 민주정을 지지하기 시작했다. 군부독재자들의 트레이드마크였던 검은 선글라스는 철지난 유행이 되어버린 것이다.

그러나 또 다른 전통이 있었으니, 차베스 대령은 늘 파나마의 토리호스 장군과 페루의 벨라스코 장군의 경험에 깊은 관심을 보였다. 차베스는 군사훈련 차 베네수엘라에 온 토리호스의 아들을 만난 적이 있으며, 그때 그에게서 받은 파나마의 변혁에 관한 정치적 문건 몇 편도 읽었다. 지난날 토리호스가 했던 발언이 오늘날 차베스의 입을 통해서 그대로 반향되고 있다.

1975년 8월에 가진 인터뷰에서 토리호스는 자신이 이끄는 파나마 국방군이 '과두체제의 임금노예'로 전락해 있었다는 점을 근거로 내세우면서 자신의 쿠데타를 정당화했다.

우리의 임무는 유혈사태를 일으키거나 적시에 군대를 배치하거나 아니면 쿠데타를 일으켜서라도 현상황을 유지하는 것이었소. 나 역시 어쩔 수 없이 탄압행위에 가담할 수밖에 없었지만, 정말이지 극심한 탄압에 신물이 날 지경이었소. 이것이 직접적인 계기가 되어 국방군은 반란을 일으켜 나라를 식민지상태에서 벗어나게 하자고 결정하였던 것이지요. 무엇보다도 우리는 운하 문제를 해결하고자 했는데, 파나마 사람들에게 운하는 종교나 다름없기 때문이오.

또 그는, 훗날 베네수엘라에서 그러했던 것처럼 파나마군 장교들은 부패하고 무능한 문민정부에 대항하여 반란을 일으켰다고 말했다.

우리는 정치인들의 과오가 도저히 교정될 가망이 없을 정도로 심각해질 때까지 이 과두체제의 보초병 노릇을 했소. 청년장교들 세대와 파나마 군사학교 졸업생들은 쿠데타를 일으키는 것 뿐만 아니라 무늬만 '민주주의'인 이 나라의 정치체제를 모조리 쓸어내 버리기로 결정했어요. 가령 여자들이 이런저런 화장품을 섞어서 화장을 하는 것처럼 그와 똑같은 방식으로 국민들은 민주적 자유를 이용해서 정치와 경제 활동을 뒤섞는 데 익숙해 있었단 말입니다.

1979년에 토리호스가 미국의 지미 카터 정부로부터 새로운 운하조약을 받아냄으로써, 그로부터 20년 후 1999년에 마침내 파나마 운하는 파나마에 인계되었다. 하지만 토리호스는 1981년에 비행기사고로 사망하여 이 중요한 역사적 사건을 목격하지 못했다. 그의 후임자인 마누엘 노리에가는 매사에 외교적인 미숙함을 드러냄으로써 급기야 미국의 침공 — 작전명 '정당한 명분' — 이라는 치욕을 당하게 되며, 이때 죽은 파나마 사람이 1천 명이 넘었다. 미군에게 체포되어 마약밀수 및 돈세탁 혐의로 기소된 노리에가는 현재 미국의 감옥에서 무기징역형을 살고 있다.

차베스 대령의 정치의식 형성에 토리호스 못지않게 영향을 준 것은 1968~76년 페루의 벨라스코 군사정부가 시도했던 민족주의적 실험이다. 그러나 젊은 사관생도 차베스가 페루를 방문했던 1974년에는 이미 벨라스코의 혁명정부가 급속하게 사양길로 접어들고 있었다. 따라서 차베스는 페루의 경험에서 영향을 받았다고 주장하지만, 사실 그가 베네수엘라에서 착수한 프로젝트와 페루의 경험은 상호 유사점이 거의 없으며 다만 페루의 경험으로부터 몇 가지 교훈을 얻었을 수는 있다.

베네수엘라와 파나마의 경우와 마찬가지로, 페루에서도 부정부패와 국가의 상황에 불만을 품은 지성적인 장교집단이 군사개입의 가능성을 줄곧 논의하고 있었다. 개중에서 알제리전쟁 때 프랑스에서 겪은 경험에서 크게 영향을 받은 장교들도 일부 있었다. 베네수엘라에서처럼, 이들도 페루의 최대 정당인 '아프라'(Apra, 베네수엘라의 민주행동당에 해당)를 매우 불신했는데, 그 한 가지 이유는 이 정당의 노골적인 친미·반민족적 성향에 있었다. 역시 베네수엘라처럼, 페루의 장교들도 게릴라 진압작전에 차출되었던 터라 농촌지방의 비참한 생활상을 민간정치인들보다 소상하게 알고 있었다.

1968년에 권력을 장악한 페루의 군부는 "자본주의도 아니고 공산주의도 아닌" 새로운 질서를 구축하겠다고 발표했다. 이들 군부정권은 페르난도 벨라운데 테리 문민정권의 부패상과 화폐가치의 하락 그리고 미국의 석유회사 스탠더드 오일과 정부가 체결한 계약 중 국가이익에 반하는 1개 조항에 특히 관심을 기울였다. 당시 인플레이율도, 라틴아메리카의 기준에서 볼 때는 낮지만 페루로서는 매우 높은 19%를 기록하고 있었다.

벨라스코 장군의 개혁열망은 부분적으로 60년대 페루 게릴라운동을 분쇄할 당시의 개인적 경험에서 비롯된 것이기도 했다. 우고 블랑코(Hugo Blanco)와 루이스 델라 푸엔테 우세다(Luís de la Puente Uceda) 같은 게릴라들이 그 부당함을 고치고자 온힘을 기울였던 안데스 지역 농촌주민들의 참상을 직접 목격한 벨라스코는 이들 게릴라의 강령을 거의 대부분 자신의 강령으로 채택했다. 또 벨라스코는 알제리전쟁 직후에 프랑스에서 무관으로 근무하면서 드골 장군의 경험으로부터 영향을 받은 매우 지성적인 장교였다.

벨라스코는 외국 석유회사들을 국유화하고, 사탕농장(하시엔다)들을 몰수하고, 광범위한 토지개혁을 실시하였다. 그리고 안데스 지방의 언어인 케추아어를 공용어로 채택하는 한편, 보수 일간지들을 접수하였으며 국영기업 노동자들의 경영참여를 장려했다. 나아가 쿠바와 외교관계를 수립하고 소련과의 쌍무적 무역관계를 증대시키는 등, 미국으로서는 골치 아픈 존재였다.

그러나 역대 페루 정권에서 중앙은행 총재를 지낸 리처드 웹이 회상하고 있듯이, 돌이켜보면 벨라스코의 경제 프로그램은 당초 생각했던 것만큼 급진적인 것이 아니었다.

〔페루〕 군사정권은 심층적인 사회·제도·경제적 개혁을 실시하였으며, 이런 개혁들 대부분이 당시의 워싱턴 컨센서스로부터 갈채를 받았다. 사실 대부분의 개혁의제, 특히 토지개혁과 교육개혁 그리고 기획 메커니즘의 강화 등은 종전의 '진보동맹'(Alliance for Progress, 1961년에 미국과 22개 라틴아메리카 국가들이 수립한 국제경제개발계획 – 옮긴이)의 교재들이나 당시 세계은행의 처방에서 그대로 뽑아낸 듯했다.

벨라스코 정부는 두 가지 근본적인 결함을 지니고 있었다. 하나는 초기의 열기가 식은 후 대중들의 지지도 급격하게 떨어졌다는 점이며, 또 하나는 외채를 끌어다가 혁명을 수행하려 했던 점이다. 처음부터 안고 있었던 이 두 가지 결함이 결국 정권의 몰락을 가져왔다. 정부는 민간인 없이 군인들로만 구성되었으며, 벨라스코 개혁의 직접적인 수혜범위를 벗어나는 부문들은 소외되었다. 재정고갈은 갈수록 심각해져서, 결국 1976년에 페루는 외환보유고가 바닥 나 미국의 금융기관 컨소시엄으로부터 외채를 들여와야 했다. 외채 조달조건은 가혹하여 임금동결, 평가절하, 공공부문의 예산 삭감, 노동자의 파업권 폐지, 급진적인 성향의 공무원 해고, 외국기업과의 석유계약 금지 해제, 국영기업들의 민영화 등이 포함되었다.

당연히 정권은 심각한 난관에 봉착했다. 1977년에 벨라스코가 사망한 후 대규모 폭동이 일어나고 경찰의 파업이 장기화되었다. 대중들의 깊은 적대감을 감지한, 보수적인 후임자 프란시스코 모랄레스 베르무데스 장군은 개혁 프로젝트를 전면 포기하고 문민정부로 되돌아가기로 결정했다. 1980년 선거에서는 1968년에 무자비하게 쫓겨났던 벨라운데 테리가 다시 대통령으로 선출되었고, 곧바로 군사혁명의 기억은 깨끗이 지워졌다.

페루와 파나마의 군사정부는 저널리스트와 정치학자들의 조롱거리가 되기 일쑤였다. 벨라스코와 토리호스는 모두 빈민층의 생활조건을 개선하고 아메리카 대륙의 거대한 국가권력에 대항한다는 야망을 품고 출발했다. 두 사람 모두 상당한 카리스마를 지닌 지적이고 신중한 지도자들이었다. 페루와 파나마로서는 이들의 죽음이 실로 국가적인 비극이 아닐 수 없었다. 하지만 야망 자체를 탓할 수는 없지만, 두 사람은 모두 자신들이 착수한 혁명 프로그램을 이어나갈 능력이 없었다.

이제 차베스 대령이 이들의 발자취를 따라가고 있다. 그러나 차베스는 이들과 개혁의제가 다르며, 또 이들의 과오로부터 교훈을 얻었다. 차베스는 결코 군부독재자가 아니다. 그는 선거를 통해 대통령에 오른 사람이다. 차베스는 외채를 끌어들여서 혁명을 해나갈 수 없다는 것을 잘 알고 있으며, 군대 혼자 힘으로 국가를 통치할 수 없다는 것을 충분히 인식하고 있다. 차베스 정권은 민중의 절대적 지지를 필요로 한다는 것이다.

III. 19세기 혁명전통의 재발견

-14-
해방자 시몬 볼리바르의 유산

베네수엘라뿐 아니라 라틴아메리카의 대부분 나라를 가면 어디서나 베네수엘라(와 이 대륙 대부분)를 스페인의 통치로부터 해방시킨 '해방자' 시몬 볼리바르(Simón Bolívar)의 모습을 어김없이 보게 된다. 그 모습은 광장의 동상일 수도 있고 장관 집무실에 걸린 사진일 수도 있으며, 담벼락에 낙서처럼 그려놓은 것일 수도 있다. 어디를 가더라도 혼혈 '삼보'(zambo) 특유의 누르스름한 피부색과 귀티 나는 이마에 약간 거만한 듯한 미소를 머금은 볼리바르를 대하게 된다.

베네수엘라의 정통역사는 볼리바르의 흑인 혈통보다는 그가 귀족 출신임을 늘 강조해 왔다. 그러나 볼리바르는 베네수엘라 흑인노예들의 권리를 위해 일어섰던 사람이다. 독립투쟁을 하던 중 1816년에 볼리바르는 자유노예 공화국 아이티의 흑인 통치자 알렉상드르 페티옹(Alexandre Pétion)에게 지원을 요청했다. 페티옹은 볼리바르에게 베네수엘라의 흑인노예들을 해방시키겠다고 약속하면 도와주겠노라고 했다. 그러나 볼리바르는 자기 농장의 노예들에게는 자유를 주었지만, 베네수엘라의 노예소유 계급에게까지 영향력을 행사하지 못해 베네수엘라의 노예해방은 1854년에야 이루어졌다.

베네수엘라에서 볼리바르 숭배는 여러 세대에 걸쳐 변함없이 이어져 내려오고 있다. 부패했든 태만했든 혹은 애국적인 정권이든, 역대 대통령과 장군들은 하나같이 '해방자'에게 머리 숙여 경의를 표했다. 차베스 역시 볼리바르의 모범과 사상을 거의 이데올로기 차원으로 격상시키고 국호를 '베네수엘라 볼리바르주의 공화국'으로 개칭했다는 점에서, 예외는 아니었다.

이것은 결코 무분별한 민족주의의 발로가 아니다. 차베스의 목적은 대부분의 전임자들이 입에 발린 말로만 존경했던 한 인물을 단순히 받들어 모시는 데 그치지 않고, 여기서 더 나아가 신화와 전설로 화석화된 '해방자'의 역사적 성격과 업적을 되살리는 것이다.

차베스만이 그러한 것은 아니었다. 최근에도 몇몇 작가들이 이와 비슷한 시도를 하였다. 그 가운데 국제적으로 널리 알려진 작품으로는, 1989년에 출판된 가브리엘 가르시아 마르케스의 『장군의 미로』(*The General in his Labyrinth*)가 있다. 볼리바르를 소재로 한 이 소설은 '해방자' 삶의 마지막 몇 달을 다루고 있다. 1830년, 이때 이미 볼리바르는 권력에서 밀려나 있었으며 그의 필생의 업적이 와르르 무너져 내리는 것 같았다. 상투적인 볼리바르의 동상에 인간적인 면모를 불어넣은 소설이라고 할 수 있다.

베네수엘라와 콜롬비아의 지식인집단에서 상당히 영향력 있는 또 하나의 책은 베네수엘라 역사학자 헤르만 카레라 아마스의 『볼리바르 예찬』(*El culto a Bolívar*)이다. 이 책 역시 볼리바르 생애의 탈신비화를 시도하였기 때문에 카라카스 사관학교의 선임장교들은 별로 좋아하지 않았다. 그러나 차베스는 표준역사를 새롭게 쓴 이 책에 깊이 빠져들었다. 또한 1980년대 초에 사관학교에서 강의할 때는 과거 볼리바르의 역할을 주제로 한 토론을 통해서 정치적으로 현재적인 의미를 지닐 수 있는 '해방자'의 특징들을 찾아내고자 했다.

볼리바르 생애에 대한 연구는 차베스가 라틴아메리카 문제에서 베네수엘라의 역할을 검토하는 데 특히 도움이 되었다. 대부분의 라틴아메리카 정치인들은 자기 나라가 취약하여 독자적으로 일을 추진하기가 힘들다는 것을 오래 전부터 인식하고 있었다. 수십 년 동안 라틴아메리카에 존재한 이와 같은 공통된 인식은 경제통합 운동의 정치적 추진력을 제공해 주는 역할을 하였다. 볼리바르도 이와 유사한 문제에 직면하여, 스페인 통치에 대항하는 전대륙적 운동으로 외세에 맞서 라틴아메리카를 통일할 필요가 있다는 결론에 도달했었다.

차베스도 볼리바르의 꿈을 되살려 새로운 토대 위에서 라틴아메리카의 정치적 통합을 모색하는 등 볼리바르와 비슷한 목표를 추구하고 있다. 차베스의 궁극적 목표는, 1826년 볼리바르가 파나마에서 개최한 회의를 본떠 '볼리바르의' 국가들, 즉 볼리바르에 의해 해방된 국가들의 대규모 회의를 개최하는 것이다. 오래 전부터 차베스는 "21세기에 반드시 필요한 과제는… 사분오열되어 있는 라틴아메리카 국가들을… 하나로 묶어내는 일"이라고 주장하고 있다.

볼리바르만이 유일하게 차베스가 19세기로부터 부활시키고자 한 인물은 아니다. 1980년대에 차베스는 가장 가까운 군대동료들과 토론학습을 하며, 그 밖에 베네수엘라의 역사적 인물들, 특히 시몬 로드리게스(Simón Rodríguez)와 에세키엘 사모라(Ezequiel Zamora)의 사상과 저작들을 되살려내기 시작했다. 이들은 곧 차베스의 혁명운동 태동기의 신전에 모셔졌다. 또 이 과정에서 차베스는 1960년대부터 베네수엘라 좌익 내부에서 계속돼 온 역사토론에 참여하게 된다.

여느 나라들과 마찬가지로 베네수엘라에서도 좌파 마르크스주의자들은 근본적으로 볼리바르에 대해 극도의 반감을 가지고 있었다. 마르크스의 저작으로부터 자신들의 논리적 근거를 찾아내는 대부분의 마르크스주의 이론가들은 '해방자' 볼리바르는 전형적인 부르주아 인물이며, 그의 활동은 당시의 신흥 제국주의 열강의 이익에 봉사했을 따름이라고 보았다. 이 해석에 따르면, 볼리바르는 영국의 지원을 받아서 스페인으로부터 독립을 얻어내어 라틴아메리카 대륙을 영국 자본주의의 수탈 아래 갖다 바친 인물이다. 볼리바르를 제국주의의 꼭두각시로 그리고 있는 이 같은 풍자는 한동안 좌파가 볼리바르의 긍정적 면들을 제대로 연구하는 것을 사실상 차단해 버리는 역할을 했다. 좌파진영의 사람이 볼리바르를 20세기의 혁명가 모델로 인식한다는 것은 불가능했다.

그러나 1960년대 들어와서 베네수엘라에서는 이 시각이 이미 변화해 나가기 시작했다. 게릴라조직들이 자신들의 무장부대에 18세기 코로의 노예반란 지도자 호세 레오나르도 치리노스, 19세기 야노스의 농민운동 지도자 에세키엘 사모라 같은 지난날 영웅들의 이름을 붙였던 것이다. 나중에 이 가운데 일부 조직은 정통 공산당과 결별하면서, 민족주의 색채가 농후한 좌익의 이데올로기를 정립하기 위해 과거역사를 재검토하기 시작하였다. 한참 후에 차베스가 하게 된 작업도 이들과 맥을 같이한다.

그들 중 한 명이 팔콘 주의 '호세 레오나르도 치리노스' 게릴라부대 사령관 더글러스 브라보이다. 오늘날 브라보는 1965년 6월에 자기가 공산당에서 제명된 이유 한 가지는 볼리바르, 시몬 로드리게스, 에세키엘 사모라 등 19세기 영웅들의 사상을 지지했기 때문이라고 주장한다. 이들의 사상은 소련의 정통성에 정면으로 반하는 것이었다.

1966년 4월, 브라보는 이들 과거 인물들의 사상을 불어넣은 베네수엘라혁명당(PRV)을 창당했다. 이 정당의 최고 이론가 페드로 두노(Pedro Duno)가 1969년에 「마르크스주의-레닌주의-볼리바르주의」라는 제목의 문건을 발표했다고 브라보는 회상한다. 두노의 목표는 라틴아메리카의 좌파 이데올로기에 민족주의적 성격을 부여하는 것이었다. 브라보의 PRV는 '해방자'를 부활시키는 동시에, "아메리카는 노예처럼 모방하지 말고 독창성을 추구해야 한다"는 시몬 로드리게스 사상의 핵심에도 관심을 두었다.

1980년대에 차베스는 쿠데타를 준비하는 과정에서 좌익 혁명세력과 처음 접촉하면서, 그들도 같은 용어를 사용한다는 것을 알게 되었다. 그가 만난 좌익인사들은 볼리바르를 장래에 있을 급진적 혁명의 선구자로 부활시켜야 한다는 생각을 받아들였던 것이다.

현재 볼리바르가 19세기의 위대한 인물로 널리 인식되고 있다지만, 라틴아메리카를 벗어나면 그의 삶과 업적에 관한 몇 가지 일화 이상을 아는 사람은 별로 없다. 볼리바르는 차베스의 정치적 구상에서 매우 중요한 위치를 차지하기 때문에, 여기서 잠시 그의 생애와 업적을 살펴보기로 한다.

볼리바르는 1783년 7월 24일 카라카스에서 태어나 1830년 12월 17일 50세도 채 안 되어 콜롬비아에서 사망했다. 스페인제국에 항거한 라틴아메리카 반란군의 으뜸가는 지도자 볼리바르는 10여 년 동안 베네수엘라와 콜롬비아를 비롯하여 에콰도르, 페루, 내륙 콜롬비아(볼리비아)의 해방을 위해 투쟁하였다. 그는 베네수엘라와 콜롬비아를 누비며 싸우다가 나중에는 에콰도르와 페루로 진격해 가기도 했다. 16세기의 1세대 정복자들(conquistadors) 이래로 이처럼 넓은 지역을 누비며 큰 전과를 올린 장군은 그가 처음이었다.

볼리바르는 뛰어난 지식인이기도 했다. 고전작품과 프랑스혁명 이전의 해방문학을 두루 섭렵한 그는 방대한 서신을 통해 날카로운 기지와 통찰력을 드러내기도 했다. 볼리바르가 쓴 수많은 '공개서한'과 연설문은 그 시대의 선진적 정치사상의 모델로 꼽힌다.

그는 또한 거칠고 비타협적인 사람이기도 했는데, 예측불허의 무자비한 행동을 취할 때가 많았다. 전략적·전술적

오류도 자주 범하여서, 종종 그의 과업이 몽땅 무산될 뻔하기도 했다. 볼리바르는 스스로 강력한 지도력을 필요로 하는 무정부상태의 대륙을 떠맡고 있다고 확신했다. 오만하고 필시 밉살스럽기까지 했을 그는 자신이야말로 반드시 필요한 지도자라고 믿어 의심치 않았다.

볼리바르는 부모를 일찍 여의고 그의 가정교사였던 시몬 로드리게스의 집에서 한동안 지냈다. 젊은 시절에 유럽을 여행했는데, 1798~1801년에 처음으로 스페인을 갔으며 이어 1804~1807년에는 프랑스와 이탈리아를 여행하였다. 그는 당시의 혁명적 분위기에 고취되어 볼테르와 루소의 저작들을 탐독하였으며, 1807년에 베네수엘라에 돌아와서는 초창기의 비밀 독립운동에 전념했다.

1810년 4월 19일, 카라카스에서 봉기가 일어나 스페인 총독이 사임했다. 혁명위원회가 정권을 장악하고 영국의 지지를 얻기 위해 볼리바르를 영국으로 파견했다. 나폴레옹 전쟁이 한창이던 7월에 런던에 도착한 볼리바르는 독립에 대한 영국의 관심을 불러일으키는 데는 실패했지만, 망명중이던 프란시스코 데 미란다를 자기와 함께 귀국해서 독립군을 지휘하도록 설득하는 데 성공했다. 프랑스혁명에도 참가했던 미란다는 일찍이 1806년에 스페인에 대항한 반란을 조직한 인물이기도 하다.

카라카스로 돌아온 볼리바르는 공화파 군대에 가담하여, 전략적으로 중요한 항구도시인 푸에르토 카베요의 지휘관으로 임명되었다. 1811년 3월에 새로운 독립국가의 헌법을 기초하기 위해 카라카스에서 공화파 의회가 소집된 후, 그해 7월 5일에 베네수엘라의 독립이 공식적으로 선언된다.

그러나 베네수엘라뿐 아니라 라틴아메리카의 대부분 지역을 여전히 장악하고 있던 스페인은 카라카스의 공화파 독립군을 인정하지 않았기 때문에, 그후로도 독립투쟁은 10년 동안 계속되었다. 1812년 3월에 대지진이 발생해 카라카스 도시 전체가 거의 파괴되다시피 하자, 얼마 안 있어 예고되었던 스페인의 반격이 시작되었다. 이런 카라카스를 참화에서 구해 준 것은, 스페인에 충성하고 공화파 정권에 적대적이었던 가톨릭 교회였다.

공화파 군대는 무기도 빈약한 약체인데다 내부적으로 분열되어 있었다. 이들은 곧 반격에 나섰지만, 볼리바르가 다른 방향을 모색하던 중에 스페인이 푸에르토 카베요를 탈환하자 미란다는 카라카스의 스페인군 사령관을 상대로 강화 교섭을 시도했다. 이에 공화국 군대는 미란다를 반역자로 매도하면서 그를 스페인에 넘겨버렸고, 미란다는 사슬에 묶여 스페인의 감옥으로 압송되어 카디스에서 사망했다.

한편 볼리바르는 배편으로 베네수엘라를 탈출하여 당시

독립군이 장악하고 있던 누에바 그라나다(지금의 콜롬비아)의 요충지 카르타헤나 항구에 도착했다. 이곳에서 볼리바르는 자신의 첫번째 정치성명서 「카르타헤나 선언문」을 발표하여, 라틴아메리카 대륙 통일의 전주곡으로 베네수엘라에서 스페인 권력을 몰아내고 강력한 중앙집권 정부를 수립할 것을 촉구하였다.

정부는 평화가 정착될 때까지 법률이나 헌법에 상관없이 강력하고 무자비해야 한다. 우리가 통일된 우리의 아메리카 정부를 세우지 못하는 한 적들은 온갖 혜택을 누릴 것이다. 우리는 꼼짝없이 내전의 그물에 갇혀서, 우리나라를 더럽히고 있는 저 하찮은 도둑떼에게 얻어맞는 수치를 당하게 될 것이다.

카르타헤나의 공화국 군대는 볼리바르의 촉구를 받아들여서, 그를 베네수엘라의 해방을 쟁취할 원정대 사령관으로 선출했다. 볼리바르는 3개월 동안의 군사작전에서 여러 차례 스페인 군대를 무찌르고 마침내 1813년 8월 13일 카라카스를 탈환했다. 재소집된 의회는 그에게 '해방자' 칭호를 수여했다.

그러나 이 같은 승리도 잠시뿐, 공화국 군대는 카라카스를 그리 오래 지켜내지 못했다. 유럽에서 나폴레옹 전쟁이 끝나자 스페인은 라틴아메리카에 증원군을 파견했던 것이다. 유능하면서도 잔인한 호세 토마스 보베스 장군 휘하의 스페인 군대는 야노스 지역의 인디언과 농민들을 동원하여 볼리바르 군대에 필적할 전투부대를 편성했다. 그리고 1년 후 1814년 7월에 보베스가 카라카스를 점령하여 본보기 징벌을 가함으로써, 독립 베네수엘라공화국 역사의 제1막은 막을 내렸다.

볼리바르는 다시 카르타헤나로 도주하여 12월에는 보고타를 점령했다. 그러나 유럽에서 새로운 스페인의 증원군이 도착하면서 그는 다시 패퇴하여 영국령 자메이카 섬으로 탈출해야 했다. 이곳에서 볼리바르는 아르헨티나와 칠레에서 멕시코에 이르기까지 대륙 전체를 포괄하는 라틴아메리카의 미래 청사진이 담긴 「자메이카 서신」을 썼다.

우리는 하나의 인종 복합체이다. 우리는 두 대양 사이에 갇혀 있고 예술과 과학은 일천하지만 인간사회의 역사는 오래된, 독특한 세계이다. 우리는 인디언도 유럽인도 아니면서, 서로의 일부를 이루고 있다.

볼리바르는 카르타헤나로 다시 돌아가려고 했지만 카르타헤나가 다시 스페인에게 함락되었기 때문에, 흑인들이 세운 독립 공화국 아이티로 배를 돌려 1816년 1월 1일에 포르토프랭스에 도착했다. 볼리바르는 아이티의 페티옹 대통령으로부터 환대를 받았을 뿐 아니라, 무기와 탄약을 제공해 주겠다는 약속과 함께 공격함대의 수병을 모집해도 좋다는 허락까지 얻어냈다.

그러나 아이티를 근거지로 한 볼리바르의 공격작전은 위험부담이 컸고, 결국 대실패로 끝났다. 볼리바르의 함대는 마르가리타 섬을 점령했으나 7월에는 본토의 카루파노와 오쿠마레에서 격퇴되었다. 볼리바르는 아이티로 퇴각하여 2차 원정군을 조직하였으며, 그해 말에 다시 베네수엘라 본토의 바르셀로나에 상륙했다.

이제 스페인과의 전쟁은 새로운 국면으로 접어들었다. 1817년 4월 볼리바르는 해안을 빙 돌아서 오리노코 강 삼각주에 도달했으며, 곧바로 상류로 진격하여 7월에는 앙고스투라(지금의 시우다드 볼리바르)에 본부를 설치했다. 이곳에서 볼리바르는 호세 안토니오 파에스 등 야노스 지역의 공화파 지도자들과 콜롬비아 접경지대에서 온 파울라 산탄데르 등을 만났다. 볼리바르 군대는 야노스 지역에서 무려 2년여 동안 싸운 끝에, 스페인 점령하에 있는 콜롬비아를 공격할 준비를 갖추게 되었다.

마침내 1819년, 볼리바르 부대는 야노스 평원에서 산을 타고, 아직 스페인 총독이 통치하던 누에바그라나다(콜롬비아)로 쳐들어갔다. 공화파 군대가 이쪽으로 공격해 올 것을 전혀 예상하지 못했던 스페인 군대는 미처 준비태세도 갖출 새 없이 8월 7일의 보야카 전투에서 패했다. 사흘 후 볼리바르는 보고타에 입성하였고, 스페인 총독은 카르타헤나에서 바다로 도주했다. 이렇게 해서 공화파 군대는 콜롬비아를 장악하였다.

볼리바르는 산탄데르 장군에게 누에바그라나다의 부통령으로서 보고타를 지휘하는 권한을 넘겨주고, 진격했던 길을 되돌아서 안데스 산맥을 넘어 배를 타고 아푸레 강을 거쳐 오리노코 강으로 돌아왔다. 12월에 앙고스투라의 구 근거지에 도착한 볼리바르는 의회를 소집하여 개선보고를 했다.

누에바그라나다와 베네수엘라의 통일은 내가 처음 투쟁을 했을 때부터 품고 있던 목표였습니다. 이는 두 나라 국민의 한결같은 소망이며, 남아메리카의 독립을 보장하게 될 것입니다.

그리고 얼마 후 에콰도르까지 덤으로 접수하게 되었다. 앙고스투라 의회는 볼리바르를 신생 '그란(大) 콜롬비아공화국'의 대통령 겸 군사집정관으로 임명했다. 그란 콜롬비아공화국은 구 스페인 통치령인 베네수엘라와 누에바그라나다, 키토(에콰도르)의 연방체였다.

몇 달 동안의 휴전이 끝나고 1821년 6월, 볼리바르는 오리노코 강에서 북쪽으로 진격하여 카라보보 전투에서 스페인 군대를 격퇴했다. 이렇게 해서 카라카스로 진격할 길이 뚫렸고, 마침내 볼리바르는 개선장군으로 카라카스에 입성했다. 마침내 베네수엘라의 해방이 완결되었다. 9월에는 콜롬비아의 국경도시 쿠쿠타에서 새 의회가 소집되어 헌법초안을 채택하고 볼리바르를 공식 대통령으로 선출했다.

이제 볼리바르는 베네수엘라와 콜롬비아 연합공화국의 지도자로서 라틴아메리카를 해방시키는 막중한 임무를 떠안게 되었다. 볼리바르는 카라카스에 오래 머물지 않았다. 그에게는 더 원대한 야망이 있었다. 그해에 볼리바르는 에콰도르의 독립전쟁을 지원하기 위해 휘하의 안토니오 호세 데 수크레 이 알칼라(Antonio José de Sucre y Alcala) 장군을 남쪽으로 파견하였다. 그런데 태평양 연안의 과야킬 항으로 간 수크레 장군은 오히려 지원이 필요한 상황에 놓이게 되었다.

볼리바르는 이번에도 산탄데르 장군을 보고타에 남겨두고 1821년 12월에 남진을 하여, 산악도로를 따라서 에콰도르 수도 키토로 향했다. 이때까지도 볼리바르의 대(對)스페인 군사작전은 완전히 마무리된 상태가 아니었다. 한편 볼리바르가 남진하는 동안 수크레는 서쪽의 과야킬에서 내륙으로 진격했다. 1822년 5월 24일, 수크레 부대는 피친차 전투에서 스페인 군대를 격퇴했고, 이튿날 키토가 함락되었다. 볼리바르는 3주 후인 6월 16일에 키토에 도착하였고, 곧바로 과야킬로 이동해 내려갔다.

이로써 그란 콜롬비아의 세 지역이 모두 해방되었다. 아르헨티나와 칠레도 호세 데 산 마르틴 장군이 이끄는 아르헨티나 출신 공화파 군대에 의해 해방되었다. 유일하게 페루만이 스페인 통치하에 있었다.

산 마르틴 장군이 남쪽에서 리마로 진격해 들어가 페루의 독립을 선포했지만, 안데스 산맥의 도시들은 여전히 스페인 군대가 장악하고 있었다. 산 마르틴은 볼리바르의 지원을 받아 스페인 군대에 최후의 일격을 가하기 위해, 해안선을 따라 과야킬로 북상했다. 1822년 7월 26일, 두 장군은 과야킬에서 만나 사태를 협의했다. 산 마르틴은 스페인 군을 물리치고 또 리마에 주둔해 있는 사분오열의 아르헨티나 군대의 통제권을 다시 장악하기 위해, 볼리바르에게 지원을 요청했다. 하지만 볼리바르는 산 마르틴의 계획에 가담하기를 꺼려하였고, 결국 산 마르틴은 원하던 지원약속을 얻어내지 못하고 리마로 돌아갔다. 그후 산 마르틴은 모든 직책을 사임하고 유럽으로 망명하여 다시는 돌아오지 않았다.

그로부터 1년 후 1823년 9월에 볼리바르는 안데스 산맥의 스페인 군대에 최후의 일격을 가할 준비를 하기 위해 리마로 이동해 내려갔다. 새로 군대를 편성한 볼리바르는 1824년의 유닌 전투에서 스페인 군을 쳐부수었다. 그리고 같은 해 12월 9일, 스페인 총독이 아야쿠초 전투에서 수크레 장군에게 항복함으로써 작전은 마침내 종결되었다.

수크레는 안데스 산맥을 따라 남쪽으로 패주하는 스페인 군 패잔병을 추격하면서 페루 내륙지방으로 진격하여 마침내 1825년 4월에 이곳을 해방시켰다. 그리고는 이 지역은 '해방자'의 이름을 따서 볼리비아라고 이름 붙였다. 이리하여 라틴아메리카는 최종적으로 스페인의 통치로부터 벗어나게 되었다.

볼리바르는 계속해서 볼리비아의 포토시 산 쪽으로 이동하다가 잠시 휴식을 취하기 위해 국경지대에 있는 조그만 마을로 들어갔다. 그 마을의 촌장 호세 도밍고 초케후앙카는 다음과 같은 환영연설로 그를 맞이했다.

당신은 운명의 인간입니다. 지난날의 그 어떠한 업적도 당신이 이룩하신 업적에 비할 바 못됩니다. 당신을 모방하고자 한다면, 세계를 또 한번 해방시켜야 할 것입니다. 당신은 다섯 공화국을 창건하셨고, 아직 그 어떤 사람도 도달하지 못한 수준으로까지 당신의 이미지를 드높이셨습니다. 마치 태양이 질 때 그림자가 자라듯이 당신의 영광은 여러 세기를 두고 자라날 것입니다.

볼리바르의 전기를 쓴 게르하르트 마수르는 이 연설문의 출처를 의심하고 있지만, 현재 베네수엘라의 역사에 전설로서 아로새겨져 있을 뿐 아니라 차베스가 즐겨 인용하는 글이기도 하기 때문에 여기에 소개할 만한 가치는 충분하다 하겠다.

볼리바르는 그해의 나머지 기간 동안 볼리비아에서 지내다가, 연말에 리마로 돌아가 1826년 8월 페루 대통령으로 선출되었다. 그의 광대한 제국은, 각각의 나라가 도저히 해결하기 힘든 정치적 문제들을 안고 있었기 때문에 한 사람이 통치하기에는 너무 커져 있었다. 그러나 유럽에 따끔한 교훈을 주겠다는 볼리바르의 꿈은 시들지 않고 있었다. 그는 수크레에게 볼리비아를 맡기면서 이렇게 말했다. "아메리카에도 옛 영웅들의 영광에 필적할 만한 사람들이 있다는 것을 유럽에 보여줍시다."

그러나 페루에서 분쟁이 발생하였고 곧 이어 베네수엘라와 콜롬비아 사이에 전쟁이 일어났다. 더구나 휘하의 두 장군, 파에스와 산탄데르가 서로 반목하면서 통일 그란 콜롬비아의 야심찬 꿈은 물거품이 되었다. 페루와 에콰도르의 연합이 깨어지고, 1829년에는 페루 군이 에콰도르를 침공했다.

볼리바르는 1826년 파나마에서 열린 스페인어 사용국가들의 회의에서 라틴아메리카 정치적 연합을 확고히 하기 위한 마지막 노력을 시도했다. 그러나 이 회의에는 많은 나라들이 불참하고 페루, 그란 콜롬비아 그리고 멕시코와 중앙아메리카의 대표들만 참석했다. 정치적 연합이 의제로 상정되고 참가국들은 합동 육·해군 창설계획에 합의하기도 했지만, 그 구체적인 계획은 모두 무산되고 말았다. 파나마회의가 남긴 것은 장래를 내다보는 항구적인 비전뿐이었다. 볼리바르는 유럽 망명길에 올랐으나, 도중에 콜롬비아의 산타 마르타 근처에서 결핵으로 사망했다. 1830년 12월, 볼리바르는 다음과 같은 마지막 말을 남기고 눈을 감았다. "아메리카는 도저히 통제가 되지 않는다. 혁명에 투신한 사람들은 헛일을 한 셈이 되었다."

우고 차베스는 볼리바르의 이 같은 비관론에 동조하지 않는다. 그는 이렇게 주장한다. "볼리바르 사상에서 드러나는 여러 가지 모순들은 결정적 요소가 아니다. 우리가 1810년부터 30년까지의 역사에서 확인할 수 있는 것은 스페인어권 아메리카 건설이라는 구상의 틀이다." 이 구상은 그후에도 가끔, 특히 볼리바르가 사망한 지 4반세기가 지나 에세키엘 사모라에 의해 다시 시도되었다. 지금 차베스는 이 계획을 라틴아메리카 대륙 전체의 의제로서 다시 제기하고 있다.

-15-
로빈슨 크루소와 로드리게스의 철학

우고 차베스는 종종 '로빈슨 시스템'(Robinsonian system)이라는 말을 사용하는데, 처음에 나는 1960~70년대에 라틴 아메리카 지식인들에게도 잘 알려져 있었던 케임브리지 대학 경제학자 조앤 로빈슨과 관련된 개념인 줄 알았다. 그러다가 나중에야 다니엘 디포(1660~1731)의 소설 주인공 로빈슨 크루소를 떠올리게 되었다. 로빈슨 크루소는 영국의 요크 항에서 출항하여 '오루노크'(Oroonoque) 강어귀 가까이 있는 아메리카 연해의 무인도에 표류, 28년 동안 혼자 그 섬에서 생활했던 사람이다.

결국, 그것이 진실에 가까운 개념이었다. 실제로 차베스의 정치·경제적 사고는 로빈슨 크루소 이야기에서 부분적으로 영향을 받았으며, 또 이 로빈슨 크루소는 1790년대에 카라카스의 젊은 교사 시몬 로드리게스에게도 영향을 주었다. 로드리게스는 처음에 시몬 볼리바르의 스승이었으나 나중에 두 사람은 절친한 친구가 되었는데, 차베스가 그리는 베네수엘라 구상의 핵심에는 이 두 사람이 신봉한 급진적 철학이 자리 잡고 있다. 로드리게스는 로빈슨 크루소의 이야기에 크게 감명받은 나머지 자기 이름을 '새뮤얼 로빈슨'이라고 바꿨을 정도였다.

1769년 카라카스에서 태어난 시몬 로드리게스의 생애와 업적은 라틴아메리카 밖에서는 거의 알려져 있지 않으며 그의 저서가 영어로 번역된 적도 없다. 하지만 로드리게스는 베네수엘라, 콜롬비아, 볼리비아, 칠레, 페루, 에콰도르에서 생활하고 일하면서 여러 나라에 영향을 끼친 인물이다. 교육자이자 교육철학자인 그는 교육과 상업에 대해서도 시대를 훨씬 앞선 비정통적인 시각을 가지고 있었다. 또한 장차 독립국가의 사회에서는 라틴아메리카의 토착원주민들과 외부에서 들어온 흑인노예들이 통합해야 한다는 것을 역설한 인물이기도 하다. 이 같은 로드리게스의 주장과 사상은 200년이 흘러 우고 차베스에 의해 부활되고 있다.

다니엘 디포의 로빈슨 크루소 이야기는 남태평양의 후안 페르디난데스 섬에 표류했던 알렉산더 셀커크(Alexander Selkirk)의 실제 모험을 바탕으로 한 것이다. 다만 디포는 그

섬을 오리노코 강어귀에 있는 대서양의 한 섬으로 바꿨을 뿐이다. 이 소설은 1769년 런던에서 처음 출판되었고, 이듬해에 프랑스어와 네덜란드어로 번역되었다. 그리고 마침내 오리노코 강의 본고장 베네수엘라에도 알려졌지만, 라틴아메리카 사람들은 독일인 요아힘 하인리히 캄페가 쓰고 1769년에 함부르크에서 출판된 독일어판 『어린이 로빈슨』(*Robinson der Jüngere*)을 먼저 읽었을 가능성도 있다. 캄페의 『어린이 로빈슨』은 루소의 『에밀』(*Émile*)의 영향을 받아 씌어졌는데, 루소는 『로빈슨 크루소』가 어린이들에게 로빈슨처럼 "행동을 통해 배우도록" 가르치고 있다는 점에서 이 소설이야말로 가장 훌륭한 아동도서라고 주장했다.

어떤 판이 먼저 카라카스에 알려졌든, 시의회에 소속된 초등학교의 담당교사였던 로드리게스도 이 책을 읽었다. 그가 가르치는 학생들 가운데는 한때 자기 집에서 기거하였던, 부유한 지주가문의 고아 볼리바르도 있었다.

로드리게스가 최초로 담당했던 초등학교는 얼마 후 시 원로들과 마찰을 빚게 되었는데, 그가 장문의 통신문을 써서 발간했기 때문이다. 이 통신문에서 로드리게스는 자기 학교가 백인 부유층 아이들뿐 아니라 흑인과 '파르도스'(혼혈인)의 아이들에게도 개방되어야 한다고 주장하였다. 이처럼 로드리게스는 평생 동안 하층계급에 관심을 기울였으며, 이로 인해 한없는 고통과 어려움을 겪어야 했다. 한마디로 시대를 100년 앞서간 인물이었다. 몇 년 후 1820년대에 볼리비아에서 활동할 때, 로드리게스는 자신이 건립하고 있는 공립학교들에서는 인디언 자녀들에게 반드시 무상교육을 제공해야 한다고 주장하게 된다. 그러나 당국은 곧 구실을 붙여 이 학교들을 폐교시켜 버렸다.

카라카스 시의회에서 해임된 로드리게스는 1797년에 마누엘 구알(Manuel Gual)과 호세 마리아 에스파냐(José María España)가 이끄는 초기 독립운동에 가담했다. 그러나 때 이른 반란은 궤멸되고, 로드리게스는 망명길에 올랐다. 그는 카리브해 건너 자메이카로 가서 이곳에서 영어를 배웠다. 그 2년 전에 자메이카에서는 탈주 흑인노예들의 대반란이 영국 식민정부에 의해 분쇄되었다. 이 새로운 고향을 '로빈슨 크루소 섬'이라고 생각한 로드리게스는 자신의 이름을 새뮤얼 로빈슨으로 바꾸었으며, 라틴아메리카를 떠나 살았던 4반세기 동안 계속 이 이름을 사용했다.

로드리게스는 자메이카에서 미국을 거쳐 유럽으로 갔다. 여러 해 후, 그는 망명생활을 이야기해 달라는 요청을 받고 이렇게 썼다. "나는 20여 년을 유럽에서 살았다. 한 실험실에서 응용 화학기사로 일하면서 그곳에서 한두 가지 일을 배웠다. 또 사회주의 계열의 여러 비밀결사에 가입했다. …나는 문학공부도 좀 했고 몇 가지 언어도 배웠으며, 또 러시아의 어느 작은 마을에 있는 초등학교에서 학생들을 가르치기도 했다."

새뮤얼 로빈슨은 흥미로운 인물임에는 틀림없었지만, 시몬 볼리바르와의 두번째 만남이 없었더라면 라틴아메리카에서 거의 잊혀진 인물이 되었을 것이다. 1804년 두 사람은 나폴레옹 치하의 파리에서 다시 만나 함께 이탈리아를 여행했다. 볼리바르는 로빈슨을 통해 오리노코 강을 탐사한 적이 있는 독일인 과학자 알렉산더 폰 훔볼트를 만났으며, 또 그의 스승은 볼리바르에게 계몽주의 서적들을 읽어보라고 주었다. 이로부터 여러 해가 지나서 페루에서 투쟁할 때, 볼리바르는 '로빈슨'에 대한 자기 감정을 다음과 같이 썼다.

나는 그분을 몹시 좋아한다. 그분은 나의 스승이며 내 여행의 동반자였다. 실로 그분은 천재이다. 그분은 뛰어난 유머감각을 지녔고 가르치고 비판하는 능력이 탁월하다. …그분은 놀이를 통해 가르치는 교사이며 모범을 통해 가르치는 작가이다. 그분은 나에게 가장 소중한 분이다. 내가 그분을 알고 지내던 시절, 나에게 그분은 온 세상이었다. 그분이었더라면 내가 잘못된 판단을 할 때 많은 것을 바로잡아 주셨을 것이다.

1805년 8월 어느 날, 로마에 머무르고 있던 두 사람은 로마 북동쪽에 있는 아니에네 강변의 몬테 사크로 언덕을 올라갔다. 지금도 이곳의 한 음료공장은 예부터 내려오는 샘의 성수(acqua santa)를 제공하고 있다. 이 언덕에서 볼리바르는 라틴아메리카의 독립투쟁에 목숨을 바칠 것을 맹세하는 낭만적인 선서식을 가졌다. 볼리바르가 죽고 한참 뒤에, 로드리게스는 기억을 더듬어 필경 약간 부풀렸을 것으로 생각되는 그 선서문을 기록으로 남겼다. 볼리바르의 선서문은 학교에서도 가르치고 군인들도 의무적으로 암송해야 할 정도로, 베네수엘라 사람들의 정신에 깊이 아로새겨져 있다. 1980년대에 차베스가 쿠데타를 조직할 때 사용한 선서문도 시몬 로드리게스가 기억하고 있던 바로 그 선서문이었다.

나는 당신 앞에서, 그리고 선조들의 신 앞에서, 우리를 억압하고 있는 사슬을 깨뜨릴 때까지 긴장을 풀지도 마음을 놓지도 않을 것을 맹세합니다….

볼리바르는 1806년에 남아메리카로 돌아와 독립투쟁에 나섰다. 나폴레옹의 유럽에 깊은 관심을 가지고 있던 새뮤얼 로빈슨은 유럽에 남아서, 이탈리아와 독일, 프로이센, 폴란드, 러시아를 방문하거나 잠시 머무는 등 여행을 계속했다.

이렇게 다니다가 그가 말한 '사회주의 계열의 비밀결사'에 가입하기도 했을 것이다.

결국 1823년에 로드리게스는 러시아의 학교를 그만두고 런던으로 갔다. 그곳에서 로드리게스는 한때 프란시스코 미란다의 소유였고 그의 미망인이 아직 살고 있는 그래프턴 웨이의 집에서 역시 베네수엘라 출신의 망명자인 철학자이자 시인 안드레스 베요(Andrés Bello)를 만났다. 교육학자이기도 한 베요는 그에게 라틴아메리카의 독립이 거의 이루어진 만큼 이제는 귀국하라고 권하였다.

어느덧 54세가 된 새뮤얼 로빈슨은 귀국길에 올라 대서양을 건너 콜롬비아의 카르타헤나 항에 도착하였으며, 자기 이름을 다시 시몬 로드리게스로 바꾸었다. 보고타로 가는 길에 로드리게스는 당시 페루전쟁에 참전해 있던 볼리바르로부터 전갈을 받았다. "오, 선생님, 나의 친구 로빈슨님. 저에겐 알리지도 않고 콜롬비아에, 보고타에 와 계시다니요!" 볼리바르는 그에게 하루빨리 리마에서 만나자고 재촉했다. 오랜 친구인 두 사람이 리마에서 재회한 것은 라틴아메리카에서 스페인제국의 운명을 결정지은 아야쿠초 전투가 끝난 직후였다.

두 사람이 무슨 이야기를 했는지는 정확히 알 수 없지만, 유럽에서 라틴아메리카로 돌아온 후 몇 년 동안 시몬 로드리게스의 사고가 어떻게 발전해 나갔는지는 상당히 명료하게 알 수 있다. 그는 유럽에서의 경험을 통해 아메리카는 다른 길을 걸어야 한다는 확신을 가지게 되었다. 1828년에 출판된 한 책에서 그는 왜 달라야 하는지 그 이유와 필요성을 논하고 있는데, 이것은 우고 차베스의 사고에 중요한 영향을 주었다.

스페인계 아메리카는 독특한 구성체이다. 그 제도와 통치형태가 독특한 만큼 이 두 가지를 구성하는 방법 또한 독특할 수밖에 없다. 따라서 우리는 이 방법을 고안해 내야 할 것이며, 만약 그렇지 못하면 헤매고 오류를 범하게 될 것이다 — O inventamos o erramos.

1825년 4월에 로드리게스는 볼리바르와 함께 리마를 출발하여 안데스 산맥을 넘어 신생국가 볼리비아로 가는 장정에 나섰다.

볼리바르는 자신의 이름을 딴 이 나라가 로드리게스의 탁월한 재능으로부터 혜택을 받아야 한다고 생각했다. 그래서 그는 로드리게스를 공교육 집정관 겸 광산·농업·도로장관으로 임명하였다. 그리고 두 사람은 작별하여 볼리바르는 페루로 돌아가고 로드리게스는 볼리비아에 남았다. 로드리게스는 곧 추키사카에서 백인과 인디언 자녀들을 위한 실업학교 건립사업에 착수했다. 나중에 그는 자기가 볼리비아에서 실시하고자 했던 매우 야심적인 원대한 계획을 이렇게 설명했다.

당시 나의 프로젝트는 아메리카를 자체 주민들로써 건설하는 것을 목적으로 마련한 면밀한 계획이었다. 나는 장차 닥쳐올지도 모를 사태, 즉 우리보다 아는 것이 많은 유럽인들이 갑작스럽게 쳐들어오는 사태를 피하고자 했다. 만약 그렇게 된다면 아메리카 주민들은 또다시 노예상태가 되어 과거 스페인 체제보다 더 포악한 지배를 받게 될 것이다. 나는 토착민들을 사회에 복귀시켜 이들이 절멸되는 사태를 막고자 했다.

불행하게도 추키사카의 보수적 시민들은 로드리게스의 사려깊은 구상을 배격했다. 그들은 마지못해 공화국 체제를 받아들였을 따름이었다. 머지않아 로드리게스가 우려했던 최악의 사태들이 현실적으로 일어났다. 여전히 구 지주계급은 온존하고 있었으며, 특히 19세기 말의 고무산업 호황기에 이들은 유럽으로부터 새로운 이민을 불러들여, 토착민들을 살육하고 파괴하기 시작했다. 인디언들을 교육시킨다는 로드리게스의 혁명적 구상은 그후의 볼리비아 역사를 바꾸어놓을 수 있었을 테지만, 결국 실현되지 못했다.

　심지어 베네수엘라에서도, 독립 후의 역대 정부는 유럽 출신의 대규모 백인이민을 장려하여, 오히려 백인정착민이 이 나라의 토착주민이 될 정도였다. 1945년 제2차 세계대전이 끝난 뒤로도 베네수엘라에는 100만이 넘는 유럽이민이 들어왔다.

　로드리게스는 추키사카에 학교를 세운 다음에, 똑같은 모델의 학교를 세우기 위해 코차밤바로 떠났다. 인디언 교육에 대한 이 같은 열정은 무엇보다도 그가 국가발전에 있어서 하층계급의 역할의 중요성을 깊이 인식했기 때문이다. 그 시대에 이런 인식을 한 사람은 아마 로드리게스가 거의 유일했을 것이다. 1830년에 로드리게스는 인디언에 대한 부채에 관해 이렇게 썼다.

아메리카의 학자들은 자기들의 지식이 인디언과 흑인들 덕분이라는 사실을 한번도 밝힌 적이 없다. 학자들이 직접 밭을 갈고 씨를 뿌리고 거두어들이고 또 자신들이 먹고 입고 사용할 것들을 마련하였다면… 그 많은 지식을 얻지 못했을 것이다….

　그들은 들에 나가 노동을 하였을 것이고 자기가 부리는 노예들과 똑같이 야만적인 생활을 하였을 것이다….

로드리게스는 백인들의 적개심을 이미 30년 전에 카라카스의 학교에서 겪어보았기 때문에 익히 알고 있었다. 이제 그들의 적개심이 또다시 그에게 닥쳐오고 있었다. 코차밤바에서 추키사카로 돌아와 보니 자기 학교는 볼리바르의 휘하 장군이었던 수크레 대통령의 지시로 폐쇄되어 있었다.

수크레 대통령은 볼리비아의 현지 엘리트들로부터 압력을 받고 있었다. 그는 로드리게스는 형편없는 조직가이며 학교를 예산 내에서 운영하지 못했다고 불평했다. 그 말이 사실일지도 모른다. 그러나 학교를 폐쇄한 진짜 원인은 자녀들을 인디언과 함께 교육시키는 데 반대한 백인 학부모들과 추키사카 당국의 인종차별적 태도에 있었다. 나중에 로드리게스는 자기 학교가 처했던 상황을 이렇게 설명했다.

칼보라는 변호사는 추키사카의 내 학교 시설을 부수면서, 내가 품위 있는 사람들을 가르치려고 애쓰기보다는 창녀와 도둑들을 옹호하기 위해 국고를 탕진했다고 말했다.

그가 말하는 창녀와 도둑들이란 이 나라의 진짜 주인들의 자녀들, 즉 이 거리를 뛰어다니며 놀던 '촐리토스'와 '촐리타스'(중절모에 숄을 두르고 전통 주름치마를 입은 안데스 지역 원주민 여자—옮긴이)들이다. 지금까지 세뇨르 칼보의 자녀들보다 훨씬 더 품위를 잃지 않고 살아온 사람들이다.

결국 로드리게스는 볼리비아의 모든 공직을 사퇴하고 리마로 갔는데, 아마도 볼리바르를 찾아갔던 듯하다. 그러나 두 사람은 다시는 만나지 못했으며, 로드리게스가 볼리바르에게 보낸 편지들이 '해방자'에게 전달되지 못했다는 설도 있다. 한동안 그는 원주민 '촐리타'인 아내와 자신의 생계를 위해 에콰도르에서 양초공장을 운영하였다.

그러다가 1834년에 그는 아마 안드레스 베요의 부름을 받았던 듯, 에콰도르를 떠나 칠레로 갔다. 칠레에서 그는 처음에는 콘셉시온에서, 나중에는 발파라이소에서 여러 해 동안 지내면서 일했다. 그는 실업학교들을 세워 학생들에게 읽기와 쓰기는 물론이고, 벽돌이나 기와·양초 만드는 법—실천을 통한 학습—을 가르쳤다. 또 흔히 로드리게스는 특이한 해부학 교수법 때문에 말썽을 일으킨 사람으로 기억되고 있다. 시체를 구하기 힘들었기 때문에 그 자신이 알몸으로 교단에 서서 학생들을 가르쳤던 것이다.

칠레에서 10년을 지낸 로드리게스는 1843년부터 에콰도르의 라타쿵가라는 조그만 마을에서 살았다. 그리고 1847년에 이곳에서 노동과 직업에 관한 자신의 입장을 기록으로 남겼다.

상품생산에서 노동의 분업은 노동력을 가혹하게 다루는 역할만

할 뿐이다. 가령 값싸고 좋은 손톱깎이를 만들기 위해서 노동자들을 기계로 전락시켜야 한다면, 차라리 손톱을 이빨로 물어뜯는 게 낫지 않겠는가.

로드리게스는 1852년에 사망했다. 죽기 1년 전에 그는 농업혁명의 필요성에 대한 신념을 이렇게 피력했다.

만일 〔라틴〕아메리카 사람들이 진정한 정치혁명을 이루려면… 농촌에서부터 출발하여… 산업공장들로 확산되는 진정한 경제혁명을 이룩해야 한다. 이렇게 함으로써 목격하게 될 매일매일의 향상은 〔혁명을〕 도시에서 시작한다면 결코 이룰 수 없을 것이다.

로드리게스는 나아가 이렇게 썼다.

아메리카 사람들은 무언가를 이루기 위해 협력하기를 꺼리고 앞으로 나아가기 전에 충고를 듣기를 두려워하는데, 이런 점들을 극복해야 한다. 아무 일도 하지 않는 사람은 절대 실수를 하지 않는다. 하지만 가만히 앉아 있기보다 이리저리 헤매고 실수를 하는 것이 훨씬 낫다.

세계화 시대에 민족주의 담론을 되살리기를 갈망하는 차베스와 같은 혁명가들이 왜 이 특출한 인물의 생애와 저작들을 부활시키려고 하는지 이해하기란 어렵지 않다. 그것은 차베스의 또 하나 영웅인 시몬 볼리바르가 '새뮤얼 로빈슨'이라는 자신의 오랜 친구에게 큰 빚을 지고 있기 때문이다. 오늘을 살아가는 우리 모두도 마찬가지이다.

-16-
에세키엘 사모라와 '과두체제의 공포'

우고 차베스가 고난의 19세기 베네수엘라 역사에서 찾아낸 세번째 모범적 인물은 1840~50년대의 내전에서 연방군대를 이끈 에세키엘 사모라(Ezequiel Zamora)이다. 농촌 출신의 급진주의자 사모라는 장사를 하다가 군인이 되고 마침내 전략가가 된 사람이다. 그는 농민에게 유리한 원대한 농지개혁 프로그램과 토지소유 과두체제에 대한 격렬한 적개심, 군인과 민간인이 결합된 투쟁의 구상 그리고 자신과 생각이 같은 국경 너머 콜롬비아 군대와 자신의 군대를 통합하고자 한 볼리바르의 꿈을 실현하는 소망을 가진 인물이었다. 19세기 이 혁명가의 여러 목표는 차베스 자신의 계획에 딱 들어맞는 것이다.

베네수엘라의 좌파들은 종종 사모라를 초기 사회주의자

라고 주장하였다. 원래 시골에서 점원으로 일했고 스스로 '주권국가 인민의 장군'이라 자처했던 카리스마 넘치는 이 군인은 알자스 출신 이민인 매부를 통해 당시 유럽의 혁명적 대격동에 관해 상당히 많이 알게 되었던 것으로 보인다. 이를 입증해 주는 몇 가지 증거도 있다. 확실히 사모라는 '자유, 평등, 박애'의 슬로건을 자주 사용할 정도로 이 슬로건에 익숙해 있었으며, 1848년의 유럽사태(그해 마르크스가 『공산당 선언』을 발표했고, 프랑스(2월)와 독일(3월)에서 혁명이 일어났다-옮긴이)에 관해서도 잘 알고 있었다. 사회주의자이건 아니건, 그는 분명히 진보적 자유주의자였고 당시의 선진적 사상을 지닌 사람이었다.

1960년대의 게릴라운동가들과 더글러스 브라보가 자신들의 게릴라부대에 사모라의 이름을 붙였던 것과 마찬가지로, 차베스도 한동안 사모라의 급진주의 계획에 매료되어서 80년대에 카라카스 사관학교에서 강의할 때 사모라의 계획을 토론하곤 했다. 특히 사모라의 마지막 전투가 1859년 차베스의 고향인 바리나스 주에서 벌어졌기 때문에, 어릴 때부터 차베스는 이 군인혁명가의 이야기를 늘 들었다.

사모라의 사상을 엿볼 수 있는 글은 별로 남아 있지 않지만 차베스가 야노스 지방의 엘로르사에 주둔해 있을 때 직접 수집한 구전에서는, 사모라가 농촌의 빈민들에 대해 강한 연대의식을 지녔던 사람임이 잘 드러난다. 차베스가 자주 회상하는 사모라의 농민봉기 호소는 '땅과 자유민' '총선거' '과두체제에 대한 적개심' 등 세 가지 구호에 바탕을 두고 있다.

그러나 사모라가 죽고 그의 반대자인 보수주의 세력이 승리한 후 오랫동안 사모라라는 이름은 제대로 평가를 받지 못했다. 차베스에 의하면, 과두체제는 사모라가 바리나스에서 취한 행동을 결코 용서하지 않았다. 당시 사모라는 지주들로부터 몰수하여 농민들에게 나눠준 땅이 다시 지주들에게 돌아가지 못하도록 하기 위해 토지문서 보관소를 불태우라고 명령했다.

작가 출신이고 잠깐 동안 민주행동당의 당수를 지낸 로물로 가예고스는 사모라를 호세 코마스 보베스(1782~1814)에 비유하면서 공화파를 폄훼하였다. 오리노코 지역의 카우보이들인 야네로스(llaneros)의 비타협적인 지도자 보베스는 1814년에 스페인 왕당파 편에 서서 볼리바르와 맞서 싸워 공화파로부터 카라카스를 빼앗은 인물이다. 1937년에 발간된 자신의 소설 『포브레 네그로』에서 가예고스는 사모라가 어떻게 해서 마을주민들로부터 환영을 받게 되었는지를 묘사하고 있다. "…마을 노인들은 '보베스가 돌아오더니 이제는 자기 이름이 에세키엘 사모라다라고 말하더라'고 했다. 보베스처럼 그 역시 사람들의 마음을 사로잡는 데 능숙한 사람이었다…."

보베스의 강점은 피억압계급과 노예, 인디언 들을 공화파에 맞서 싸우도록 동원하는 능력에 있었다. 1815년에 호세 암브로시오 야모사스는 이렇게 썼다.

그는 작전을 개시할 때부터 그동안 자기가 한번도 바꾸지 않고 시행해 온 전략의 본질을 드러냈다. 그 전략은 유색인들은 도와주고 구제해 주지만 백인들은 철저히 파멸시키는 것이었다. … 죽임을 당했거나 추방당한 사람들의 집과 가재도구는 이들 유색인(pardos)의 손에 넘어갔으며, 땅문서도 마찬가지였다.

실로 이것은 과두체제에게 공포였다! 마침내 1814년 7월, 보베스는 공화파 치하의 카라카스를 점령하여 도시를 파괴하였고, 볼리바르는 부득이 자메이카로 망명을 떠나야 했다. 그러나 보베스는 오래 살지 못하고 그해 말에 피살되었다.

사모라는 대중적 지도자였고 분명히 '과두체제에 대한 적개심'을 천명했지만, 그가 야노스 지역의 카우보이들이 지지하였던 종류의 비타협적 인종차별 운동을 벌였다는 증거는 없다. 그러나 그가 투쟁유산을 후세대에 물려준 것만은 확실하다. 한때 바리나스 주는 '사모라 주'로 불렸지만, 그후 이런 식으로 사모라를 기념하는 것을 못마땅하게 생각한 지주 출신 정치가들에 의해 원래의 이름을 되찾게 된다. 바리나스의 사모라 광장에 있는 사모라 동상 역시 철거되어, 광장을 따라 흐르는 산 도밍고 강에 내버려졌다.

이 모든 이야기가 차베스의 집안에서 전해져 내려오고 있다. 그는 여섯 살 되던 1960년에 사바네타에 있는 할머니 집에서 할머니로부터 들은 이야기를 생생하게 기억하고 있다. 할머니 로사 차베스는 이 이야기를 1920년대에 할머니의 할아버지한테서 들었으며, 그 할아버지는 1859년에 사모라의 휘하에서 바리나스 주로 진격해 왔던 분이다. 사모라는 이 고장의 산타 이네스에서 대승을 거두었다. 사모라는 사바네타 외곽의 보코노 강 여울목을 건넜는데, 이곳은 차베스가 어렸을 때 아버지와 함께 헤엄도 치고 낚시도 하던 곳이다. 차베스는 학교친구들과 함께 산타 이네스의 격전지에 가서 모래 속을 뒤지며 그 시절 사모라 부대가 쓰던 오래된 총검을 찾아보곤 했다.

옥스퍼드의 역사학자 말콤 디아스(Malcolm Deas)는 산타 이네스 전투를 사모라의 '걸작품'이라고 말한다. 디아스는 사모라의 "군사적 우수성이 전적으로 야전경험에서 비롯된 것처럼, 평등주의적 개혁가로서의 그의 명성은 비범한 '돈 데 헨테'(don de gente, 모든 계층의 사람들과 어울리는 천부적 재능을 일컬음— 옮긴이)에 그 뿌리를 두고 있다"고 주장한다. 그렇지만 사모라가 이 나라 농민들을 위해 농촌경제를 변혁시키고자 한 통찰력 있는 급진주의자라는 차베스의 주장은 틀림없이 옳다. 지금까지 전해지는 사모라의 여러 가지 제안 가운데 다음과 같이 소농을 위한 4개항 계획이 있다.

1. 각 마을이나 도시 주위에 사방 5리그(1리그는 약 4.8km - 옮긴이)를 공유지로 남겨둘 것
2. 농지 임대료 사정제도는 폐지할 것
3. 노동자의 임금은 작업량에 따라 결정할 것
4. 토지소유자는 공유지에서 젖소 10마리를 사육하여, 빈민가정에 매일 무상으로 우유를 공급할 것

사모라가 제시한 강령에 구체적으로 담긴 내용이 어떤 것이었든간에, 사모라는 19세기의 가장 멋진 베네수엘라 지도자 가운데 한 사람으로 민중들 사이에서 전해져 내려오고 있다. 사모라는 보베스처럼 피에 굶주린 인물이 아니면서도 그에 못지않게, 실로 차베스처럼 민중을 동원하는 능력을 지닌 사람이었다.

사모라는 1817년 2월에 미란다 주의 쿠아에서 태어났다. 아주 어렸을 때 아버지가 독립전쟁을 하다가 죽자 그의 가족은 곧바로 카라카스로 이사했다. 그후 사모라는 야노스 지방

으로 돌아가서 얼마 동안 소장수를 하다가 비야 데 쿠라에서 잡화점을 차렸다.

자유당을 창당한 안토니오 레오카디오 구스만의 시기에, 사모라는 자유당의 적극적인 지지자로서 호세 안토니오 파에스를 중심으로 한 지주 과두체제에 강력하게 반대하였다. 파에스는 오랫동안 볼리바르와 싸운 보수파의 거물이다. 1846년에 사모라는 자기 고향에서 전형적인 협잡선거를 목격한 뒤로, 야노스 지역의 위대한 원주민 지도자의 한 사람인 '엘 인디오' 호세 랑헬과 손을 잡고 지주세력의 군대에 공격을 가했다.

사모라와 랑헬은 그 지역 농민과 노예들을 모아서 '주권인민군'이라는 부대를 조직하였으나, 1847년 라구나 델 피에드라 전투에서 패하고 말았다. 이때 사모라와 랑헬은 포로로 잡혀 사형선고를 받았다. 랑헬은 마체테(라틴아메리카의 날이 넙적하고 큰 칼- 옮긴이)로 죽임을 당했지만, 사모라는 10년형으로 감형되었다. 그후 사모라는 마라카이보의 감옥으로 호송되던 중 마라카이 근처에서 탈출하여 어느 대농장의 노동자로 일하다가 이듬해에 사면되었다.

사모라는 자유주의자 호세 타데오 모나가스의 군대에 들어가서 지주세력에 대항하여 계속 투쟁했다. 그리고 1849년에 사모라의 부대는 보수파의 거두 파에스를 생포하여 카라카스로 끌고 갔으며, 1851년에는 코로의 군 사령관이 되었다. 마침내 노예들이 자유를 획득한 1854년에는 노예소유주에 대한 보상금 지급을 반대하는 운동을 펼쳤으나 성공하지는 못했다.

지주세력의 패배는 일시적이었을 뿐, 곧 이어 훌리안 카스트로 대통령은 이들 지주세력을 이끌고 복귀했다. 사모라를 비롯한 자유주의자 지도자들은 카리브해 지역으로 망명하였고, 이들 망명자들은 1858년 10월에 '애국평의회'(Patriotic Junta)를 조직하여 반란을 계획했다. 애국평의회는 사모라의 처남인 후안 크리스토스토모 팔콘 장군이 이끌었다.

마침내 본토로 돌아온 사모라는 1859년 2월에 코로를 공격하여 성공을 거두었다. 이어 서부지방에서 전개된 그의 전투는 10개월 후 그가 산 카를로스 전투에서 사망할 때까지 계속된다. 사모라는 1859년 12월 산타 이네스 전투에서 최대의 승전을 거두는데, 이 전투에서 패배한 페드로 라모스가 이끄는 정부군이 메리다로 퇴각함으로써 코로와 바리나스, 포르투게사는 연방군이 장악하게 된다.

차베스는 연설할 때 산타 이네스의 전투를 자주 언급한다(그리고 아바나에 갔을 때 피델 카스트로가 이 전투를 숙지하고 있는 것을 알고는 매우 감격했다). 1999년 12월 15일에 실시된 새 헌법에 대한 국민투표를 앞두고 차베스는 유권자들에게 '찬성'표를 호소하면서, 이 전투를 예를 들며 자신의 위치를 사모라의 그것에 비유했다.

산타 이네스 전투에서, 사모라는 일부러 부대를 퇴각시켜 '반대' 진영이 진격하여 총 한 방 쏘지 않고 바리나스를 점령하도록 했습니다. '찬성' 진영 쪽의 사모라는 미리 매복하고 있다가 반격에 나서 '반대' 진영에 가공할 타격을 가함으로써 그들을 멀리 메리다까지 쫓아냈습니다.

차베스의 목표는 사모라의 승전을 국민투표에서 재현하는 것이었으며, 실제로 그 뜻을 이루었다.

차베스는 또 자기가 추진하고자 하는 계획과 볼리바르의 구상을 연결시켜 주는 고리가 다름아니라 사모라라고 주장한다. 다음과 같이 사모라를 볼리바르의 뒤를 이어 콜롬비아와의 통합을 통한 라틴아메리카 통일이라는 목표를 추구한 인물이라고 보는 것이다.

우리는 사모라에게서 라틴아메리카 통일이라는 볼리바르의 지정학적 사고를 발견하게 된다. 사모라는 아푸레 강 건너 콜롬비아 지역의 연방군과 자기 군대를 결합시키고자 노력했다. 1859

년 5월 19일 바리나스와 아푸레 민중들에게 보내는 선언문에서, 그는 "바야흐로 위대한 볼리바르, 우리의 '해방자의 마지막 소원이었던' 콜롬비아연방의 새 시대가 열리고 있다"고 외쳤다.

사모라에게는 차베스가 자주 인용하는 또 한 가지 특징이 있었다. 화가 호세 이그나시오 차케트가 그린 사모라의 초상화를 보면, 모자를 두 개 겹쳐 쓰고 있는데, 하나는 보통의 중산모(솜브레로)이고 또 하나는 군모(케피스)이다. 사모라가 이런 복장을 한 것은 혁명을 이룩하는 데 있어서 민중과 군대의 단결을 상징적으로 나타내기 위함이었다. 지금 차베스는 시민사회와 군대의 관계를 재구축하기 위해 이 전통을 계승하려고 애쓴다.

사모라 전설은 연방전쟁 시대부터 불리던 군가의 가사에서도 전해져 내려오고 있다. 다음은 사모라 부대의 음악가 도밍고 카스트로가 작사·작곡한 노래이다.

> 구름 덮인 하늘이 폭풍을 예고한다
> 태양이 구름에 가려 빛을 잃으면
> 압제자들이 떤다, 자유 만세!
> 사모라의 군대가 나팔소리에 맞춰
> 반동놈들의 여단을 무찌르리라.

또 로만 마르티네스 갈린도(베네수엘라의 피아니스트 겸 작곡가-옮긴이)는 사모라의 저 위대한 산타 이네스 전투를 이야기하면서, 요즈음의 베네수엘라 어린아이들이 TV, 그것도 미국 TV방송의 영향을 너무 많이 받는다고 탄식한다. 그는 아이들이 19세기 베네수엘라의 연방군 전쟁보다 '서구의 정복전쟁' '텍사스의 병합' '미국의 남북전쟁'에 훨씬 더 친숙해 있다고 한탄한다. 그러면서 사모라의 이야기는 "우리의 가까운 조상들이 기록한, 우리 역사에서 가장 중요한 사건이며, 진정 우리가 누구인지 알려면 반드시 알아야 하는 사건"이라고 말한다.

마르티네스 갈린도는 언젠가 "베네수엘라의 재능 있는 영화제작자들이 식민지시대의 카우보이 영화로부터, 그린베레와 해병대의 영화로부터, 우리를 구해 줄 날이 있을 것이다. …그러면 우리는 '주권인민군' 부대가 나팔을 앞세우고 '압제자들이 떤다!'고 소리 높여 노래부르는 영화를 보게 될 것이다"라고 희망을 피력한다.

IV. 평화적 수단으로 구체제의 전복 시도

-17-
야레 감옥과 정치적 동맹세력 규합

차베스 대령은 1992년 2월의 불발 쿠데타를 조직한 혐의로 장기 형을 언도받았지만, 실제로는 1992년 2월부터 1994년 3월까지 2년 동안 복역했다. 그는 처음에는 산 카를로스에 있다가 나중에 산 프란시스코 데 야레 감옥으로 이감되었으며, 감옥에서도 유명한 장교답게 좋은 대우를 받았다. 라디오나 TV와 인터뷰하는 것이나 여러 사람과 면회하는 것도 허용되었는데, 그중에는 그의 정치적 입지 형성이나 이후 그의 정부에서 중요한 역할을 하게 되는 사람들도 있었다. 그 밖에도 독서하거나 사색하고 또 자신의 정치철학의 민족주의적 기초를 충분히 다듬을 수 있는 기회가 되었다.

차베스가 감옥에 갇혀 있는 동안에, 베네수엘라에서는 여러 가지 극적인 사건들이 일어났다. 1992년의 두 차례 쿠데타에서 살아남은 카를로스 안드레스 페레스 대통령은 1993년 6월에 사실상의 의회쿠데타로 권좌에서 물러났다. 소속 민주행동당의 지지를 잃은 탓이었다. 의원들이 작당하여 그를 부패혐의로 고발하자, 페레스는 장관 두 명과 함께 사임할 수밖에 없었다. 그리고 남은 임기 동안에는 저명한 역사학자 라몬 J. 벨라스케스가 대통령직을 수행하였다.

1993년 12월의 새 대통령 선거에서 차베스 대령은 지지자들에게 대통령 선거를 보이콧하라고 호소하였으며, 많은 사람들이 그의 뜻을 따랐다. 투표양상은 기득권 정당들에게 별 위안이 되지 않았다. 1988년 12월에 페레스가 대통령에 당선될 때는 유권자의 1/4이 기권한 데 비해, 1993년 12월의 선거에서는 전직 대통령 라파엘 칼데라가 당선되었으나 기권율이 40%에 달해 지지율 30%보다 높았다.

기존 정당들의 정치력은 붕괴되고 있었다. 경제위기, '카라카소' 사태, 두 차례의 불발 쿠데타 그리고 자기들끼리의 내분으로 인해 사태는 파국으로 치달았다. 베네수엘라 정치사상 처음으로 4명의 후보가 모두 근소한 차이의 표를 얻었다. 민주행동당의 클라우디오 페르민 후보는 23.60%, 기독교사회당의 오스왈도 알바레스 파스는 22.73%, 급진운동당의 안드레스 벨라스케스는 21.95%의 득표율에 그쳤다. 칼데라가 30%의 지지를 얻어 당선되었지만, 사람들은 모두 그가 당선된 것은 차베스 쿠데타의 정당성을 사실상 인정해 준 그의 유명한 1992년 2월 의회연설 덕분이라고 생각했다. 타고난 정치적 수완 덕분인지 아니면 그저 우연한 행운 때문인지, 칼데라는 무소속으로 출마하면서 '콘베르헨시아'라는 그룹을 만들어 사회주의운동(MAS)과 제휴했다. 기독교사회당의 창당멤버였던 그는 자기 당을 버렸고 당도 그를 버렸던 것이다.

칼데라는 이렇게 해서 간신히 대통령에 당선되기는 했지만 의회의 과반수 지지세력을 확보하지는 못하였다. 그의 정부는 출범할 때부터 삐걱거렸고, 결국 칼데라는 민주행동당의 루이스 알파로 우세로 당수에게 지지를 구걸해야 했다.

처음으로 베네수엘라의 정치학자들은 베네수엘라 정치문화의 '메시아적' 성격을 논하기 시작했다. 1988년에 페레스가 그랬던 것처럼 칼데라는 일시적인 마술사로서, 모든 역경을 딛고 나라를 정상화시킬 수 있는 인물로 인식되었다. 그러나 1990년대 후반 들어서자 정치상황이 너무나 절박해져 각계각층에서 파격적인 후보들이 부상하였다. 그 가운데 한 사람이 미인대회 여왕 출신이며 카라카스특별시의 차카오 시장이 된 이레네 사에스였고, 또 한 사람이 차베스 대령이었다.

바야흐로 이 나라에는 새로운 세력이 등장하고 있었다.

1993년 선거에서 나타난 중요한 양상 하나는, 급진주의적 정강정책으로 이미 차베스에게 얼마간 영향을 미친 바 있는 급진운동당(LCR)의 높은 득표율이었다. 이렇게 해서 급진운동당은 양대 정당에 이어 제3의 정치세력으로 자리를 굳히고 있었다. 양대 정당을 합쳐도 최근에 제휴한 두 군소정당 칼데라의 '콘베르헨시아'(MAS에 가담)와 급진운동당보다 득표율이 낮았다.

이들 두 좌익정당은 전국적인 주요 정당이 되었다. 사회주의운동(MAS)는 칼데라 정부에 참여하기로 결정했고, 급진운동당은 당분간 관망하기로 했다. 그러나 마침내 두 그룹은 심각한 분열을 겪은 끝에 차베스를 지지하게 된다.

MAS는 규모는 작지만 '유로코뮤니즘'과 사회민주주의 사이를 오가면서 대체로 유럽 사회주의 운동과 부침을 함께 해 온 중요한 정치단체이다. 지난 30년 동안 베네수엘라의 좌파지식인 대부분이 MAS를 들락거렸고, 이 단체의 격렬한 의견대립은 베네수엘라의 정치논쟁에서 제기되는 대부분의 쟁점을 제공해 왔다.

MAS는 1960년대의 게릴라운동에서 투쟁하였던 일부 사람들과 과거 공산당원들이 70년대 초에 결성하였으며, 대표적 인물은 몇 차례 대통령후보로 나서기도 한 테오도로 페트코프였다. 게릴라투쟁의 미몽에서 깨어난데다 1968년 소련의 체코 침공을 계기로 공산주의에 환멸을 느끼게 된 페트코프는, 비록 그의 행동은 늘 강한 도덕적 의식에 바탕을 두었다 하더라도 정치적으로 서서히 우경화되어 갔다. 1990년대의 위기 때, 그는 MAS가 칼데라의 절망적인 소수파 정부를 지원해야 한다고 생각했다. 그리하여 칼데라 정부의 기획부장관이라는 요직을 맡아 여러 가지 신자유주의 개혁정책을 밀고 나갔다. 또 한 명, 과거 유명한 공산당원이었고 MAS 지지자였던 폼페요 마르케스도 그에 동조하여 칼데라 정부의 국경담당 장관이 되었다.

칼데라 대통령은 자신이 다른 후보들을 간신히 누르고 대통령으로 당선된 데는 차베스 대령의 정치적 지원이 큰 힘이 되었다는 점을 인정했으며, 그에 따라 취임 초에 1992년의 두 차례 쿠데타 관련자들을 사면조치했다. 차베스는 기독교의 종려주일인 1994년 3월 27일에 석방되었다.

수감생활을 하는 동안에 차베스도 칼데라처럼 정치적 동맹세력을 찾고 있었다. 그는 쿠데타를 일으키기 전에 만나던 여러 민간인들과 다시 접촉하기 시작했는데, 1989년에 결성된 '애국전선' 관계자들은 물론이고 루이스 미킬레나도 차베스를 자주 면회한 사람이었다. 그리고 MAS와 LCR 쪽 인사들과도 대화를 했으나, 60년대 게릴라들의 후계자로 자처하면서 여전히 무장투쟁을 옹호하고 있던 정파인 '반데라 로하(붉은 기)와는 일정한 선을 그었던 것으로 보인다. 차베스는 극좌파를 별로 좋아하지 않았다.

이들[극좌파] 집단은 스스로를 지구상에서, 아니면 어쨌든 이 땅에서 유일한 혁명세력이라고 자처한다. 그리고 자기들의 도그마를 따르지 않는 사람은 진정한 혁명가가 아니라고 치부한다. 나는 '반데라 로하'의 단 한 명의 지도자와도 5분 이상 대화해 본 적이 없다.

페트코프는 칼데라와 협력하고 있었지만, MAS의 또 다른 거물 호르게 히오르다니는 정기적으로 야레 감옥에 면회를 다녔다. 더들리 시어즈(Dudley Seesrs, 사회개발을 강조하는 영국의 경제학자-옮긴이)의 전성기에 서섹스대학 개발학연구소에서 공부한 급진주의 경제학자인 히오르다니는 카라카스의 중앙대학 교수이자 MAS의 경제전문가였다. 그는 칼데라 지지를 거부하고 지금은 차베스의 경제자문이 되어 있다. 차베스의 여러 가지 경제적 구상은 히오르다니와의 교류에서 나온 것인데, 1999년에 히오르다니는 차베스 정부의 개발부장관으로 입각하였다.

MAS는 결코 페트코프의 전유물이 아니었다. 1998년 차베스의 대통령 당선 가능성이 수면 위로 떠오르자, 히오르다니를 비롯한 MAS의 사람들 대부분이 차베스를 지지하고 나섰다. 아직 칼데라 정부에서 장관직을 맡고 있던 페트코프만이 가담할 의향이 없었고, 차베스의 정치적 제안에 거의 사사건건 선명하게 반대하고 나섰다. 그러나 MAS의 나머지 사람들은 차베스와 손을 잡았다.

차베스는 대통령 선거에서 MAS가 자신을 지지한 이유가 무엇이라고 생각하느냐는 질문을 받고, 그 지도부는 다소 망설였지만 기층으로부터 압력을 받았기 때문이라고 답했다. 1998년에 아구스틴 블랑코 무뇨스와의 인터뷰에서, 차베스는 아마 일반 당원들은 오래 전부터 자기를 지지했을 것이라고 주장했다.

내가 야례 감옥에서 나와 전국 곳곳을 다니는 동안, 가는 데마다 MAS의 사람들이 나를 찾아와서 이야기하고 싶어했다. 나는 MAS의 정치적 기반과 전국에 걸쳐 있는 정치구조의 대부분이 늘 우리 편이었으며, 칼데라 정부를 지지하는 전략이나 하물며 지도부의 그 같은 결정에 동의한 적이 없다고 확신한다. …나는 그들이 당 지도부가 사회정의, 평등, 자유, 민주, 민주혁명 등과 같은 당의 뿌리에 보다 부합하는 결정을 내리도록 압력을 가할 수 있는 역량을 충분히 가졌다고 생각한다. 이것들은 MAS가 탄생할 당시에, 그리고 내가 바리나스에서 학교 다닐 때 늘 듣곤 하던 바로 그 슬로건들이다. 내가 군에 입대한 것은 그 무렵인 1971년이었다.

1990년대에 차베스는 또 한 명의 흥미로운 정치활동가와 사귀었는데, 아르헨티나 출신의 역사학자 노르베르토 세레솔레(Norberto Ceresole)이다. 좌파에 뿌리를 두었던 세레솔레가 나중에 우익과 밀접하게 제휴했기 때문에, 처음에 차베스와 세레솔레의 관계는 차베스 시각의 반동적 성격을 지적하는 근거로 인용되곤 했다.

세레솔레는 1970년대에 자신은 '몬테네로스'에 몸담고 있었다고 주장했다. 아르헨티나의 페론주의자 게릴라집단인 '몬테네로스'는 70년대의 후안 도밍고 페론 정권과 그 미망인(후처) 이사벨 정권 때 두각을 나타냈다. 그 뒤로 세레솔레는 호르헤 비델라 장군이 이사벨 페론 대통령을 축출한 1976년 쿠데타를 지지하고, 나아가 아르헨티나의 '더러운 전쟁'(1976년 쿠데타에 뒤이어 1만여 명을 학살한 사태를 말한다 – 옮긴이)을 비판한 인권단체들을 '유태인 음모'의 하수인이라고 주장하게 된다. 세레솔레는 책도 여러 권 썼는데, 그중 1998년에 출판한 『미 제국주의의 정복』(*La conquista del imperio americano*)에서는 미국 자본주의를 배후에서 조종하는 '유태인 금융마피아'를 신랄하게 비판한다.

초기단계의 차베스에게는 '진보적' 군사정권의 역사에 상당히 정통한 세레솔레가 확실히 도움이 되는 존재였을 것이다. 급진적 페론주의자 세레솔레는 이집트의 나세르와 터키의 아타튀르크를 회고했는가 하면, 페루의 벨라스코 알바라도와 파나마의 오마르 토리호스를 옹호하는 책을 집필했다. 또한 세레솔레는 아랍국가들 하고도 수많은 커넥션을 가지고 있었는데, 이 역시 많은 도움이 되었다. 그러나 차베스가 이 말썽 많은 아르헨티나인과의 관계를 계속 유지했더라면 당혹스러운 일이 생겼을 터인데, 다행히 차베스가 대통령이 되자 세레솔레는 때맞춰 이 나라를 떠났다. 그는 부에노스아이레스로 돌아가서 몇 년 후에 사망했다.

세레솔레는 특정한 순간에 도움을 준 조언자였다. 결국 차베스에게 가장 중요한 인간관계는 그가 감옥에서 풀려나고 얼마 안 있어 피델 카스트로와 맺은 우정이었다. 그해 12월에 차베스는 아바나로 찾아갔는데, 그로부터 거의 10년이 흐른 2003년 1월 포르토 알레그레의 사회포럼에서 차베스는 연설하면서 당시를 이렇게 회상했다.

피델은 공항까지 영접하러 나와 나를 놀라게 만들었다. 우리는 공항에서 아바나대학으로 가서 학생들과 모임을 가졌다. …볼리바르의 이데올로기가 형태를 갖춰가고 있었으므로 나는 몇 가지 할 이야기가 있었다. 내가 기억하기로는, 나의 말에 대해 피델은 이렇게 응답했다. "베네수엘라에서는 존엄성을 위한 투쟁을 볼리바르주의라고 하던데, 쿠바에서는 이 투쟁을 사회주의라고 합니다."

카스트로는 늘 아메리카 대륙 본토에서 동맹세력을 찾고 있었다. 차베스는 그를 실망시키지 않을 사람이었다(부록 참조).

-18-
급진운동당의 등장

 오리노코 강이 좁아지는 곳에 위치해 있어 옛날에는 앙고스투라라고 불렸던 시우다드 볼리바르(Ciudad Bolívar, 볼리바르 시)는 남쪽 강변의 언덕 위에 높이 올라앉은 식민지시대의 조그만 도시이다. 강 양쪽으로는 숲이 우거진 길이 쭉 뻗어 있고, 그 숲길에는 보행자들을 위해 난간이 둘러쳐져 있다. 일찍이 이 강에는 악어들이 많았던지라, 행여 보행자들이 강으로 떨어져 사고를 당하지 않도록 하기 위함이었다.

 시몬 볼리바르는 이 도시가 그의 이름으로 불리기 여러 해 전에 이곳에 주둔했다. 그는 안데스 산맥을 넘어 콜롬비아로 진격하기 전인 1816년에 처음 이곳에 왔다. 그리고 1819년에 그가 이곳에서 소집한 의회는 그를 신생국 '그란 콜롬비아'의 대통령 겸 군사집정관으로 임명했다.

볼리바르는 앙고스투라 의회의 개막연설에서 "무력의 보호 아래 아무런 제약을 받지 않고 의지를 행사할 수 있는 국가주권을 요구하는 국민은 복이 있다"고 말했다. 그로부터 180년 후인 1999년에 차베스 대통령은 새 헌법을 기초할 제헌의회를 소집하면서 이 말을 인용했다.

지금은 시우다드 볼리바르라고 부르는 앙고스투라는 한때 오리노코 강의 중요한 교역 중심지였지만, 오늘날에는 잊혀진 과거역사의 영광 속에 파묻혀 있다. 그럼에도 이 도시는 여전히 볼리바르 주의 주도로서, 그리고 오리노코 강 하류의 평원지대와 동쪽의 과야나 지역으로 가는 관문으로서 얼마간의 중요성을 지니고 있다. 도시 건너편으로는 시우다드 과야나로 가는 거대한 자동차도로가 나 있는데, 시우다드 과야나는 베네수엘라 최대 공업계획단지의 중심지이다. 전성기의 소련을 연상시키는, 영웅적이고 개척자적인 느낌을 풍기는 이 도시는 특히 베네수엘라의 중공업 발전과 현대경제에 필수적인 에너지 공급을 담당하고 있는, 한마디로 베네수엘라의 발전소라고 할 수 있다.

베네수엘라가 산유국이기 때문에 석유를 원료로 하는 화력발전소 건설로 만족할 것이라고 생각하기 쉽지만, 사실은 그렇지 않다. 오래 전부터 역대 정부들은 석유를 해외에 수출하고 국내에는 수력발전소를 짓기로 결정했었다. 현재 구리(Guri)의 카로니 강변에 있는 과야나 지역에는 세계에서 두번째로 큰 수력발전소가 있다. 이보다 큰 수력발전 시설은 브라질과 파라과이의 국경선에 있는 파라냐 강의 이타이푸 댐뿐이다. 과야나 지역에는 또 거대한 철광산과 국영 오리노코 제철소(Sidor)가 운영하는 대규모 제철소, 갓 생겨난 알루미늄 산업단지가 있다. 전권을 장악한 국가가 이 모든 것을 건설·운영하고 있다.

이런 거대한 사업을 경영하려면 전국 각지에서 대규모 노동력을 끌어와야 하기 때문에, 이 지역은 자연스럽게 각종 급진적 정책으로 유명해지게 되었다. 지난 30년 동안 역대 정부의 노동조합들과는 관계없이 독자적으로 발전해 온 이 지역의 막강한 노동운동은 지금 차베스 정부의 강력한 지지세력으로 되어 있다.

시우다드 과야나는 베네수엘라 특유의 정치조직인 '라 카우사 R'(La Causa Radical, LCR, 급진운동당)의 요람이기도 하다. 원래 1970년대 초에 결성된 급진운동당은 1997년에 차베스 연립정부의 주요 구성단체인 '만민을 위한 조국'(Pátria Para Todos, PPT)으로 발전했다. PPT는 정부의 몇몇 핵심 부서에 장관들을 파견하고 여러 가지 참신한 아이디어를 제공하고 있다.

급진운동당은 60년대의 공산당 소속 게릴라전사였던 알

프레도 마네이로에 의해 70년대 초에 창당되었는데, 마네이로의 그룹 역시 테오도로 페트코프의 MAS처럼 게릴라전쟁이 끝난 1970년에 공산당에서 이탈했다. 1939년에 태어난 마네이로는 공산당 중앙위원 겸 동부전선 게릴라 사령관이었다. 60년대 말에 당이 분열되었을 때 마네이로는 중소분쟁에서 중국의 입장에 가까웠는데, 이것은 유럽식 사회민주주의를 지향한 페트코프 등의 반대파와 근본적으로 다른 점이었다. 마네이로의 문하생 가운데 한 명이 노동운동 조직가로서 초기에 차베스의 유명한 민간 출신 지지자였던 파블로 메디나이다. 1999년에 메디나는 제헌의회 의원으로 선출되지만, 그후 야당으로 돌아선다.

마네이로 그룹은 1971년 1월에 MAS 조직에도 참가하지만, 곧 결별하고 새로운 방향을 모색했다. 마네이로는 60년대의 구 공산당을 강도 높게 비판했는데, 반드시 이념문제 때문만은 아니었다. 그는 정당의 유효성 자체에 의문을 제기하기 시작하였으며, 곧 이어 그와 같은 조직건설에 반대하는 이념적 입장을 공식화했다. 여러 편의 글을 모아 1971년에 출판한 『부정적 노트』(*Notas Negativas*)에서 마네이로는 "베네수엘라 83"이라는 새로운 좌파 민족주의 단체의 정치적 명제를 제시하며, 이것이 '라 카우사 R' 운동의 시발이 된다.

'83'이라는 숫자는 1983년을 의미하는 것이었다. 1944

년에 체결된 협약조항에 따르면, 그로부터 10년 후인 1983년에 베네수엘라의 외국계 석유회사들은 석유채굴권을 베네수엘라 국가에 넘기도록 되어 있었다. 이는 베네수엘라의 민족주의적 여론이 고대해 마지않던 대사건이었다(실제로는 포퓰리즘 선동정치가인 카를로스 안드레스 페레스 대통령이 석유회사의 국유화시기를 1976년으로 앞당겼다).

마네이로는 정당구조를 만들지 않고 민중의 저항운동을 이끌어낸다는 매우 독창적인 정치적 목표를 제시하였는데, 역사학자 마르가리타 로페스 마야는 그의 구상을 이렇게 설명한다.

그는 다음과 같이 말했다. 비상하고도 자발적인 대중역량을 동원할 정치적 틀을 만드는 것과 다양한 형태의 수많은 대중운동에 참여하는 것 모두가 필요하다. 그러나 그것은 대중 스스로 자신들의 정치적 방향을 결정할 수 있다는 확고한 신념을 가지고 수행되어야 한다. 특정한 정치구조를 가지고 출발하기보다는, 대중운동은 일반 구성원들 중에서 새로운 지도부를 구성하는 과업을 수행할 역량이 있음을 신뢰하는 것이 중요하다.

이 흥미롭고도 혁신적인 정치철학을 공식화하여 정착시킨 마네이로와 그 그룹은, 궁극적으로 전위지도부가 등장할 수 있을 것으로 보이는 3개 부문에 집중하기로 결정했다. 첫번째 부문은 카라카스의 중앙대학을 근거지로 한 학생운동이다. 이 대학의 좌파지지 전통은 1968년은 물론이고 1958년, 1928년, 1918년의 세대로까지 거슬러 올라갈 정도로 뿌리깊다. 대중 저항운동의 두번째 부문은 약 100만 명의 잡다한 주민이 살고 있는 카라카스의 서쪽 교외구역으로, 상당한 대중투쟁의 전통을 지닌 카티아 지역이었다.

대학과 카티아 지역 등 이 두 전선에서의 정치활동은 처음에는 성공적이었지만, 결국 정치적으로 아무런 소득이 없는 것으로 드러났다. 이에 따라 '라 카우사 R'은 마네이로가 선정한 세번째 부문, 즉 시우다드 과야나의 국영제철소(Sidor)를 중심으로 한 노동운동에 총력을 기울였다. 장기간의 파업을 통해서 단련된 이곳 노동자들은 정치의식 수준이 매우 높아, 민주행동당이 장악한 어용노조에 대해 비판적이었다. 마네이로의 철학은 이곳에서 실험되어, 만족할 만한 성과를 거두었다.

국영제철소와 카로니 강의 대형댐 등, 시우다드 과야나의 대규모 공공사업은 일찍이 1950년대의 페레스 히메네스 장군 시기에 이루어진 결정의 산물이었다. 모두가 잊고 싶어하는 인물인 독재자 히메네스는 스페인에서 망명생활을 하다가 2001년 9월 86세의 나이로 사망했다. 카라카스의 미라플로레스 대통령궁에는 역대 대통령의 초상화들이 진열되어 있는데, 로물로 가예고스(1948년에 실각)의 초상화까지 죽 이어지다가 바로 로물로 베탕쿠르트(1958년에 집권)의 초상화로 넘어간다. 이 사이 10년 동안 집권했던 독재자 페레스 히메네스는 기피인물로 역사에서 말살되어 버린 것이다. 그럼에도 히메네스는 그후 50년 동안 베네수엘라 경제에 영향을 끼친 여러 가지 중요한 결정을 내린 사람이었다.

차베스의 초기 정치자문 중 한 사람인 루이스 미킬레나는 흥미롭게도 페레스 히메네스에 대해 모호한 태도를 취했다. 히메네스 정권 때 그 자신이 피해자였으면서도, 미킬레나는 그의 업적을 평가했다.

독재는 그 당시 민주행동당 지지자들이 생각했던 국가보다는 진전된 개념이었다. 그의 통치기간 때 7년 동안 감옥에 갇혀 있었던 사람으로서 내가 말할 수 있는 것은 페레스 히메네스는 국가발전의 기초를 닦았다는 것이다. 이 기간 동안 철강산업이 발전했고 전국에 주요 도로가 건설되었으며, 종전에 볼 수 없었던 국가장래에 대한 계획과 개념이 만들어졌다.

이러한 구상들은 매우 중요하며, "차베스가 민주적 방식을 통한 새로운 국가건설의 구상을 제시함으로써" 비로소 재현되었다고 미킬레나는 주장했다.

페레스 히메네스 정부가 구상한 베네수엘라의 산업개발은 단순 소박했다. 값싼 철광석과 보크사이트와 값싼 전기에다 오리노코 강의 값싼 운송비가 보장되고 미국이라는 큰 시장까지 옆에 있으니 앞날은 창창해 보였다. 하지만 시우다드 과야나의 국영기업들은 역대 정부의 끝없는 골칫거리가 되었고, 소련과 마찬가지로 국가자본주의의 약점이 갈수록 분명히 드러났다.

이 나라의 막강한 국가개발기관(CVG)은 부패하고 관료화된, 국가 안의 국가가 되었다. 산업개발의 재원은 유전 임대료로 충당되었으나, 1980년대에 석유가격이 폭락하자 과야나 지역의 경제적 몰락은 점점 더 분명해졌다.

겉으로 보기에는 별로 달라진 것이 없었다. 고속도로는 사방으로 뻗어가고, 거대한 제철소는 여전히 열심히 돌아가고, 전설적인 구리(Guri)의 댐은 공사가 한창이었다. 그러나 그 내막을 들여다보면 거의 파산지경에 이르렀다는 것이 그대로 드러났다. 오일달러는 노조(사실상 지역의 정당 지부)와 결탁한 지역 내 집권정당으로 흘러 들어가 엄청난 과잉고용을 방치토록 했고, 상환방법은 생각해 보지도 않은 채 빚은 자꾸만 쌓여갔다. 국영제철소(Sidor)는 경제적 타당성을 무시하고 6천 명을 초과 고용하고 있었으며, 구리의 수력발전소는 전기요금을 인상하지 않으면 생존할 수 없는 상태였다. 그 밖의 공장들에도 대규모 신규투자가 필요했지만, 국가는 그런 여력이 없었다. 외국인 투자를 유치해야 할 상황이었지만, 그러기 위해서는 효율성을 높이고 경쟁력을 강화해야 했다── 이것은 국가의 혜택에 익숙해진 베네수엘라 사람들에게는 일대 변화를 의미했다.

이 나라의 노동자들은 갑자기 '라 카우사 R'의 말에 귀를 기울이기 시작했다. 파블로 메디나는 이미 여러 해 전 1972년 1월부터 국영제철소에 활동가로 파견되어 있었다. 그 당시 이곳의 정치활동 풍토는 매우 순조로웠다. 신도시 시우다드 과야나는 전국 방방곡곡에서 미조직 노동자들이 몰려들어서, 독창적인 노조조직의 성장 가능성이 날로 커지고 있었다. 메디나는 야간근무조로 제철소에서 일하고, 낮에는 민주행동당 산하의 어용노조를 강력하게 비판하는 신문『엘 마탄세로』(*El Matancero*)를 발간했다.

마르가리타 로페스 마야는 이들 초기 활동가들을 소개하면서, 메디나의 신문이 이전에는 소홀히 취급했던 정치투쟁 영역에 뛰어들게 된 과정을 다음과 같이 설명한다.

『엘 마탄세로』는 부패한 전통적 조합주의에 대항하여 싸웠으며, 노동자들에게 영향을 끼치는 노동조합의 의사결정 과정──

일찍이 이 나라에서는 알려져 있지 않던 것이다—과 작업조건 및 안전에 관한 의사결정 과정—다른 노조지도자들이 한 번도 제기하지 않았던 주제이다—에 민주적으로 참여할 노동자의 권리를 위해 투쟁했다.

일찍부터 LCR 운동에 참가하여, 새로운 지도력은 투쟁 속에서 형성되어야 한다는 마네이로의 큰 뜻을 실현시켜 준 사람은 다름아니라 전기공 출신으로 이후에 좌파의 대통령후보로 나서는 안드레스 벨라스케스였다. 또 한 사람은 5년간 정치활동을 하다가 1977년에 철강노조(Sutiss)의 선출직으로 뽑힌 테요 베니테스였다.

『엘 마탄세로』와 결합된 활동가들은 거의 10년 동안의 정치활동 끝에, 일시적인 돌파구를 마련했다. 1979년의 노조선거에서 벨라스케스를 비롯한 『마탄세로』 쪽 후보자들이 철강노조의 과반수를 차지한 것이다. 그러나 2년 후 1981년에 민주행동당이 장악하고 있던 산별노조 철강연맹(Fetrametal)이 개입하면서 벨라스케스와 베니테스는 제철소의 일자리를 잃고 말았다. 이렇게 해서 LCR은 퇴조기에 접어들었고, 얼마 후 1982년 11월에는 창설을 주도했던 알프레도 마네이로도 45세의 나이로 사망했다.

그로부터 여러 해 지나서 철강노조는 노조의 독립성을

되찾게 되며, 1988년에는 『마탄세로』의 후보자들이 다시 승리했다. 이제 상황은 역전되어 LCR은 처음으로 전국적으로 두각을 나타내기 시작하였다. 1988년 총선에서 LCR 후보 3명이 의원으로 당선되었으며, '카라카소'가 발생한 지 9개월이 지난 1989년 12월에는 안드레스 벨라스케스가 볼리바르 주지사로 당선되었다. 3년 후 1992년 12월에는 벨라스케스의 재선 외에도, LCR 활동가로서 차베스의 쿠데타를 은밀하게 지원했던 교원노조 출신의 아리스토불로 이스투리스가 카라카스 시장에 당선되었다. 그리고 1993년 12월의 대통령 선거에서 벨라스케스는 총투표수의 22% 지지를 획득하였다. 실로 그것은 대단한 승리였다.

1990년의 벨라스케스 강령은 그 당시 LCR의 전국적인 야심 몇 가지를 시사해 주고 있는데, 그것은 이후 차베스 정부에 주입된 구상을 맛보기로 제시한 것이기도 했다.

마르가리타 로페스 마야의 설명에 따르면, 이 강령은 다음과 같은 4가지 주요 지침을 담고 있다. 즉 민주주의 실천은 선거과정에서뿐 아니라 정부의 통치행위에서도 관철한다는 것, 부정부패는 척결해야 한다는 것, 그리고 특히 보건·교육·사회보장 등과 같은 공공서비스 부문의 권한과 투명성을 확보해야 한다는 것이다.

무엇보다도 과야나 지역의 개발과 관련된 네번째 지침은

당시 베네수엘라에서 일반적으로 인식되던 것과는 다소 다른 기준을 제시하고 있다.

LCR은 1차 산품(철광석, 알루미늄, 보크사이트)의 수출주도 산업과 관련된 대형 프로젝트를 유지하는 전략을 거부하고, 그 대신 중소 제조업체가 볼리바르 주 자체의 원료들을 가공하는 것을 목표로 해서 오리노코 강 하류지역의 활동에 집중하였다.

정부가 더 이상 지불보증을 해줄 수 없는 대형 프로젝트를 추진하기보다는 지방의 중소기업을 더 많이 육성해야 한다는 것이다. 바로 이것이 LCR이 차베스 정부에 물려준 지적 유산이었다. 어떤 사람들은 LCR이 노동자와 조합주의를 강조한다는 점에서 브라질 룰라 대통령의 좌파 노동자당과 유사하다고 주장하지만, 사실 LCR은 유럽, 그중에서도 특히 독일의 녹색당과 훨씬 더 일치한다. 어쨌든 LCR은 전통적인 좌파정당이 아니다.

1992년에 차베스의 쿠데타가 실패한 후, LCR은 가장 유명한 평당원의 한 사람인 프란시스코 아리아스 카르데나스의 지지를 확보했다. 볼리바르주의 혁명운동에서 차베스의 동지였으며 불발 쿠데타 때 마라카이보를 장악했던 아리아스 카르데나스가 1996년의 주지사 선거에 LCR 후보로 출마하여 고향 술리아 주지사로 당선되었다.

아마 이때가 일찍이 마네이로가 만들었던 조직의 절정기였을 것이다. 그후 LCR은 차베스 현상이라는 급류에 휩쓸렸다. 베네수엘라의 여느 정치운동과 마찬가지로 LCR 역시 예상치 못한 문제에 직면했다. 대통령 선거에 출마한 차베스를 지지할 것인가, 거부할 것인가?

1997년 2월에 LCR은 두 진영으로 분열되었다. LCR의 명칭을 고수하며 남은 세력은 소수파에 불과했고, 다수파는 '만민을 위한 조국'(Pátria Para Todos, PPT)이라는 새로운 조직을 결성했다.

또 이 분열로 안드레스 벨라스케스와 파블로 메디나가 대립하게 된다. LCR에 남은 벨라스케스는 알프레도 마네이로의 미망인 아나 브룬스위크의 지지를 받으며, 메디나는 아리스토불로 이스투리스와 알리 로드리게스 아라케와 알베르토 뮐러의 지지를 얻어 PPT를 결성해서 우고 차베스의 대통령 선거운동에 주력한다.

PPT는 1998년에 우고 차베스의 선거운동을 지원하기 위해 조직된 '애국의 극'(Polo Patriótico)의 중요한 구성단체가 되며, 차베스의 첫 대통령임기 동안에 적어도 5명의 PPT 구성원이 요직을 맡는다. 아리아스 카르데나스 장군은 술리아 주의 주지사로 선출되고, 60년대 게릴라 사령관 출신인 알리 로드리게스는 1999년에 에너지장관으로 입각하며 그리고 아리스토불로 이스투리스는 제헌의회 부의장, 파블로 메디나는 PPT 사무총장, 알베르토 밀러는 칠레주재 대사로 취임한다. 이 가운데 세 사람만이 21세기에 들어와서도 여전히 차베스의 충실한 지지자로 남아 있다.

-19-
차베스의 대선 승리

1994년 3월에 감옥에서 풀려난 차베스는 자신의 정치적 미래에 대해 깊이 생각하기 시작했다. 2000년 1월에 나와 가진 인터뷰에서, 차베스는 그때 이미 베네수엘라 대통령이 되기로 결심이 서 있었다고 말했다. 감옥에서 나와 가진 첫번째 기자회견에서 한 기자가 앞으로의 계획을 묻자, 차베스는 '집권하겠다'고 대답했다.

그는 처음에는 선거에 출마해야 할지 확신하지 못하고 있었다. 구체제는 너무나 부패해서 정치 초년생이 감당하기에는 벅찼다. 그래서 그는 우선 자신이 설정한 정치의제 가운데 기존 의회의 해산과 제헌의회 선출 등 두 가지에만 집중했다.

차베스는 친구이자 동료인 프란시스코 아리아스 카르데

나스가 1996년에 슐리아 주지사에 출마할 때도 반대할 정도로, 기존 정치체제에 대한 불신이 매우 뿌리 깊었다. 아리아스는 기대했던 차베스의 볼리바르주의 혁명운동-200(MBR-200)의 지원을 받지 못했지만 LCR의 지원으로 주지사에 당선됐다.

그러나 1997년 초부터 차베스의 입장이 바뀌기 시작했다. 그의 대중적 지지가 높아져 가는 가운데, LCR이나 MAS와의 대화도 무르익어 갔다. 1998년 대선을 앞두고 이 지지를 대선운동으로 결집시킬 시간은 꼭 2년밖에 남지 않았다. 하지만 대선을 6개월 앞둔 1998년 7월의 여론조사에서 차베스는 이미 45%의 지지를 얻고 있었다.

그는 먼저 군·민의 지지 아래 MBR-200을 정치조직으로 묶는 일에 착수하였으며, 1997년 1월에는 '2000년이 되기 전에' 집권하겠다고 발표했다. 그리고 4월에는 대통령 출마를 공식 선언했다.

그 달에 열린 MBR-200의 제1차 대회는 12월로 예정된 모든 선거(대통령, 국회의원, 주지사 및 시장 선거)에 후보를 내기로 결정했다. 차베스는 대의원들에게 이렇게 말했다. "베네수엘라의 집권을 둘러싼 투쟁은 두 극(極) 사이에서 벌어지게 될 것이다. 하나는 볼리바르주의 혁명운동이 이끄는 '애국의 극'이고, 다른 하나는 낡은 정당들이 이끄는 '민족

파멸의 극'이다."

한편 현역 및 퇴역 장교들이 참여한 MBR-200는 여러 가지 면에서 선거운동 조직으로는 적합하지 않다고 생각되었다. 내부에는 선거전략에 반대하는 세력도 있었는데, 일부 구성원들은 MAS와 LCR이 그랬던 것처럼 선거운동이 결국 MBR-200의 급진주의적 강령을 약화시킬 것이라고 주장하였다.

차베스 자신은 수많은 선출직을 뽑는 이번 선거의 기회를 놓치면 안 된다고 주장했다. 그러나 내부의 반대 목소리를 감안하여, 그는 MBR-200은 그대로 놔두고 선거운동을 꾸릴 새로운 정치단체를 조직하기로 결정했다. 이렇게 해서, 7월에 새로운 조직 '제5공화국운동'(Movimiento Quinta República, MVR)이 탄생했다. 베네수엘라는 새로운 공화국을 창건해야 하므로, 과거와의 완전한 단절을 나타내기 위해 이와 같은 이름을 붙였다는 것이 차베스의 설명이다.

1811년에 베네수엘라가 스페인으로부터 독립을 선언한 이후로 4차례의 공화국이 들어섰다. 이 가운데 1811년의 베네수엘라 국가연합과 1813년의 제2공화국은 독립전쟁 시기에 수립되었으며, 제3공화국은 1819년 '그란 콜롬비아'의 창설과 함께 수립되었다. 볼리바르 휘하의 호세 안토니오 파에스 장군이 1830년 발렌시아에서 수립한 제4공화국이 가장

장수했지만, 차베스는 "과두체제 지지자와 금융가들이 볼리바르와 수크레의 유골 위에 세운" 제4공화국은 볼리바르의 이념에 반대하는 보수파에 의해 항상 지배되어 왔다고 말했다.

이제 차베스가 수립하고자 하는 제5공화국은 베네수엘라의 140년 역사상 최초의 새 출발이었다. 그는 이 운동은 '민족적·민중적 성격'을 지닐 것이라고 말했다. 그는 이 운동은 볼리바르의 이념에 따라 건설될 것이라면서 이렇게 말했다.

그 임무는 민족공동체의 복지를 확보하고, 베네수엘라 국민들의 개별적·집단적 소망을 실현시키고, 나아가 조국의 최적의 번영을 보장하는 것이다.

혹자는 차베스가 프랑스에서 드골이 1958년에 수립한 제5공화국과 유사한 변화를 모색하는 것이라고 상상하고 싶겠지만, 대다수 베네수엘라 사람들은 마음속으로 제5공화국 구상이 천년왕국을 꿈꾸는 제5왕국파(기독교에서 하느님이 세운다는 영원한 왕국. 영국 크롬웰 시대의 급진좌파는 스스로를 '제5왕국파'라고 불렀다 - 옮긴이)와 다르지 않다고 생각했을 것이다. 실제로 20세기 말에 카라카스의 서점들에는 '새

시대'에 관한 책들이 넘쳐났고, 심지어 베네수엘라 백성은 하느님의 뜻을 이루기 위해 특별히 선택된 민족이라고 주장하는 책도 나왔다.

17세기 영국에서 정치활동을 한 '제5왕국파'는 바빌로니아와 페르시아, 그리스와 로마의 4개 왕국에 이어 곧 성자들의 통치가 이루어질 것이라고 믿었다. 이 유토피아에서는 십일조가 폐지되고, 법령이 개혁되고, 부자가 겸손해지고, 가난한 사람은 높여진다는 생각이었다. 구악과 부패를 물리치고 새로이 출발한다는 천년왕국설을 연상시키는 차베스의 생각은 기독교 개신교와 제7안식일 재림파의 설교에 익숙해 있던 수많은 베네수엘라 사람들과 코드가 맞았을 것이다.

예수재림설은 제3세계에 비교적 공통적으로 나타나는 것이지만, 차베스의 운동도 부분적으로 최근 베네수엘라 등 라틴아메리카 나라들에서 유난히 극성스럽게 늘어나고 있는 복음주의 개신교를 받아들인 하층민들을 겨냥한 측면이 있다. 일부 차베스 선거포스터들에 나타난 차베스 사령관의 모습은 복음주의 교파가 배포하는 재림 예수의 그림과 구별하기 힘들었다. 차베스는 평소 연설할 때 고통과 사랑과 구원을 내세우는 복음주의 전도사의 수사를 구사하기 때문에, 그의 대중적 인기가 지닌 천년왕국설적 성격도 과소평가할 수 없을 것이다.

처음에 '제5공화국운동'은 아주 소규모였다. 초기 회원 가운데 약 60%가 볼리바르주의 운동에 참여했던 군 출신이었고, 나머지 40% 가량이 다양한 이념을 지닌 민간인들이었다.

선거의 해인 1998년 초부터 선거운동이 시작되었다. 다른 정당들이 공식적으로 차베스에 대한 지지를 표명하기 시작했다. 3월에 LCR의 일파인 '만민을 위한 조국'(PPT)이 맨 먼저 지지를 선언하였고, 5월에는 사회주의운동(MAS)이 그 뒤를 이었다. 이 과정에서 두 그룹 모두 내분이 일어나, MAS는 '역사적'인 지도자 테오도로 페트코프와 폼페요 마르케스를 잃었고 PPT는 과야나 지역의 지도자 안드레스 벨라스케스를 잃었다.

새로 결성된 차베스의 연대조직 '애국의 극'(Polo Patriótico, PP)은 1970년대 초에 공산당에서 떨어져 나온 두 좌파정당 MAS와 LCR의 역사를 흡수함으로써, 서서히 독자적인 세력으로 커나갔다. 이때부터 좌익이념이 되살아나 풍부해지면서, 다듬어지지 않은 민족주의와 천년왕국적인 열정을 빼면 별로 구체적인 내용이 없었던 차베스의 제5공화국운동(MVR) 내부의 이념적 공백을 메워나가기 시작했다. 그러나 이것은 동시에 독자적인 좌익조직의 사망을 의미하는 것이기도 했다. 차베스가 확고하게 세력을 장악하고서 절반이 넘는 국민들을 이끌고 불확실하기는 하지만 분명히 긍정적인 방향으로 나아가는 마당에, 별도 정치조직의 필요성이 제기되기란 힘들었기 때문이다. 좌익조직들의 중요한 공적은 MVR에 각양각색의 좌파이념을 불어넣었다는 것이며, 그 대부분은 1995년에 차베스가 공표한 중요한 텍스트 「볼리바르의 대안적 의제」(Bolívarian Alternative Agenda)에 이미 그 윤곽이 드러나 있었다.

1998년 7월에 '애국의 극'(PP)은 핵심적인 정치적 연대의 문제를 토론하기 시작했다. 11월로 예정된 선거에서 참여조직들의 개개인을 의원, 주지사, 시장에 당선시키기 위해서는 어떻게 해야 할 것인가? 절박한 대동단결의 요구 때문에 이들은 소속정당에 대한 충성을 접고, 지역구마다 단일 후보를 내기로 합의했다.

차베스 지지가 더욱 확고하게 굳어지는 가운데 낡은 정당들은 갈수록 인기를 잃어갔다. 실제로 민주행동당과 기독교사회당(Copei)의 지도층은 독자적 대통령후보를 내기를 꺼렸다. 난데없이 차베스가 나타나 분명한 우세를 보이게 되자, 기독교사회당은 차베스를 누를 만한 외부인사를 물색하기 시작했다. 미인대회 여왕 출신으로 카라카스의 부유층 주거지역인 차카오의 개혁적 시장으로 성공한 이레네 사에스가 마땅한 후보로 떠올랐다. 선거를 6개월 앞둔 여론조사에서 이레네는 22%의 지지율을 나타냈고, 기독교사회당은 이레네를 지지하기로 결정했다.

그러나 이 결정은 한마디로 독약이 든 술잔이었다. 2개월 후 이레네의 지지율은 단 2%로 추락하였다. 사실 이레네 자신의 인기는 상당했다. 그녀가 추락한 것은 순전히 기독교사회당과의 잘못된 제휴 때문이었다. 정작 당의 인기가 얼마나 떨어졌는지 깨닫지 못한 기독교사회당은 즉시 미인대회의 여왕 출신을 포기하고, 대선을 불과 몇 주일 앞둔 시점에서 마지막 남은 보수당 '프로엑토 베네수엘라'의 대통령후보 엔리케 살라스 뢰머의 지지 쪽으로 선회했다. 이 마지막 단계에서 뢰머는 40%가 넘는 지지율을 기록함으로써 차베스를 바짝 뒤쫓고 있었기 때문이다.

선거운동 도중에 지지 후보를 바꾼 것은 그 후보의 당선 가능성을 높이기는커녕 오히려 지지율을 더욱 떨어뜨렸다. 기독교사회당의 공식 지지를 받는 것은 호소할 데도 없는 저주나 다름없었다.

기독교사회당이 이레네 사에스를 두고 추한 모습을 보였다면, 민주행동당의 배신은 더욱 가관이었다. 처음에 민주행동당은 다년간에 걸쳐 갈고 닦은 상당한 정치수완을 지닌 노련한 구 정객 루이스 알파로 우세로를 자체 후보로 내세웠다. 그러나 선거 한 달을 앞둔 1998년 11월에 알파로의 여론 지지율은 6% 대를 맴돌고 있었다.

민주행동당 지도부는 배를 갈아타기로 결정했다. 그들은 평생을 당과 함께한 알파로를 당에서 쫓아내고 기독교사회당과 마찬가지로 불운한 살라스 뢰머가 노를 젓는 구명정에 올라탔다. 가장 인기 없고 신뢰할 수 없는 이 무거운 맷돌 두 개를 싣고도, 12월 6일 선거에서 뢰머는 39%를 획득하여 운 좋게 2등을 했다. 그리고 이레네 사에스가 4%로 3등을 했고 그 뒤를 미미한 득표율의 알파로 우세로가 이었다. 56%가 넘는 득표율을 기록한 우고 차베스의 낙승이었다.

그중에서도 차베스 개인과 그의 제5공화국운동에 대한 지지표가 절대적이었기 때문에 '애국의 극'에 참여한 정당들은 완전히 압도당했다. 이 정당들이 차베스를 거들어주고 나아가 그에게 아이디어와 정강정책의 틀을 제공한 것은 사실이다. 그러나 그들은 사실상 필요 없는 존재였다. 차베스 혼자서도 이길 수 있었기 때문이었다.

차베스는 12월 선거에서 3,673,685표를 얻어 득표율 56.2%를 기록했다. 차베스와 연대한 정당들의 정당별 득표 상황은 다음과 같다.

제5공화국운동	2,625,839	40.17%
사회주의운동	588,643	9.00%

PPT	142,859	2.19%
베네수엘라공산당	81,979	1.25%
5개 군소정당	234,365	3.59%

이제 차베스는 개개 정치인과 정당들의 생살여탈권을 쥔 베네수엘라의 주역이 되었다. 그는 감옥에서 나와 4년 만에 대통령궁의 문턱을 넘었다. 구 정치체제는 철저하게 몰락하고, 완전히 새로운 시대가 막을 올리고 있었다.

V. 차베스의 집권

-20-
제헌의회와 새 헌법

1999년 2월 2일, 카라카스에서 우고 차베스는 라틴아메리카 국가들의 대통령이 참석한 가운데 베네수엘라 대통령으로 공식 취임했다. 그의 군사적 '개입'이 실패한 지 약 7년이 지나서였다. 취임 첫날에 차베스는 정부가 추진할 당장의 목표를 분명히 밝혔다. 그는 1961년 헌법을 개정하겠다고 했고, 또 '볼리바르 2000 계획'이라고 명명한 프로그램을 통해 군대를 국가의 사회·경제적 생활 속에 통합시키겠다고 했다. 그의 다른 야심들은 언급되지 않았다.

차베스는 대통령으로서의 첫 연설에서, 새 헌법을 기초할 제헌의회의 구성을 위한 선거실시 여부를 묻는 국민투표 시행명령에 즉각 서명하겠다고 밝혔다. 차베스 대통령은 군사독재를 준비하고 있다는 자신에 대한 오해를 불식시키기 위해, 처음부터 모든 문제를 국민의 뜻에 따라 처리하려고 했다.

1999년 4월에 말썽 많은 제헌의회 선거 여부를 묻는 국민투표가 실시되어 '찬성'이 유권자의 88% 지지를 얻었으며, 이어 7월에 제헌의원 선출을 위한 선거가 실시되었다. 무소속으로 출마한 차베스 지지자들은 91%의 지지율을 획득하여 총 131의석 중 119석을 차지했다. 마침내 1999년 12월에 제헌의회가 기초한 새 헌법안을 비준하는 국민투표가 실시되었고, 선거결과는 찬성 71%, 반대 28%가 나왔다. 그리고 2000년 5월에는 새 헌법조항에 따라 대통령을 포함한 전국의 선출직 공무원의 재신임 여부를 묻는 재선거가 실시될 예정이었지만, 미국에서 도입한 자동 투표시스템이 고장 나는 바람에 재선거는 7월로 연기되었다. 재신임을 묻는 선거에서 차베스는 유효표의 59%라는 더 높은 지지율로 재당선되었으며, 그의 정당 MVR-200은 새 국회의 과반수와 23명의 주지사 중 15명을 차지하였다(미국언론은 흔히 베네수엘라 의회라고 하지만, 1999년 신헌법에 의해 구성된 새 의회의 명칭은 '국회'이다).

1980년대부터 차베스가 일관되게 가지고 있던 생각은 낡은 헌법을 개정할 제헌의회를 구성한다는 것이었다. 그와 그의 지지세력은 이 일을 1998년에 선출된 의회에 맡길 수 없다는 분명한 인식을 가지고 있었다. 과거와의 완전한 단절이 필수적이라고 보았던 것이다. 이 제안이 새로운 아이디어처럼 보였지만, 실제로 1961년 헌법의 개정 가능성은 오래 전부터 검토되어 왔다. 오랫동안 정치체제의 위기가 계속되어 왔기 때문에 역대 정부들도 이에 대처하기 위해 개헌 가능성을 검토했으며, 특히 민주행동당의 하이메 루신치 대통령은 1984년 12월에 '국가개혁을 위한 대통령위원회'(Copre)를 구성하기도 했다.

그후 Copre는 민주행동당과 기독교사회당에 대한 국민의 불만을 보고하면서, 새로운 선거자금 운용방식, 당내 민주주의의 발전, 선거제도 개편, 정치적 분권화 등 일련의 개혁조치를 권고했었다. 이에 대해 루신치는 아무런 조치도 취하지 않았지만, 페레스 대통령이 1989년 이후에 이 제안들을 다시 끄집어냈다. 양대 정당만이 당선자를 낼 수 있게 되어 있던 폐쇄적인 선거제도는 유권자 자신이 실제로 누구를 찍는지를 알 수 있는 보다 개방적인 제도로 대체되었다. 그리고 주지사와 시장은 간단한 복식투표에 의한 무기명 직접투표로 선출하도록 되었다.

이 같은 개혁의 결과, 지방에서는 군소정당들이 수많은 당선자를 내게 되었다. 1989년 주지사 선거에서 LCR은 볼리바르 주에서, MAS는 아라과 주에서 승리하였으며, 두 정당은 의회에서도 소수 의석을 차지했다. 1992년 선거에서는 LCR이 카라카스에서 승리했고, 1993년 대통령 선거에서도 제3당이 크게 진출했다. 그러나 이 정도의 개혁으로는 높은 기권율에서 드러나는 전반적인 정치적 무관심을 해결할 수 없었다.

'카라카소' 이후의 위기감이 팽배했던 1989년 6월에 헌법 자체를 손질하여 국가를 개혁하려는 새로운 시도가 있었다. 먼저 루이스 미킬레나 등이 구성한 좌익 '애국전선'이 제헌의회를 소집하여 1961년 헌법을 개정하고 '새 공화국'을 수립하자는 요구를 내어놓았고, 이에 의회가 이 구상을 받아들여 전 대통령 칼데라를 위원장으로 하는 '합동개헌특별위원회'를 설치했다. 그러나 좌익 쪽이 제안한 것이었지만, 정작 이 위원회는 의회의 다수를 차지한 민주행동당과 기독교사회당 등 낡은 정당 소속의원들이 지배할 수밖에 없었다.

위원회의 원래 목적은 기존 헌법에 대한 개혁방안을 제시하는 것이었으나 회의는 지루하게 시간만 끌었다. 그러던 중 차베스의 1992년 군사적 '개입' 후에 정치위기의 심각성이 다시 부각되자 논의에 속도가 붙었고, 새 헌법 문제가 전면에 부상했다. 이에 위원회는 더 극단적인 요구를 차단할 목적으로, 3월 말에 마침내 개혁초안을 발표했다.

초안을 둘러싼 의회의 심의가 몇 달 동안 계속되었지만,

토론이 지나치게 과열된 나머지 급기야 8월에는 심의 자체를 포기하고 말았다. 그리고 2년 후인 1994년 말 대통령 선거운동 기간중에 칼데라가 이 구상을 되살려보려고 했지만 뜻을 이루지 못했다. 결국 정치개혁의 핵심 문제로 헌법개정을 제기할 사람은 차베스뿐이었다.

차베스가 대통령으로 취임한 첫해는 여러 가지 사건이 숨 가쁘게 진행되었다. 1999년 4월에 최초의 국민투표가 실시되었고, 7월에는 제헌의회 선거가 실시되어 8월 3일에 둥근 지붕의 상원의사당에서 제헌의회 첫 회의가 열렸다. 의장으로는 미킬레나, 부의장으로는 아리스토불로 이스투리스가 선출되었다.

8월 5일에 제헌의원들은 최단시일 내에 새 헌법을 만들어달라는 차베스의 장황한 연설을 들었다. 여기서 차베스는 제헌의원들의 작업을 돕기 위해 자신의 초안을 제시하고는, 이어 1819년 앙고스투라에서 열린 최초의 베네수엘라 의회에서 행한 볼리바르의 연설을 상기시켰다.

우리의 기존 법령은 고금의 모든 전제정권에서 비롯된 참담한 유물들입니다. 우리 모두 이 괴물 같은 구조물을 무너뜨려 짓부수도록 합시다. 그리하여 그 폐허에서 멀리 떨어진 곳에 정의의 전당을 세우고, 그 신성한 영감을 입어 신생 베네수엘라 법전을 구술받도록 합시다.

이튿날 오전에 개최된 제헌의회 본회의는 야당 쪽의 능숙한 연사 네 명이 회의진행을 주도했다. 그 면면을 보면 옛 트로츠키파 선동정치가인 알베르토 프란세스치, 명석하지만 지난 수십 년 동안 정치적 입장이 왔다갔다해서 종잡을 수 없는 언론인 호르헤 올라바리아, 베네수엘라 헌법학계의 최고 권위자이자 신뢰할 수 없는 값비싼 투표계산기를 도입한 장본인으로 소문난 알란 브류어 카리아스 그리고 네 명 가운데 유일한 직업정치인으로 1993년에 민주행동당 대통령후보로 출마했던 '엘 네그로'라는 별명의 클라우디오 페르민 등이었다. 그러나 토론이 진행되는 동안, 대부분의 제헌의원들은 어리둥절하여 침묵을 지키고 있었다.

결국 본회의는 중단되고 헌법 조문별로 21개의 전문가위원회가 구성되어 개념정의와 문안정리를 담당하기로 했다. 이 가운데 헤르만 에스카라를 위원장으로 해서 구성된 한 위원회는 외부에서 들어오는 제안과 요구 사항을 다루었다.

한 가지, 그것도 거리에서 결정해야 할 문제가 남아 있었다. 7월에 선출된 제헌의회와 전해 11월에 선출된 구 의회(상원과 하원)는 어떤 관계인가?

대부분의 법률가들은 제헌의회를 국가의 최고기관으로

인정하고 있었으며, 차베스 대통령과 제헌의회 의장 미킬레나 역시 새 헌법에 대한 국민투표가 실시될 때까지 신·구 의회가 평화공존하기를 희망했다.

그러나 8월에 접어들면서 사법부의 장래를 둘러싼 논쟁이 불거졌다. 8월 25일 차베스는 '사법부 비상사태'를 선포하고 대법원 해산 권한을 가지는 9인 위원회를 임명했다. 대법관 15명 중 8명은 이 긴급명령을 지지했으나 대법원장 세실리아 소사는 격렬히 반대하며 사임했다. 이제 대법원은 죽었고 이 나라의 민주적 체제는 위험에 빠졌다고 그녀는 선언했다.

이번에는 여전히 의회의 다수 의석을 차지한 구 정치엘리트들이 구 의회와 제헌의회 간의 대결을 부추겼다. 그들은 8월 27일 대법원장 사임 문제를 심의하기 위한 임시회의를 소집했다. 누가 보더라도 이 결정은 차베스와 제헌의회를 자극하기 위한 것이었다. 군대가 의원들의 등원을 막자 거리에서 격렬한 항의시위가 벌어졌고, 양측의 지지자들이 충돌하기에 이르렀다.

사태가 진정되고 교회 지도자들이 주재한 몇 차례 토론이 열린 후, 제헌의회는 의회가 9월 9일에 재소집하는 것을 받아들이고 그대신 의회의 과반수를 차지한 반차베스 의원들은 제헌의회 업무를 방해하게 될 법령을 통과시키지 않겠다고 약속했다.

한편 차베스는 개헌을 위한 사전공작을 마무리 짓고 난 후 아시아의 정치·경제적 지원을 얻기 위해 장기간의 해외여행에 나서 일본·말레이시아·중국을 순방하고, 마드리드와 파리를 거쳐 귀국했다.

차베스가 카라카스로 돌아왔을 때, 제헌의회는 그가 동의할 수 없는 여러 헌법조문들을 막 승인하려던 중이었다. 그중에서도 특히 언론의 자유와 (낙태의 자유를 포함한) '출산의 자유'에 관한 두 조항은 외국언론과 가톨릭교회(비록 엉뚱하기는 하지만 강력한 동맹세력이었다)의 분노를 사기에 충분했다. 게다가 제헌의회는 차베스의 지론인 국호변경(베네수엘라 볼리바르주의 공화국 the Bolivarian Republic of Venezuela)도 거부했다. 겉보기에는 대수롭지 않은 것 같지만, 사실 국호변경 속에는 라틴아메리카의 미래에 관한 그의 야심찬 구상이 담겨 있었다.

평론가 셀리나 로메로는 "이러한 이행기에 국제사회의 감시가 중요한 역할을 하게 된" 과정에 주목하였다. 그는 어떻게 "궁지에 몰린 야당이… 국제적 연줄과 언론매체"를 활용해서 이른바 "41년 역사의 민주적 체제를 해체"시키려는 음모라고 매도해 나가는지 그 과정을 추적하였다. 이것은 이후 전개되는 사태의 전조였다.

차베스는 이런 공갈협박에 굴하지 않고 사태의 추이에 불만을 표시하기 위해 카라카스에 몰려든 각종 국제단체들을 엄하게 다루었다. 게다가 새 헌법초안의 일부 조항들은 특정 이익집단들의 비위를 거스를 수 있었기 때문에, 차베스는 매우 어려운 상황에 놓여 있었다. 그래도 그는 '주권기관'인 제헌의회가 하는 일에 공개적으로 개입하기를 원치 않았다. 마침내 위기가 진정되고 문제의 조항들은 완화되었으며, 차베스의 뜻대로 '볼리바르주의' 공화국으로의 국호변경은 관철되었다.

10월 중순에 헌법초안이 마련되었다. 헌법조문은 한때 1천 조항이 넘기도 하였으나 점차 다듬어져 450조항으로, 그리고 최종적으로 396조항으로 축소되었다. 제헌의회는 불과 한 달 사이에 본회의를 열고 축조심의하여 문안을 최종적으로 다듬었다. 마침내 11월 12일에 모든 작업이 마무리되었고, 1999년 12월 15일 헌법초안은 국민투표에 부쳐졌다. 개표가 진행될 무렵부터 비가 내리기 시작했다.

개표결과는 '찬성' 71%, '반대' 28%였다. 이로써 차베스 대통령은 나라를 새로운 방향을 이끌어갈 수단을 확보하게 되었다. 그런데 본격적으로 폭우가 쏟아지기 시작했다.

-21-
하늘이 열리던 날

베네수엘라에서는 보통 11월 말에 우기가 끝나지만, 1999년의 경우처럼 12월 중순에 폭풍이 해안지방을 강타해도 사람들은 크게 신경 쓰지 않고 그저 계절의 마지막 심술이겠거니 여기곤 한다. 카리브해 국가들에서는 열대성 폭풍과 변덕스러운 날씨가 다반사이고 이로 인해 심각한 재난이 발생하기도 하지만, 한 지방의 재난으로 국가 비상사태를 선포하는 경우는 드물다. 그날 1999년 12월 15일에도 온 국민의 관심은 폭풍이 아닌 다른 데 쏠려서, 국민투표를 지켜보고 있었다.

지난 몇 주일 동안 비가 내린 데 이어 또다시 폭우가 쏟아져 강물은 걷잡을 수 없이 불어났다. 12월 16일 이른 아침에, 카라카스 북쪽 공항 근처의 해변 휴양지 위로 높이 솟은 아빌라 산이 말 그대로 폭발했다. 아빌라 산의 북쪽 경사면에서 산사태가 일어나 무수한 사람과 건물들을 실은 흙더미가 바다로 밀어닥쳤다. 카라카스에도 사상 최악의 홍수가 일어나 인명과 재산 피해가 속출했다.

수천 명이 사망하고 수만 명이 집을 잃었으며, 공항은 몇 주일 동안 폐쇄되었다. 라 과이라의 컨테이너항은 완전히 박살이 나서 컨테이너들이 판지상자처럼 떠돌아다니다가 일부는 바다로 떠밀려가고 또 일부는 도시의 상점들처럼 약탈당했다.

얼마 후 아빌라 산의 산사태는 베네수엘라가 겪은 20세기 최악의 자연재해로 평가되었다. 입심 사나운 한 가톨릭 주교가 이 사태는 하느님이 정부에 내린 심판이었다는 취지의 말을 했다가 외무장관 비센테 랑헬로부터 호된 질책을 받았다. 랑헬은 우리 사회의 가장 가난한 사람들에게 보복을 가하는 하느님이라면 그 하느님은 필시 가혹하기 짝이 없을 것이라고 응수했던 것이다. 또 어떤 사람들은 과거 시몬 볼리바르의 시대에도 친스페인 입장을 취했던 가톨릭교회가 1812년의 카라카스 지진을 빌미삼아 독립운동 지도자들을 매도한 적이 있었다고 지적했다.

거의 차베스 지지자 일색인데다 국민투표 결과에 한껏 고무되어 있던 제헌의회는 대통령에게 비상대권을 부여했다. 차베스는 8년 전 1992년의 군사적 '개입' 당시에 입었던 위장군복와 붉은 베레모 차림으로 직접 구조활동에 나섰다. 군 장교 출신의 대통령이 나라를 운영하는 장점이 드러나는 것 같았다.

축구 경기장과 스타디움들은 개방되어 임시 난민수용 시설들이 설치되고, 군사시설 주변의 공터에는 천막이 들어섰다. 군인들은 급식소를 운영하고 난민들이 기거할 집을 짓기 시작했다.

맨 처음 발표된 사상자 숫자는 놀랄 만큼 많았으나, 한 달 후에는 사망자 1만 5천~2만 명, 이재민 10만 명 정도로 좁혀졌다. 피해의 집계가 이처럼 모호한 것은 제3세계의 여느 나라들과 마찬가지로 베네수엘라에서도 인구조사가 부실하고 토지대장이 없는 경우가 많아서 바다로 쓸려나가거나 흙더미에 파묻힌 사망자를 집계할 방법이 없기 때문이다. 그러나 정부는 상당한 능력을 발휘해 신속하게 조치를 취해 나갔다.

1월 중순에 미국이 군인과 불도저 등 장비를 가득 실은 선박 두 척을 보내오자, 베네수엘라는 불도저 몇 대쯤은 상관없지만 수백 명의 군인은 도가 지나치다며 사양했다. 공개적으로 드러내지는 않았지만, 내로라는 혁명정부가 어떻게 수도에서 불과 반시간 거리의 해변에서 제국주의 군대가 상륙연습을 하게 내버려둘 수 있겠느냐, 하는 속내였다.

나는 12월의 비극이 일어난 지 몇 주 후에 차베스를 만나러 가서 이야기를 나누었다. 그는 새삼스러운 일은 아니었고 그 규모가 문제였다고 말했다. "해마다 우기에는 100명 정도가 사망하는데, 이번에는 그 수가 1만 5천 명이나 되었어요. 우리는 여러 해 전부터 국민들에게 홍수피해를 경고해 왔습니다." 또 차베스는 베네수엘라 북부의 인구과밀 지역은 "매우 우려스러운 지진지대"일 뿐 아니라 언덕배기의 판자촌은 "엄청나게 많은 사람들이 밀집해 있는 곳"이라면서 "지난 20~30년 동안 카라카스에서 수천 명의 이재민이 발생했는데도 어떤 정부도 종합 개발계획을 세울 생각을 하지 않았다"고 말했다.

종합 개발계획은 차베스가 1990년대부터 줄곧 생각해온 구상이었다. "우리는 이 문제를 감옥에서도, 아니 그 이전부터 토론했습니다. 우리의 기본 구상은 나라를 탈집중화하고 인구를 분산시켜 인구이동을 역류시킨다는 것이었는데, 우리는 지금 바로 이 구상을 실천에 옮기려는 것입니다."

그는 연필로 열심히 지도를 찍어가면서 말했다. "우리는 모든 것을 역류시킬 겁니다. 교육은 '저곳'으로 가고, 병원은 '저곳'으로, 스포츠는 '저곳'으로 가고, 또 '저곳'에서는 사람들이 일할 수 있도록 땅을 제공할 겁니다."

차베스는 역대 정부들도 이런 방향으로 노력했지만 성과가 없었다고 말했다.

"하이메 루신치 대통령 시절, 내가 육군대위로 콜롬비아와 접경한 아라우카 강 남쪽에서 근무할 당시에, 그곳에 푸에블로 볼리바르라는 정착촌이 건설되었습니다. 다른 사람들과 함께 나는 늘 이 사업이 잘 안 될 거라고 주장했지요. 그 사람들은 한여름에 아라우카 강둑에 마을을 만들어놓고 사람들을 이주시켰지요. 사실상 강제로 이주시켰어요.

…하지만 그곳은 경제활동이 전연 없는 완전히 억지로 꾸민 장소였어요. 그런 곳이 마을이라면, 사람들이 도대체 어디에 가서 일한단 말입니까? 겨울철에는 도로가 물에 잠기고, 주민들은 가축이며 땅도 없고, 신용대출도 못 받고… 학교는 지어주었지만, 선생은 오지 않았어요. 주민들은 하나둘 살길을 찾아 다른 곳으로 떠나기 시작했습니다."

차베스 정부는 대안을 갖고 있었다. 농장, 주택, 창고, 초미니 기업, 학교, 병원 등을 갖춘 개발 '종합센터'를 건설한다는 것이었다.

차베스 정부가 제시한 초기 프로젝트들 중 하나가 '지속 가능한 농공 정착촌'(Poblaciones Agro-Industriales Sustentriales, PAIS) 건설 프로젝트였다. 차베스에 따르면 첫해에는 카라카스 인근의 여러 지역에서 몇 가지 시범사업을 벌였는데, '12월의 대재해'가 이 프로젝트에 박차를 가할 수 있는 전화위복의 계기가 되었다.

"사실 지난해에는 도시를 떠나지 않으려는 사람들도 있었습니다. 지금까지 속기 일쑤였으니까 의심을 가질 만도 하지요. …지금은 적어도 10만 명이 자연의 힘 때문에 이주를 할 수밖에 없게 되었습니다. 게다가 이번에는 빈말이 아니라는 것을 알았던 거지요. 사람들은 그동안 얼마나 큰 위험을 무릅쓰고 살아왔는지 절실히 깨달은 것입니다. 난생 처음 죽음이라는 것을 경험했고, 가족을 땅에 묻어야 했으니까요…."

정부는 기존 계획들의 추진에도 속도를 내기 시작했다. 동부의 쿠마나 지역에서 주택건설 사업을 벌이고 수천만 달러를 들여 해변을 청소했다. "이곳은 어업과 관광 사업은 물론이고 농사짓기에도 좋습니다"라고 차베스는 말했다.

오리노코 강 남쪽의 구리 수력발전소에도 대규모 부지가 선정되었는데, 댐 건설공사에 동원되었던 노동자들이 살던 주택들이 빈 채로 남아 있었다.

"나는 카라카스 스타디움에 수용되어 있는 1만 명의 홍수 이재민들을 찾아가서 구리 지역에 관해 이야기했습니다. 우선 그곳이 어디 있는지부터 설명해야 했지요. 그 가운데 두 사람이, 아마도 술에 취한 것 같았는데, 그 자리에서 '좋다

구리로 가겠다' 하고 나서더군요. 그리고 2주일 동안 사진과 비디오 등으로 홍보활동을 벌인 후에 사람들이 현장을 보러 갔습니다. 나는 사람들에게 가서 보고 싫으면 가지 않아도 된다고 말했습니다. 현장방문은 성공적이었어요. 사람들이 가보고 좋아했습니다.

우리는 약 2만 명 규모의 공동체를 건설했어요. 가겠다는 사람이 너무 많아 제동을 걸어야 할 정도였지요. 개인적으로 여러 가지 비극을 겪으며 살아온 사람들이 이제는 전에 댐 건설 노동자들이 살던 집과 아파트를 새로 단장하고 리모델링하고 있습니다. 이 고장은 자원이 풍부한 지역이어서, 사람들이 그곳에서 일도 하고 그 지방에서 나오는 나무로 가구도 만듭니다. 학생들은 전부터 있던 중학교에 다닙니다. 이 고장 학교에는 빈 교실들이 많아요."

차베스는 지금 정부는 공장을 짓기 위한 부지를 물색중이라고 말했다. 댐 건설로 만들어진 거대한 호수가 있기 때문에 주택단지 주변의 드넓은 땅은 농사짓고 고기잡이하기에도 적당하다. 또 이 지역과 인근의 대초원 지대에 폭포가 있어서, 스포츠 관광 등 각종 관광산업도 가능하다.

물론 이와 같은 것들은 비상사태하의 임시사업이지만, 차베스가 추진하려는 보다 종합적인 프로젝트에도 딱 들어맞는 사업이다. 이런 사업들이 제대로 추진되어야 하는 것은,

여전히 카라카스가 언제라도 폭발할 수 있는 화약고이기 때문이다. 베네수엘라는 아득한 옛날부터 늘 위기상태에 놓여 있었다. 지난 30여 년 동안 라틴아메리카에서 일종의 민주주의 전시장 역할을 했고 석유자원 덕분에 그래도 이 지역에서 가장 부유한 나라로 꼽힌다는 베네수엘라는 사실 불평등한 소득배분 때문에 폭발 위험성이 가장 큰 나라이다. 1970년대의 농촌에서 도시로의 이농현상은 80년대의 경기침체와 실업을 거치면서 90년대의 사회적 붕괴로 귀결되었다. 이 흐름을 역전시키기란 불가능하다고 말하는 사람들도 있을 것이다. 그러나 차베스는 그것이 반드시 필요하다고 생각한다.

차베스는 빈민촌 문제의 해결방안을 찾기 위해 매우 적극적으로 나서고 있는데, 그것은 홍수재해 때 언론보도에서도 드러났듯이 베네수엘라는 여전히 갱단과 약탈자들이 판을 치는 나라이기 때문이다. 빈민촌 청소년들의 난동은, 갈수록 노련한 수법으로 엄청난 규모의 나라재산을 도둑질하고 약탈하는 소수의 엘리트 부유층이나 기성세대의 행태를 그대로 모방한 것일 뿐이다.

이처럼 도의심을 상실하고 약삭빠르게 살아가는 사람들을 황무지를 개발하러 가는 이기심 없는 개척자로 변화시키기 위해서는 대단한 상상력과 그보다 더 많은 신뢰감을 심어주어야 한다. 차베스의 실험대상이 된 이들 홍수 이재민들에게는 선택의 여지가 별로 없었다. 20년마다 바닷물에 휩쓸려 가는 판자촌에서 카리브해를 내려다보며 그대로 살 것인가, 아니면 온갖 해충과 질병을 무릅쓰고 역사상 한번도 대규모 주민이 살아본 적이 없는 머나먼 오리노코 강변으로 이주해 갈 것인가? 거리에서 잡동사니나 팔며 카라카스의 빈민촌에서 친구와 이웃들에 둘러싸여 살아갈 것인가, 아니면 인정 많은 정부가 집과 땅과 일자리까지 제공해 주는 시골에 가서 살 것인가? 실로 어려운 선택이 아닐 수 없다.

-22-
자생적 농업을 위한 계획

나는 직행 리무진 승용차 한 대를 세내어서 오리노코 강의 모래땅 지역을 둘러보았다. 처음부터 그럴 생각은 아니었지만, 카라카스의 버스터미널 바깥에 주차해 있는 그 승용차를 보니 유혹을 뿌리치기가 힘들었다.

애초의 나의 계획은 베네수엘라의 양대 하천인 오리노코 강과 아푸레 강의 합류지점에 있는 잊혀진 도시 카브루타를 가는 것이었는데, 그곳으로 가는 버스는 야간에만 다닌다고 했다. 베네수엘라의 광활한 대평원 '야노스'는 낮에는 너무 뜨겁기 때문에 그곳 지리를 잘 아는 운전사들은 시원한 밤에만 운행한다는 것이었다. 나는 무려 여덟 시간 동안을 버스 안에서 잠이나 잘 생각은 없었다. 대평원을 보고 싶었다.

원주민 특유의 검은머리를 길게 늘어뜨린, 뚱뚱하고 쾌

활한 운전사 가브리엘의 제안이 해답이 될 것 같았다. 포장도로 한쪽에 리무진을 자랑스럽게 주차해 놓고 있던 그가 아예 오리노코 강까지 장거리를 50달러에 태워다 주겠다고 나섰던 것이다. 한 가지 사소한 문제는, 그곳이 그에게도 초행길이었다는 점이었다. 도로사정을 잘 알았더라면 그 사람도 다시 생각했을지도 모를 일이다.

가브리엘의 리무진은 여기저기 쭈그러지고 긁히고 칠이 군데군데 벗겨진 낡은 포드 승용차였지만 그런대로 튼튼했고 베네수엘라의 시골에 가면 비상한 관심을 끌기에 충분했다. 길을 가다가 검문소를 만나면 어김없이 군인들은 우리 차를 세우고 의례적으로 간단히 수색하고 나서는 엔진조정에 관한 세세한 문제를 놓고 길게 토론하곤 했다. 가브리엘은 열렬한 차베스 지지자여서 알리 프리메라나 크리스토발 히메네스 같은 민요가수들이 부르는 대통령을 찬양하는 노래테이프를 연신 틀었다.

라틴아메리카에서 자동차로 여행하다 보면 어김없이 한번쯤은 타이어가 펑크 나서 멈추게 마련이다. 버스건, 화물차건, 승용차건, 모든 운전자들이 타이어가 터질 때까지 사용하기 때문이다. 타이어가 구멍 나야만 바꾼다. 차량통행이 많은 비좁은 직선도로에서 타이어가 터지자, 가브리엘은 자동차를 조심스럽게 후진시켜 맨땅에 세웠다. 한낮에 구름 한

점 없고 섭씨 42도가 넘는 무더위 속에서도 자동차는 20분 만에 다시 도로를 달리기 시작했다.

도로 자체는 정부가 엄청난 오일달러로 인프라 구축에 열을 올리던 시절, 베네수엘라에 분별력보다는 돈이 더 많던 시절에 건설한 포장 고속도로였다. 원래 매끈하던 도로표면은 이미 오래 전에 벗겨졌지만, 그동안 이를 수리할 돈이 없었다. 지금은 그 부담이 덜컹거리며 주행한 차량을 수리해야 하는 개별 운전자들에게 고스란히 돌아가고 있다. 가브리엘의 리무진은 종종 앞바퀴가 웅덩이에 빠질 뻔해서 문제가 더 심각했지만, 천만다행으로 뒷바퀴는 빠지지 않았다. 뒷바퀴가 웅덩이에 빠졌더라면 차대 전체가 땅에 긁혔을 것이다.

출발한 지 8시간이 지나고 이글거리는 오렌지색 태양이 물살 빠른 오리노코 강 저편으로 사라지기 10분 전에 우리는 카부르타의 지저분한 정착촌으로 당당하게 접어들었다. 카부르타는 18세기 초에 예수회가 오리노코 강과 아푸레 강의 합류지점 일대에 세운 여섯 곳의 선교마을 가운데 한 곳이다. 1800년에 독일인 과학자이자 여행가 알렉산더 폰 훔볼트가 이곳을 탐사했을 때는 예수회 선교사들은 이미 오래 전에 떠나버려 옛 정착촌의 잔해만 남아 있고, 오리노코 강변에는 인디언 원주민 몇 가구만 살고 있었다.

오늘날 카부르타는 차베스 대통령이 추진하는 베네수엘

라 중남부지역 개발·정착 프로젝트의 하나인 '아푸레-오리노코 축'의 받침대 역할을 하고 있다. 카부르타 위쪽으로 커다란 곶이 있는데, 그 위에 올라가면 남쪽으로 멀리 브라질에서 발원하여 동쪽의 대서양으로 흘러가는 오리노코 강을 내려다볼 수 있다. 그리고 저 멀리 콜롬비아와 안데스 산맥에서 발원한 아푸레 강이 서쪽으로 흘러 내려간다. 차베스 대통령은 현재 대도시 빈민촌에 살고 있는 사람들을 설득해서 이 지역으로 이주하게 하여 이 일대의 빈터를 농지로 개발할 계획을 가지고 있다. 이곳은 방목지로 사용될 뿐 사람이 살지 않지만, 베네수엘라의 경쟁력 있는 농산물로 손꼽히는 쌀과 야자의 가공 산업단지로도 충분히 활용될 수 있다.

차베스는 라 카소나의 대통령 관저에서 나와 함께 지도를 들여다보면서 이렇게 말했다. "보세요. 여기가 '아푸레-오리노코 축'입니다. 지금까지 이곳 땅은 사실상 방치되어 있었어요. 우리는 여기에 새로운 마을들을 건설하지는 않을 겁니다. 기존의 정착촌들을 보강하기만 하면 됩니다."

차베스는 '아푸레-오리노코 축'의 바로 북쪽에서 멀리 서쪽에 위치한 또 한 지역에도 관심을 기울이고 있었다. 콜롬비아와의 국경 가까이에 과스두알리토에서 북쪽의 마라카이보 호수에 이르는 이 지역은 남-북 축을 이루게 될 것이다. 차베스는 지금은 방치돼 있는 농업 프로젝트 라 프리아의 정착촌을 지도에서 가리키며, 12월의 홍수 이재민들을 재정착시킬 수 있는 곳이라고 말했다. 콜롬비아 국경 가까이 안데스 산맥 기슭에 위치한 이곳은 차베스가 염두에 두고 있는 야심 찬 장기 프로젝트의 또 다른 시범사업장이 될 예정이다.

"이곳은 산크리스발 북쪽, 마라카이보 호 바로 남쪽의 타치라 주에 있습니다. 주민 약 1만 명이 사는 부락이 있는데, 아주 부유한 고장입니다. 내가 그곳 군부대에 있을 때 정찰하러 나가봐서 잘 알아요."

다시 그는 지도를 가리키며 말했다. "자, 여기가 콜롬비아 국경이고, 여기가 국제공항, 여기가 방치되어 있는 공업단지예요. 여기에 대지가 있고 집도 몇 채 있는데, 우린 여기다 학교와 공장과 도로를 건설할 겁니다."

이 시설들은 모두 10년 전 카를로스 안드레스 페레스 대통령 시절에 건설된 것이었다. "여기에 엄청난 돈을 들여놓고는 페레스 자신이 포기해 버렸어요. 산 크리스토발과 카라카스까지 뻗어가는 도로를 건설하기 시작했는데, 산에다 터널을 뚫지 못해 중단되었지요. 지금도 도로는 있지만 터널들이 없어요."

차베스는 다음 주에 라 프리아를 방문할 예정이라면서 나에게 "함께 가지 않겠소?" 하고 물었다. 그리하여 며칠 후 카라카스 주변의 산 너머로 해가 뉘엿뉘엿 질 무렵, 나는 카라카스 시내 한복판에 있는 조그만 라 카를로타 공항 대기실에서 그를 기다렸다. 그 사이에 비밀경찰 요원 한 명이 소파 밑을 기어다니며 폭발물을 검색하고 있었다. 위장군복에 붉은 베레모 차림을 한 대통령이 도착하자 우리는 대통령 전용기를 타고 비행기로 한 시간 거리인 콜롬비아 접경으로 향했다. 각료의 절반이 동승하고 있었다.

활주로의 콘크리트 블록 틈새로 잡초가 자라고 있는 황량한 공항에 비행기가 착륙했다. 군악대가 대통령을 맞이하고 통상적인 군대 의전행사가 있은 후 우리는 대형 헬리콥터 네 대에 나눠 타고 인근 과루미토에 있는 군부대 농장으로 향했다. 하늘에서 내려다본 정착촌은 드넓은 초원 한가운데 외딴섬처럼 함석지붕들이 옹기종기 모여 있어 애처로워 보이기까지 했다. 2마일 남짓 떨어진 콜롬비아 땅도 크게 다를 바 없는 비슷한 풍경이었다.

그래도 지상의 모습은 약간 고무적이었다. 늪지대 옆의 굳은 땅에 착륙했을 때, 노동자 몇 명이 아까 하늘에서 내려다본 함석지붕의 단층집 10여 채를 수리하고 있었다. 헬리콥터에서 차베스가 내리자 어디선가 나타난 군중이 몰려들었다. 그는 훈련생 실습장으로 개조한 대형 이동주택에 올라타고 천천히 이동했다. 정부의 국립훈련원이 운영하는 군·민 합동사업 중 민간시설의 일부인 이 이동식 실습장에는 목공

작업대 몇 개와 간단한 전기톱들이 마련되어 있었다. 차베스가 잔뜩 긴장한 민간인 교육주임을 상대로 연거푸 질문을 퍼부었다. 여기 근무한 지 얼마나 되느냐? 교육은 언제부터 시작할 거냐? 교사들은 언제 오느냐?

교육주임이 변명하듯 대답했다. "교사들을 뽑기 시작했는데, 아직 온 사람은 없습니다."

"그래요. 우리도 모두 잘 알고 있어요. 사람들이 왔다가 가버리곤 하지요. 한 달 후면 모든 게 정상화될 겁니다. 사람을 정말 잘 뽑아야 할 거예요."

그러고는 그 불쌍한 교육주임을 붙들고 계속 괴롭혔다. "생산성을 높여야 해요. 천막들을 좀 치고 집도 더 짓고 해서 사람들을 불러들이는 게 어떻겠소?" 그는 교육주임이 매일 도시에서 자동차로 출퇴근하느라고 시간을 허비한다는 말을 들었다. 헬리콥터를 타면 5분이지만, 자동차로는 편도 1시간 거리였다. "늘 그렇게 할 수는 없겠어요. 그러다간 지치겠어요. 여기다 천막을 치고 지내보지 그래요? 이 일이 얼마나 중요한 일인지 잊지 말아요. 우린 사람들을 교육시켜 다른 데로 보내려는 게 아닙니다. 교육을 받고 여기에 눌러앉게 하려는 거예요. 지난날 얼마나 많은 실패가 있었습니까? 이번엔 실패하면 안 돼요." 주 공무원의 검정색 양복을 말쑥하게 차려입은 교육주임은 고개를 끄덕였지만, 얼굴은 창백해져 있었다.

일행이 또 다른 군중에게 둘러싸인 대통령을 기다리는 동안, 나는 서섹스대학 출신인 호르헤 히오르다니 개발부장관과 이야기를 나누었다. 머리가 하얗게 세어 나이보다 늙어 보이는 히오르다니는 토착의 자생적인 것은 모두 경제적으로 활성화시킨다는 '자생적' 개발계획의 배후인물이다. 그는 교수시절에 학생들과 함께 농촌지역의 부흥계획을 수립할 때 옥중의 차베스를 자주 면회 갔다는 이야기를 했다. 그후 두 사람은 친해졌고 히오르다니는 차베스의 경제학 가정교사가 되어 그의 대학논문을 지도하기도 했다. 그는 개발부장관으로서 대통령의 기획을 구체화시키기 위해 금융전문가 트리노 알시데스 디아스 등 영향력 있는 급진적 학자들을 끌어들인 사람이다.

우리는 군부대 안에 있는 회의실로 이동하였고, 이곳에서도 차베스는 부대장에게 질문을 퍼붓기 시작했다. 그는 불법 점유자들이 일부 부지를 차지하고 나무를 베어다가 내다 팔고 있다는 말을 들었다.

"누가 땅을 팔아먹었는지 당장 보고하시오. 누구든지 벌목하다가 붙잡히면 감옥에 보낼 것이오. 이건 완전히 불법이에요. 이 지역 반경 50km 이내의 토지 소유자들을 조사해서 보고하도록 해요. 실제로는 미국 마이애미나 런던에 살면서 이곳에 땅을 소유한 사람들이 많다는 걸 알고 있소. 그런 땅은 몰수해야 해요. 새 헌법에 그렇게 나와 있어요. 물론 땅은 유상으로 수용할 것이오."

이어 그는 이곳 땅에서 어떤 농사를 지을 수 있는지를 물었다. "지금까지는 주로 어떤 작물이 재배되었나요? 인디언들은 어떤 작물을 심었나요? 정말 우유생산이 가장 좋을까요, 아니면 채소재배가 더 나을까요?" 참석자들이 저마다 의견을 내어놓았고, 결국 이 고장은 소를 키우기에 적합한 땅이라는 데 모두 동의했다. 차베스는 엄한 목소리로 일이 잘 진행되는지 살펴러 조만간 다시 오겠다고 말하고는, 그때는 예고 없이 찾아올 것이라는 경고도 잊지 않았다.

우리는 새 단장을 다 끝내고 입주자를 기다리는 단층주택 단지를 둘러보았다. 광장을 가운데 두고 주택이 빙 둘러 앉았고, 집집마다 뒤란에는 채마밭이 있었다. 임시로 천막 몇 채가 세워졌지만 차베스는 한낮의 땡볕 아래 1시간 이상 서 있었다. 이번에 입주하는 24가구는 대부분 1999년 12월 홍수의 이재민들이었다. 현지주민 한 명이 나에게 자기 옥수수밭과 유카 농장도 그때 홍수에 씻겨 내려갔다면서 "우린 돈도 없고 자본도 없어 도움이 필요"하다고 말했다. 내가 그에게 수첩을 내밀며 이름을 써달라고 부탁했더니, 그는 몹시 미안한 표정을 지으며 자기는 쓸 줄 모른다고 했다.

입주가족들이 차례차례 앞으로 나와 차베스와 이야기를 나누었다. 간혹 나이 들고 고생에 찌든 사람들도 보였지만, 대부분은 자녀 두세 명을 둔 젊은 부부들이었다. 한 가족이 걸어나오면 차베스는 그들에게 권리증을 건네주고 그들의 경력과 기술에 관해 묻고 나서 몇 마디 충고와 당부의 말을 했다. 그들은 얼굴 가득 미소를 머금고 돌아갔다. 주택은 정착민에게 거저 주는 선물이 아니었다. 정착민은 1년 동안만 임대료 내지 않고 무료로 살다가, 그후로는 정기적으로 협동조합에 빚을 갚기로 되어 있었다.

모든 절차가 끝나자, 차베스는 자기 참모장으로부터 스케줄이 이미 세 시간이나 지체되고 있다는 주의를 들었다면서 짤막하게 연설을 했다. 그는 새로운 보금자리를 마련한 사람들에게 몇 마디 축하의 말과 격려의 말을 해주는 것이 얼마나 중요한지 알고 있었던 것이다.

"여러분, 걱정 마세요. 우리는 이 모든 일을 원만하게 추진해 나갈 것입니다. …새 거처를 찾아 여기까지 오시다니 참 대단들 하십니다. 누구라도 해변마을에서 살다가 내륙 초원지대로 이사 오기란 쉬운 일이 아닙니다. 하지만 기억하세요. 이 사업은 불과 2주 전에 시작되었고, 이제 두어 달 있으면 수천 가구가 들어서게 될 겁니다."

그러면서 '과루미토'라는 지명은 이곳에서 살던 토착민

들의 이름이라는 사실을 상기시켰다. "내가 알기로 이 지역은 베네수엘라에서 가장 살기 좋은 고장 중 하나입니다. 내가 국경지대를 정찰하러 몇 번 와봐서 압니다." 그는 또 고립돼 있다는 우려는 버리라고 일렀다. "우리는 아푸레에서 이 근방을 지나 마라카이보로 가는 철도를 놓을 생각입니다."

마지막으로, 한 전직 대통령의 과시욕을 빗대어서 몇 마디 당부를 했다. "제발 이곳 도로나 건물에 제 이름을 붙이지는 마십시오. 저는 '라울 레오니 고속도로' 같은 이름으로 기억되기를 바라지 않습니다."

가슴 훈훈한 순간이었다. 새 정착민들은 자랑스럽게 기립하고, 어린아이들은 베네수엘라 국기를 흔들고, 모두의 눈에는 눈물이 그렁거렸다. 차베스는 위로하고 이야기를 나누고 질문하고 답을 구하고, 낙관과 선의를 심어주는 큰아버지와 같은 역할을 다했다.

우리 일행은 다시 헬리콥터에 올라타고, 남아메리카 최대의 공업단지라 일컬어졌던 구체제의 또 다른 실패작을 시찰하러 갔다. 여기서도 차베스는 기다리던 군중과 어울려 그들이 바라는 것이 무엇인지를 파악하고자 했다. 여러 해 동안 그곳에서 살고 있는 그들이 원하는 것은 딱 한 가지, 일자리였다.

우리는 버스를 타고 내팽개쳐진 단지를 천천히 둘러보았

다. 차베스가 즉석 세미나를 주재하여, 이곳 책임자로부터 그동안 텅 비어 있던 공장건물과 창고들에서 있었던 일에 대해 설명을 들었다. 관련부처의 장관들이 앞으로 취해야 할 조치, 세금감면으로 투자를 유치하는 방안 등을 토론했다. 그러나 국가가 교육과 의료 서비스는 제공하겠지만, 1970년대 국영기업들의 실패를 되풀이할 수는 없다는 데 의견이 모아졌다. 그렇다면 민간자본을 유치하여 대규모·중소규모의 기업들을 설립하도록 해서 이전 시대의 실패작들을 회생시켜 나가야 할 것이다. 산업부장관은 나에게 군대가 단지정비 작업을 지원해 주면 1년 내에 고용인원 약 20명 규모의 소기업 50개를 건설할 수 있다고 말했다.

점심시간을 몇 시간이나 지나서 라 프리아의 군부대에 돌아와서도, 차베스는 곧바로 각료회의를 열어 각자가 파악한 사항들을 검토하고 향후 취해야 할 조치에 관해 토론했다. 일행이 대통령 전용기로 돌아온 후에도 회의는 계속되었다. 회의는 비행기가 카라카스 공항에 착륙하여 내가 집으로 돌아갈 때까지도 계속되고 있었다. 차베스는 지친 기색 전혀 없이 계속 말을 하였으며, 그날 밤늦게 대통령 관저로 돌아가서도 회의는 이어졌다. 문민 출신 각료들은 완전히 녹초가 될 수밖에 없었다.

라 프리아의 홍수 이재민 재정착사업은 도시를 질식시키

고 있는 이농현상을 역류시키기 위해 라틴아메리카 정부들이 여러 해 전부터 추진해 오던 수많은 실험 가운데 하나일 뿐이다. 1970년대에 페루의 급진주의 군사정부는 수도 리마 주변 신정착촌의 불법점유자들을 합법화시켜 주는 조치를 취했지만, 이 전략은 이농현상을 더욱 부추겨 오히려 빈민촌을 계속 확대시키는 결과만 가져왔을 뿐이었다.

차베스는 이보다는 더 창의력을 발휘하여 도시의 과잉인구를 그 도시에서 멀리 떨어진 농공개발 단지로 이주시킬 계획을 세우고 있다. 이 정책은 강제성이 없기 때문에 캄보디아의 폴 포트 전략과는 다르다. 규모 또한 작으며 시간도 길게 잡고 있다. 차베스는 적어도 20년을 생각하고 있다고 나에게 말했다. 생각건대 차베스가 개척자 수천 명을 설득하여 여기에 도전하도록 할 수는 있겠지만, 아마 이 프로젝트는 성공하더라도 이농현상을 역류시키기보다는 이농속도를 늦추는 정도가 될 것으로 보인다. 그것만으로도 보람 있는 사업이 될 것이다.

1950년대의 페레스 히메네스 이래로 어떤 대통령도 베네수엘라 농업발전을 위해 별로 애쓰지 않았다. 차베스는 베네수엘라를 식량자급 국가로 만들고자 한다. 현재 베네수엘라는 식량수요의 50% 이상을 수입하고 있는데, 1998년에는 그 비율이 64%에 이르렀다. 역대 정부들이 석유산업이나 공업발전 혹은 무역과 통상에 역점을 둔 데 반해 차베스 정부는 농업에 특히 역점을 두고 있다. 전국 곳곳에 휴경지나 묵히는 땅이 널려 있는가 하면, 보다 생산적으로 이용할 수 있는 광활한 땅에는 소들만 떠돌아다니고 있다.

50여 년 전에 사람들은 "석유를 심는다"는 말을 했다. 오일달러를 가지고 농업을 발전시킨다는 뜻이었다. 이 일이 결코 실현되지는 않았지만, 바야흐로 차베스가 그것을 계획하고 있다. 1999년에는 쌀과 옥수수, 우유와 설탕, 식용유 등 기본 식품 증산계획의 일환으로 소농들에게 새로운 영농 정착촌을 만들도록 지원하는 시범사업에 1500만 달러가 책정되었다.

흔히들 베네수엘라의 주식은 쌀이라고 생각하지만, 요즈음 베네수엘라 사람들은 쌀보다 밀을 더 많이 소비한다. 보조금을 받는 미국산 수입 밀가루가 국산 쌀보다 싸기 때문이다. 1인당 연간 쌀 소비량이 콜롬비아는 30kg, 브라질은 48kg, 에콰도르 58kg, 페루는 32kg인 데 비해, 베네수엘라는 12kg에 불과하다. 대신 베네수엘라 사람들은 연간 65kg의 미국산 수입 밀을 소비하고 있다.

쌀은 베네수엘라에서 생산된다. 사실 지금은 국내 소비량보다 많이 생산되고 있다. 물론 밀은 열대지방에 적합하지 않은 작물이다. 그러니 차베스는 국민들의 식성을 밀가루로 만든 파스타 대신 쌀과 옥수수 위주로 바꾸어야 할 것이다. 베네수엘라의 한 칼럼니스트는 쌀을 국민식품으로 삼아야 하며, 헌법에 쌀을 '국민곡물'로 명시해야 한다고 주장하기까지 했다. 이렇게 해서라도 베네수엘라 국민들의 의식을 개조하여 사과 대신 망고를, 햄버거 대신 옥수수 '아레파'를, 파스타 대신 쌀밥을 먹도록 해야 한다는 것이었다.

나는 카라카스의 대형 쇼핑센터에 가서, 가볼 만한 식당들을 찾아보았다. 먼저 단발머리를 한 미국소녀를 그린 '웬디스(Wendy's) 올드 패션드 햄버거' 간판이 눈에 들어왔다. 다음에 미국 자유의 여신상을 로고에 넣은 '아메리칸 델리', 이어 뉴욕 맨해튼의 거리표지를 내건 '이탈리언 코피 컴퍼니'의 간판이 보였다. 그 다음에 '굿타임 아이스크림' '해피타임 아이스크림' '칩-어-쿠키' '던킨 도넛' '상 뫼리츠 쇼콜라티에' 등이 이어졌다. 물론 '맥도날드'도 있었다. 쇼핑몰에서 살다시피 하고 미국식 생활방식에 완전히 물든 청소년들이 햄버거 대신 아레파를, 파스타 대신 쌀밥을 먹는다는 것은 상상하기 어려웠지만, 바로 그것이 민족경제를 재건하기 위하여 차베스 정부가 요구하고 있는 혁명적 변화인 것이다.

-23-
석유의 새로운 정치학

차베스

남아메리카 지도를 한번이라도 들여다본 사람에게는 눈물방울처럼 생긴 마라카이보 호수가 낯익을 것이다. 카리브해와 안데스 산맥의 중간에 위치한 이 거대한 호수는 인간이 만든 세계의 기적 중 하나로 꼽혀왔다. 이상하게 낭만적인 이 호수는 자본주의 초창기에 단순기술과 육체노동이 이룩해 놓은 유산이다. 하지만 지금은 영락없는 환경재앙이다. 유정탑들이 꽉 들어차 숲을 이룬 광경은 석유산업을 다룬 초기 영화나 옛 백과사전에서나 볼 수 있는 암갈색 사진을 떠올리게 한다.

마라카이보 호수는 관광지가 아니다. 이곳은 자신만만한 기술자와 다이버, 엔지니어, 유정굴착 전문가들이 우글대는 중요한 산업현장이다. 수천 개의 유정설비가 들어차 있는 가운데 호수 한복판에는 난쟁이들 틈의 거인처럼 북해 석유채굴 시설을 방불케 하는 거대한 플랫폼이 솟아 있다. 세 다리로 서 있는 이 플랫폼은 수면 2만 피트 아래에서 석유를 퍼올린다.

마라카이보 호수가 특이한 점은 호수의 수면이 주변의 지표면보다 훨씬 높다는 것이다. 1920년대부터 마라카이보 호수바닥에서 엄청난 석유를 뽑아올린 결과 주변 육지가 끊임없이 침강했기 때문이다. 호수 주변의 땅은 현재 해수면보다 5미터 가량 낮으며 지금도 매년 15~20cm씩 낮아지고 있다. 기술자들이 석유를 퍼낸 빈 공간에 물을 채워놓지 않으면 지반은 더 빠른 속도로 침강하게 될 것이다.

모든 베네수엘라 사람들이 국영 석유회사에 뜨거운 애착을 갖는 한 가지 이유는 이 나라가 무언가를 항상 빼앗기고 있다는 느낌 때문이다. 지난 수십 년 동안 로열 더치 셸, 모빌, 엑슨 등 미국과 유럽의 석유회사들이 자기들의 국가재산을 뽑아갔다는 것이다. 여러 세대에 걸쳐 민족주의 사학자들과 정치가들은 이를 수치로 여겼고, 아직도 나라가 도둑맞고 있다는 느낌은 국민정서에 뿌리 깊게 자리 잡고 있다.

1943년과 1976년에 일어난 두 사건은 이 나라가 외국 석유회사들에 맞섰던 역사적인 순간으로 기억되고 있다. 1943년에 이사이아스 메디나 앙가리타 장군의 군사정부는 전시 품귀사태를 틈타 석유회사들에게 베네수엘라 조세법을 준수하고 석유채굴권 기간을 40년으로 단축하는 데 동의하도록 만들었다. 그리고 불과 30년이 지난 1976년에는 카를로스 안드레스 페레스 대통령이 14개 주요 외국기업들로부터 철수협상에 응하겠다는 동의를 받아냈고, 이듬해 1월 1일에는 국영 베네수엘라 석유회사(PdVSA)가 1만 1천 개소의 유정, 11개 정유공장 그리고 유조선 14척을 비롯한 이들의 자산을 인수했다. 여기에는 물론 송유관, 항만시설과 수많은 사무용 빌딩들도 포함되어 있었다.

처음에는 국유화된 3대 외국 석유회사들 — 로열 더치 셸은 '마라벤', 엑슨의 크레올 석유회사는 '라고벤' 그리고 모빌 석유는 '야노벤'으로 이름이 바뀌었다 — 이 독자적인 지위를 계속 유지해 나갔다. 심지어 마라벤과 라고벤은 각기 원래 회사의 개성까지도 그대로 유지했으니, 마라벤은 유럽식의 태평한 기업으로 그리고 라고벤은 미국식의 권위주의적인 기업으로 자리 잡았다.

다른 나라의 석유회사들과 마찬가지로, 새로 국유화된 베네수엘라의 회사들도 석유탐사에 많은 공을 들였다. 마라카이보 호수에서는 간단하게 유정을 더 깊이 파내려가기 시작했다. 석유채굴은 점점 더 힘들어질 수 있지만 매장량이 많기 때문이었다. 남쪽으로 더 내려가 바리나스 주의 안데스 산맥 기슭에서도 대규모 매장량이 발견되었다.

이러는 동안 국영 석유회사는 세계화라든가 민영화의 압력을 받아본 적이 없었다. 이와 같은 압력은 카를로스 안드레스 페레스 치하의 1989년에 시작되어 이른바 '아페르투라'(Apertura), 즉 (민간부문에 대한) 개방의 형태로 칼데라 대통령 정부에서도 계속되었다. 외국회사들에게 국영 석유회사와의 합작사업에 참가할 수 있는 길이 열렸고, 셸과 브리티시오일(BP)은 당당하게 수도 카라카스에 주유소를 개점하여 다시 사업을 시작했음을 과시하였다. 이어 1991년에 국영 베네수엘라 석유회사는 자본금의 1/3을 민간부문에서 유치하는 내용의 65억 달러 규모의 투자계획을 제출했다.

1997년에는 국영 베네수엘라 석유회사의 경영진이 전원 경질되고, 마라벤과 라고벤 등 산하의 개별기업들이 마침내 폐쇄되었다. 그리고 국영 석유회사는 3개 사업부(탐사 및 채굴, 유통 및 생산, 서비스사업부)로 분할되었다. 경영진은 물론이고 피고용인들이 이런 극적인 변화들에 채 적응하기도 전인 1999년에 차베스 정부가 들어섰다. 차베스 정부에 의한 첫번째 변화는 가스산업을 관장하는 네번째 사업부서를 설치한 것이었다.

이제 베네수엘라의 미래는 차베스 정부가 석유 채굴 및 판매 사업을 어떻게 개편하느냐에 달려 있다. 이 문제에는 국가적 이해관계 이상의 의미가 걸려 있는데, 그것은 미국의 석유수입에서 베네수엘라가 차지하는 비중이 높기 때문이다. 새로 책임을 맡은 60대의 알리 로드리게스 아라케 에너지·광업장관은 게릴라 출신으로 급진운동당(LCR)과 '만민을 위한 조국'(PPT)에서 에너지 전문가로 일했던 사람이다. 1937년 메리다에서 태어난 로드리게스 장관은 카라카스 중앙대학과 메리다의 안데스 대학에서 법학과 경제학을 공부했다. 그리고 60년대에는 팔콘 주 산악지대에서 더글러스 브라보와 함께 게릴라로 싸웠고, 게릴라투쟁이 와해된 후 베네수엘라혁명당 시절에 브라보와 결별한 사람이었다. 그후 그는 LCR의 알프레도 마네이로와 손잡고 시우다드 과야나에서 노동변호사로 일했다.

1983년에 로드리게스는 LCR 후보로 볼리바르 주에서 하원의원으로 당선되었으며, 1998년 11월에는 PPT의 후보로 상원의원으로 당선되었다. 칼데라 정부 시절(1994~97)에는 의회의 에너지·광업위원장이라는 요직을 맡아 석유산업을 외국기업들에 개방하는 계약에 깊숙이 개입했다. 그후 대통령 선거 때 PPT가 차베스와 연대를 맺으면서 그는 차베스의 석유담당 수석고문이 되었다.

차베스 정부에서 로드리게스가 수행한 첫 과제는 국영석유회사에 대한 에너지·광업부의 감독권을 재확인하는 것이었다. 국영 석유회사는 여러 해 동안 법인체로 운영되면서 온갖 특혜와 뇌물을 뿌리는 거대한 복합기업, 국가 안의 국가로 군림해 왔다. 로드리게스는 신속하게 인사개편을 단행하고 사장을 차베스의 의중 인물로 교체함으로써 첫 과제를 완수했다. 그러나 회사 내에는 정권 반대세력이 여전히 강력하게 남아 있었다.

두번째 과제는 베네수엘라의 대(對)석유수출국기구(OPEC) 정책을 근본적으로 수정하는 것이었다. 1990년대에 OPEC 내에서 베네수엘라의 평판은 좋지 않은 편이었는데, '아페르투라'(개방) 정책을 추진하면서 OPEC 지침을 모두 무시했기 때문이었다. 역대 베네수엘라 정부는 독자적인 정책을 추구하면서, 외국자본을 끌어들여 생산을 늘리고 새 유전을 개발하는 등 OPEC를 아예 무시했었다.

이와 달리 차베스 정부는 처음부터 명확하게 국제주의적 전략을 펼쳤다. 로드리게스는 국영 석유회사의 감산을 주장했으며, OPEC와 협력하여 안정적인 석유가격을 확보하는 방향으로 나아갔다. 그는 OPEC 회원국들을 순방하는 한편 라틴아메리카 산유국들의 협력을 구했다. OPEC 회원국이 아니면서 미국시장에서 베네수엘라와 경쟁하는 멕시코가 그의 설득을 받아들여 증산계획을 단념했다.

마침내 1999년 3월의 OPEC 회의가 끝난 후 베네수엘라는 하루 272만 배럴로 4% 감산을 단행하였으며, 앞으로 생산 및 탐사 활동을 더 감축해 나갈 계획이라고 발표했다. 5월에 차베스는 집권 100일을 자축하면서 그간의 경위를 자랑스럽게 설명했다.

지금까지 석유가격은 전쟁이나 보름달의 영향을 받아 상승하였던 것은 아닙니다. 절대 아닙니다. 그것은 역대 정부나 국영 석유회사의 방침과 180도 다른, 합의된 전략의 결과입니다. 첫째, 우리는 OPEC 및 멕시코와 합의한 감산 결정을 존중하기로 했습니다. 둘째 우리는 감산 수준을 더욱 높이기로 결정했습니다. 이제 세계는 베네수엘라에 만만치 않은 정부가 들어섰으며, 국영 석유회사의 지도부가 바뀌었다는 것을 실감할 겁니다….

같은 해 9월에 『파이낸셜 타임스』(Financial Times)지 특파원 로버트 코자인은 지난 몇 달은 "석유가격을 통제하기 위한 시도에서 OPEC의 역사상 가장 성공한 기간 가운데 하나"로 꼽을 수 있다고 지적했다. OPEC 회원국들이 감산 결정을 준수함으로써, 종전과 같은 '쿼터협잡'의 관행을 무력화시켰을 뿐 아니라 영국이나 노르웨이 등 OPEC 비회원국들이 틈새를 파고들 수도 없게 되었다는 것이다.

연말에 가서 베네수엘라는 유가상승이 그만하면 충분하

다고 판단했다. 로드리게스 장관은 이제 OPEC가 광역의 가격대 폭에 합의하여 그 범위 내에서 증산하거나 감산하도록 해야 한다고 생각했다. 그는 2000년에 카라카스에서 OPEC 정상회담을 열자고 제의하고 이라크의 사담 후세인, 리비아의 무아마르 가다피, 이란의 모하마드 하타미 등에게 초청장을 보냈다.

또 한 가지 중요한 사태는 이전 정부가 설치한 경제안정화기금에 수정을 가한 것이었다. 이 특별기금은 국제유가가 붕괴할 경우에 정부의 세입 손실을 메우기 위해 설치한 것이었다. 국제유가가 배럴당 14달러 이상으로 오르면 세입 증가분은 기금으로 적립하도록 되어 있었는데, 로드리게스는 이 기준점을 9달러로 낮췄다. 이것은 어림잡은 기준이었지만, 최근의 낮은 가격대를 벗어나지 않는 수준이었다. 베네수엘라 원유의 경우 1997년에 배럴당 16.6달러에 판매되었으나, 1998년에는 10.75달러로 떨어졌다.

실제로 1999년 내내 유가는 9달러 수준을 웃돌아 상당 규모의 돈이 안정화기금으로 적립되었다. OPEC 회의 전인 1999년 3월에 11.95달러이던 국제유가가 그해 말에는 20달러를 넘어섰다.

국제사회에서 대체로 호의적인 반응을 불러온 OPEC와의 관계개선과 유가상승은 차베스가 임기 첫해에 이룩한 주요 성과로 꼽혔다. 그러나 국영 석유회사의 장래 문제는 여전히 마찰의 소지가 많은 현안으로 남아 있었다.

정부 바깥의 유력인사들은 민간부문이 석유자산의 몫을 차지할 권리를 가져야 한다고 강변했다. '마라벤' 사장을 지낸 알베르토 키로스는 신문논설에서 베네수엘라 국민은 국영 석유회사의 주식 매입권을 가져야 한다고 주장했다. 새 헌법에 따르면, 그것은 불가능한 일이었다. 국가가 계속 석유회사를 엄격히 통제하도록 되어 있었다.

키로스는 우선 석유회사의 주식 10%를 매각하여 기업의 실질가치를 확인해 봐야 한다고 주장했다. 그는 또 회사의 금융자원을 적절히 배분하면 민간 연금기금에도 도움을 줄 수 있을 것이라고 주장했다.

군부와 차베스 정부 내의 민족주의자들은 이런 종류의 제안을 위험하다고 판단했다. 그러나 로드리게스 자신도 어느 정도는 혁명사상을 가진 사람이었다. 그는 의회에서 PPT의 석유정책을 책임지고 있던 1998년 5월에 마리아 크리스티나 이글레시아스와의 인터뷰에서, 베네수엘라 개인 투자가들의 국영 석유회사 주식 매입을 허용하는 전략의 개요를 설명하면서 이렇게 말했다.

약간의 위험이 따르는 이 시험기간 동안은 국영 베네수엘라 석유회사와 국제자본만 투자하도록 허용한다는 것이 아이디어입니다. 적당한 유전이 선정되면, 비율을 약간 조정하여 국제자본에게 최대 49%의 참여를 허용하고 베네수엘라 석유회사도 지분을 갖도록 할 겁니다.

그 다음에 베네수엘라의 저축·투자가들에게도 개방하여 석유생산을 위해 설립되는 기업들과 컨소시엄들의 주식을 매입하도록 할 겁니다. 물론 이들은 시험기간 동안에 위험을 무릅쓰고 투자했던 외국인 투자가들의 합법적인 소득은 빼가지 못하게 될 겁니다.

그것은 차베스의 집권 첫해에 논의되던 여러 가지 가능성 가운데 하나에 불과했다. 그후 몇 해 동안에 석유산업의 정치가 정치드라마의 전면에 부각하면서 전혀 새로운 전망이 열리기 시작했다.

-24-
경제계획을 둘러싼 분열

베네수엘라는 어마어마한 오일달러를 거두어들이고 있지만, 전통적으로 전체 국민의 극소수가 이 엄청난 오일달러를 독차지하고 대다수 국민들은 항상 가난하고 굶주리고 있다. 총인구 2300만 가운데 상위 10%가 국민소득의 절반을 차지하는 데 반해, 인구의 40%(1995년 통계)가 '한계빈곤' 상태의 생활을 하고 인구의 80%(1996년 통계)가 최저임금 이하를 벌어들이고 있다. 상황은 점점 더 악화되어 1989~95년의 실질구매력이 35%나 감소했다.

차베스와 그의 정부는 이 같은 통계상황을 익히 알고 있었기 때문에, 그는 외국 방문객들을 만나면 한 나라가 이처럼 부유하면서 동시에 절망적으로 가난해질 수 있다는 것을 어떻게 설명해야 할지 모르겠다고 말하곤 했다. 그는 뾰족한 수가 없다는 것 역시 잘 알고 있었다. 차베스는 줄곧 기독교적 수사를 섞어가면서 가난한 자들에게는 인내심을 가지라고, 부자들에게는 나라를 함께 끌고 가야 할 사람들에게 다소라도 연대의식을 가지라고 촉구하는 수밖에 없었다.

비록 초기에는 그 모습이 드러나지 않았고 또 사실 완전히 수립되지도 않았지만, 그래도 정부의 경제정책은 의심의 여지가 없었다. 그러나 차베스는 신자유주의를 강력하게 반대하는 입장을 취했음에도 불구하고 늘 외국인 투자의 유치에 관심을 쏟았다. 그는 한편으로는 민족주의적인 국민들을 달래고, 또 한편으로는 외국인 투자가들을 안심시키는 발언을 해야 하는 어렵고 거의 불가능한 정책노선을 추구해 왔다. 물론 이 문제에 관해 차베스는 카스트로로부터 열렬한 지지를 받았다. 정보에 밝은 언론인 파우스토 마소에 의하면, 카스트로는 차베스를 만났을 때 자신의 중요 관심사는 "쿠바를 위해 마지막까지 미국 달러를 확보하는 것"이라면서, 그것은 "나라 전체를 외국 투자가들에게 개방하는 것이 오늘날 발전을 보장하는 유일한 혁명적 방법이기 때문"이라고 말했다.

쿠바혁명에 좋은 것은 베네수엘라에도 좋을 터이므로, 차베스는 이 암묵적인 지시를 따르기로 했다. 1999년에 카라카스 주재 미국대사 존 마이스토는 다른 라틴아메리카 정부들이 모두 어쩔 수없이 체결한 외국인 투자 촉진 · 보호조약을 차베스 정부도 받아들이도록 하기 위해 많은 공을 들였다. 마이스토 대사는 민족주의 성향이 강한 제헌의회가 열리기 전에 이 조약을 체결하고자 노력했다. 문은 의외로 쉽게 열렸다. 차베스의 각료회의는 10월에 군말 없이 조약체결에 동의했고, 차베스는 자기가 외유중에 체결될 것이라고 언질까지 해주었다. 이에 환멸을 느낀 한 경제전문가는 "차베스가 지금은 안정과 투자를 보장하겠다고 연설하며 다닌다"며 나에게 불만을 토로하기도 했다.

그러나 차베스의 집권 첫해에는 그의 급진적 지지세력도 이 전략에 이의를 제기하지 않았다. 그들 대부분은 당장의 문제를 생각하기보다 제헌의회에서 장래 경제정책의 여러 변수를 토론하는 일에 몰두하고 있었다. 이들의 프로그램에서 중요한 요소는 내국인 투자를 활성화하는 것이었으며, 이는 LCR이나 PPT의 일관된 경제정책으로서 국영기업과 금융·상업 부문의 동맹세력에 대항하여 중소 기업인과 자영업자들을 끌어들이기 위한 시도였다.

처음에 '차베스 현상'에 대한 해외 경제계의 의견은 양분되어 있었다. 1998년 선거를 치른 지 두 주일이 지난 후 뉴욕 메릴린치의 대변인은 "내년에 석유가격이 오르지 않으면 [베네수엘라는] 아주 꼴사나운 불황을 겪게 될 것"이라면서 이런 경제난관을 극복하려면 차베스는 '슈퍼맨'이 되어야 할 것이라고 비관적으로 말했다. 또 뉴욕 도이체 방크의 한 분석가도 "현재로서는 리스크가 너무 크다"고 평했다.

이 같은 비관론은 근거가 없는 것으로 밝혀졌다. 실제로는 석유가격이 회복되어 그후 몇 년 동안 한번도 멈추지 않고 상승했다. 그렇지만 베네수엘라의 국내 투자자들은 별로 놀라지 않았다. 그들 대부분은 1998년에 차베스가 당선되지 못하면 사태가 더 악화될 것이라고 보았기 때문이다. 만일의 사태에 대비하여 선거기간 동안에 외국으로 빠져나갔던 국내 투자자들이 선거 이후에 물밀듯이 들어오면서 카라카스의 주식시장은 활기를 되찾았다. 메릴린치 전문가는 "흐름을 보면 내국인들이 정말로 돈을 가지고 돌아오고 있다"며 즐거워했다.

대통령 차베스는 다소 현란한 수사에도 불구하고 실용주의적 통치자의 모습을 보였다. 기본적으로 그는 정직한 사람들과 정직한 정부가 결합하면 좋은 정부가 된다고 믿고 있었다. 그는 지금까지 베네수엘라에 만연해 있던 '부정부패'에 대해 격렬하게 비판했으며, 미국이 전세계에 강요하는 '야만적 신자유주의' 철학을 맹렬히 반대했다. 그러면서도 그는 자기가 하고자 하는 일을 설명하는 데 종종 어려움을 겪었다. 1999년 2월의 대통령 취임사에서 그는 이렇게 말했다.

우리의 계획은 국가통제 경제도 아니고 신자유주의 경제도 아닙니다. 우리는 시장의 보이지 않는 손과 국가의 보이는 손이 서로 맞잡는 중간지대를 모색하고 있습니다. 국가도 필요하고 시장도 가능합니다.

말솜씨는 경탄할 만하지만, 그것이 경제를 책임지는 장관에게 내린 지시였다면 오직 한 가지, 기존 정책을 유지하라는 말로 해석될 수밖에 없었다.

한 경제학자는 나에게 차베스가 "다른 모든 분야에서는 매우 급진적이지만, 경제영역에서만은 보수적"이라고 말했다. 차베스가 외교정책에서는 적극적이고 확고하지만 경제 문제에서는 이와 비슷한 면을 조금도 찾아볼 수 없다는 것이다. "그는 부패 정치인들에 대해 집중적으로 공격을 퍼붓지만 금융가들에 대해서는 절대 언급하지 않아요. 똑같이 나쁜 자들인데 말이지요."

그러나 차베스가 구체적인 경제전략에 대해 큰 관심을 기울이지 않았던 데 반해, MAS와 PPT에 있는 그의 정치적 지지세력은 아직은 아이디어에 불과하지만 다년간에 걸쳐 경제 프로그램을 개발해 오던 사람들이었다. 1999년에 정부가 취한 경제부문의 결정과 조치는 거의 언론의 관심을 받지 못했지만, 제헌의회에서 진행된 경제관련 논의는 여러 차례

표제기사로 보도되었다. 좌파 민간인과 퇴역군인 할 것 없이 의회 내의 차베스 지지자들은 국가는 경제부문에서 중요한 역할을 계속해 나가야 한다고 생각했다. 이것이 제헌의회의 다수 입장이었고, 일반국민도 마찬가지였다.

그러나 여당세력 내에는 전혀 다른 입장들이 섞여 있었다. MAS 출신들 대부분은 국가가 적극 나서서 개발을 추진했던 시절을 동경했는가 하면, PPT나 LCR 출신들은 부패의 여지가 적은 작은 정부를 선호하고 중소기업의 미래와 환경문제에 관심이 많았다.

이러한 차이에도 불구하고 제헌의원 거의 모두가 신자유주의적 근본주의 세력을 격퇴해야 한다는 데 대해서는 의견이 일치했기 때문에, 신자유주의적 처방은 신헌법의 최종안에 전연 반영되지 않았다. 이처럼 겉으로는 승리했지만, 그 실제 내용은 달랐다. 국영 석유회사를 민간에 매각하는 데는 영향력 있는 소수만 찬성했으나, 외국 석유회사들과 타협해야 한다는 데는 거의 모두가 동의했던 것이다. 실제로 석유산업을 외국자본에 개방하고 민영화하기 시작한 1990년대 경제정책의 핵심 요소들은 이후로도 계속 이어지게 된다.

이 연속성은 칼데라 행정부 출신인 마리차 이사기레가 경제장관을 맡음으로써 더욱 강화되었다. 그후 1999년 6월에 그녀는 사임하고 호세 로하스 차관이 그 자리에 앉았지만,

그 역시 칼데라 밑에서 일하던 사람이었다. 나는 이런 이야기를 들은 적이 있다. "불쌍한 마리차는 사태를 전연 파악하지 못하고 있었고, 제5공화국운동을 지지한다는 호세 로하스도 지금 마찬가지 처지에 있다."

군 출신들이 행정부 고위직에 앉게 되면서, 장관들은 불안해하고 동요하기 시작했다. 고위직의 경제자문 한 사람은 나에게 이렇게 말했다. "어디를 가나 군인들입니다. 때로는 나도 전연 모르고 있는 어떤 비밀 프로젝트가 있는 게 아닌가 하는 생각이 들어요. 군부 출신의 파벌이 분명히 있습니다. 일부 부서에서는 권력이 이중구조입니다." 실제로 고위군 장교들은 베네수엘라 석유회사를 포함하여 주요 행정부서에 속속들이 배치되어 있었다.

그 경제학자는 또 이렇게 말했다. "하층계급 출신도 많습니다. 그 사람들은 '내 아버지가 노동자였다'고 말하지요. 하지만 그들은 대학을 나온 사람들이어서 상당한 지식을 갖추고 있어요. 내가 대학에서 가르칠 때 학생 20명 중 세 명이 장교였지요. 그러나 이들은 사고방식이 좀 다르죠. 확실히 독재적인 데가 있어요. 그 가운데 일부는 좌파이지만, 피노체트주의자들도 있습니다."

정부에 배속되는 장교들은 대부분 최고책임자의 바로 밑의 자리에 앉았다. 그들은 눈을 크게 뜨고 감시하면서 대기하고 있었다. 그러나 윌리엄 파리냐스 대령처럼 확실히 주도권을 잡고 일을 추진해 나갈 뿐 아니라 피노체트주의자도 아닌 사람들도 있었다. 파리냐스 대령은 사회기금(FUS) 총재로 임명되었는데, 이 신설 기금은 종전의 의료·사회복지 분야의 여러 정부기관들을 하나로 통합한 강력한 기구였다.

FUS는 방코 델 푸에블로(인민은행)와 함께 빈민의 의료 및 사회복지 개선 등 사회정책을 수행하기 위해 신설된 여러 조직 가운데 하나이다. 여러 해 전부터 이런 기구들은 정치적으로 상당한 파급력을 가지고 있었다. 에바 페론은 1940년대에 아르헨티나 사회복지부를 이끌던 경력이 나중에 집권의 기반이 되기도 했다. 70년대 페루의 벨라스코 정부도 이와 유사한 기구인 '사회동원 국가제도'(Sinamos)를 군부 주도 아래 설립했지만, 이 기구는 겉만 화려했지 완전히 실패작이었다.

차베스 정부의 여느 고급장교 출신들과 마찬가지로, 파리냐스 대령도 대학물을 먹은 사람이었다. 조직훈련 분야의 박사학위를 취득한 바 있는 그는 카라카스 중앙대학의 전략기획 및 사회정책학 교수를 지냈다. 퇴역 공군대령인 그는 볼리바르와 예수, 성모마리아, 천사장 미가엘, 체 게바라를 존경한다고 했다.

체 게바라는 세계 곳곳에서 현실참여와 이타심 그리고 민중에 대한 완전한 헌신을 상징하는 유일한 인물이다. 그는 모든 혁명가들의 우상이며, 나의 경우에도… 학생시절에 혁명에의 확신을 갖게 되면서부터 늘 우상이었다. 이 과정에 참여하는 군인과 민간인들을 고무시키는 혁명정신은 체 게바라의 사상과 이념으로 키워져 왔다….

이 60대의 혁명가가 엄청난 정치적 잠재력과 대규모 예산을 가진 기구를 떠맡았다. 사회기금(FUS)의 예산은 이 기구에 흡수된 여러 단체들의 일반예산 외에도 오일달러를 정부 프로젝트에 투입하는 창구인 '거시경제 안정화기금'(FEM)으로 조달되었다. 실제로 FUS는 FEM 예산의 40%를 확보하게 되었다.

FUS는 학교, 병원과 심지어 교회도 지원하지만, 가장 야심적인 프로젝트는 차베스가 창안한 '볼리바르 2000계획'을 지원하는 사업이었다. 계획의 구체적 내용은 취임식이 거행되고 몇 주일 지난 1999년 2월 27일에 발표되었는데, 군대의 예비역량을 지역사회 단체들과 결합시켜 갈수록 무용지물이 되고 있는 베네수엘라의 사회적 인프라에 충격을 가한다는 구상이었다. 구체적으로 군대는 현지 지역사회에 막사와 운동장, 취사도구를 제공하고, 또 군인들이 지역사회에 가서 도로 보수와 학교시설 재건을 지원한다는 것이었다.

'볼리바르 계획'은 다음과 같이 3단계로 수행된다. 제1단계(Pro-País)에서는 군대가 사회복지 사업에 참가하고, 제2단계(Pro-Pátria)에서는 군대가 지역사회의 현안문제를 해결하는 데 지원하며 그리고 제3단계(Pro-Nación)에 가서 각 지방이 경제적 자급과 자생적(지속 가능한) 개발의 길에 올라서게 된다는 것이다.

제1단계에서는 전국을 25개 '전투지구'로 나누고 약 4만 명의 군인과 자원봉사자가 현지당국과 협력하여 도로·보건소·학교 등의 재건사업에 착수했다. 차베스 대통령은 기자들에게 외딴 지역의 부락과 빈민촌들에는 '야전 이동병원'을 보내겠다고 말했다. 바르가스 주의 해변지역에 엄청난 산사태가 발생했던 1999년 12월에는 '전투지역'이라는 실감나는 용어가 씁쓸한 여운을 남기기도 했다.

-25-
사법부 개혁

과거 베네수엘라의 국가적 위기의 바탕에는 사법부의 부패가 자리 잡고 있었다. 많은 사람들은 차베스가 대통령에 당선되면 이 심각한 문제를 해결해 줄 것으로 기대했고, 정부 역시 사법부의 개혁을 약속했다. 새 헌법초안을 작성하는 임무를 맡은 제헌의회는 '사법부 긴급위원회'를 구성하여, 사법제도에 관한 기존 조항들을 검토하고 법관의 업무를 평가하도록 했다.

위원장은 차베스의 지지자인 마누엘 키하다 변호사였다. '카라카소' 직후에 창설된 '애국전선' 구성원이었으며 오래 전부터 군·민 연대를 주창해 온 키하다는 1962년 불발 쿠데타에도 참가했던 원로이다.

1999년 9월에 긴급위원회는 전국의 법관 1200명 중 최소한 절반 정도는 부패 혹은 무능의 혐의가 인정된다고 밝히면서, 이들을 해임할 것을 주장하였다. 긴급위원회에 따르면, 전국법관협의회(사법부에 대한 고소사건을 수사하는 기관)의 기록을 검토한 결과 지난 10년 동안 법관과 검찰을 상대로 한 고소·고발 사건이 4천 건에 달했으며, 이 가운데 상당수가 부패한 정치인과 금융관계자들을 제대로 재판하지 않았다는 것이 고소사유였다. 국민의 분노에도 불구하고 이들에 대한 기소는 기각되기 일쑤였다.

가장 심각한 것은 약 2만 3천명에 달하는 재소자의 대부분이 한번도 재판받은 적이 없다는 사실이었다. 베네수엘라 교도소의 열악한 상태는 오래 전부터 잘 알려져 있었고, 이런 끔찍한 처우에 항의하는 대규모 폭동이 여러 차례 일어났다. 심지어 1998년에는 재소자 500여 명이 피살되었다. 차베스는 교도행정을 개선하겠다고 약속했다. 차베스의 선거공약에서 사법부 개혁이 우선순위를 차지했지만, 이제는 교도소 개혁도 추진하지 않을 수 없게 되었다.

차베스는 새 헌법문안이 확정되기 전까지 자신에게 주어진 권한에 따라 7월에 새 형법을 행정명령으로 공포했다. 이 명령은 사법제도를 현대화하고, 용의자에게 무죄추정과 신속한 재판을 보장해 주기 위한 것이었다.

행정명령 공포는 재소자들의 기대감을 증폭시켜, 9월에

는 전국의 여러 교도소에서 폭동이 일어나 재소자 10여 명이 살해되기도 했다. 카라카스 외곽의 한 교도소에는 군 탱크가 진입하여 질서를 회복했다.

10월 첫째 주에는 제헌의회가 '교도소 비상사태'를 선포하여 정부가 건재함을 보여주었다. 10월 3일 아침에 차베스는 라디오 방송을 통해 전국에서 가장 위험한 교도소 네 군데에 판·검사와 인권운동가·성직자 들로 구성된 팀을 파견하여 신속한 소추와 선고가 이루어지도록 조치를 취했다고 발표하면서, 미결상태인 재소자의 재판이 신속하게 진행되고 새 형법도 빨리 시행되기 바란다고 말했다. 그러나 차베스는 미결상태에서 장기 복역한 사람이 많기 때문에 상당수가 재판과 함께 즉시 풀려날 것으로 생각했지만, 교도소 파견팀은 연말까지 6천 건의 미결사건을 처리할 수 있을 것으로 전망했다. 그리하여 재소자들이 낮에는 밖에 나가서 일을 할 수 있는 '주간석방'제가 권장되었다.

또 차베스는 미결수를 범행 유형별로 분리 수용할 수 있기를 희망했는데, 그것은 소매치기로 구속된 사람이 살인혐의자와 같은 감방에 수용되는 경우가 많았기 때문이다. 그 밖에도 교도관들이 재소자에게서 압수한 무기를 재소자들에게 되파는 일이 관행처럼 되어 있어서, 군대를 교도소에 파견하여 무기류 색출작업을 벌였다고 밝혔다.

교도소 사태는 사법부 개혁문제를 재조명하는 계기가 되었다. 전통적으로 베네수엘라에서는 대법원 법관과 마찬가지로 일반 판사들도 의회의 다수당이 임명했다. 전체 대법관의 1/4은 종신제이지만, 나머지는 독립성도 보장되지 않을 뿐 아니라 원하면 언제든지 해임할 수 있었다. 따라서 이들은 대통령이나 정치가 또는 이들과 연줄이 닿는 기업인들에 대한 재판에 취약할 수밖에 없었다. 가령 대법원은 루신치 대통령의 부패혐의 사건을 여러 해 동안 질질 끌었다. 1992년에 대법관 한 명이 이에 항의하여 사퇴하자 학계에서는 다른 대법관들도 사임하라고 촉구했지만, 아무런 변화도 없었을 뿐더러 루신치 사건도 흐지부지되고 말았다.

  키하다의 사법부 긴급위원회는 새 헌법의 몇몇 관련조문을 기초하는 한편 법관의 선임 및 교육에 관한 새로운 규정도 제안했다. 위원회가 권고한 법관 감독방법은 미국의 경우와 그 내용이 비슷했는데, 예컨대 대법관 후보에 관한 공청회를 개최할 것을 권고하는 등이 들어 있었다. 사법부 개혁에 반대하는 일부 비판자들은 그와 같은 개혁조치가 효과를 발휘하기까지는 상당 기간이 걸릴 것이라고 주장했지만, 대부분의 국민들은 사전조치를 취하면 긍정적인 결과가 있을 것이라고 생각했다. 그러나 정부는 2004년에야 비로소 대법원의 확대 등 필요한 개혁조치를 취할 수 있었다.

-26-
'볼리바르주의' 외교정책

차베스는 처음부터 외교분야에 큰 야심을 품고 출발하였다. 그의 목표는 다름아니라 라틴아메리카 인민의 단결이라는 '볼리바르주의' 꿈을 실현하는 것이었다. 지난 반세기 동안 특히 피델 카스트로와 체 게바라를 비롯하여 대부분의 지도자들은 말로만 이런 이야기를 했다. 쿠바의 카스트로는 집권 초기인 1960년에 발표한 '제1차 아바나선언'에서 '우리 아메리카'의 전통을 거론했다. 매우 뛰어난 역사적 감각의 소유자인 카스트로는 "볼리바르, 히달고, 후아레스, 산 마르틴, 오히긴스, 수크레, 마르티가 해방시키고자 했던 아메리카"를 찬양했다.

체 게바라는 1966년 12월 볼리비아 난카화수에 있는 자신의 게릴라 근거지에서 대륙혁명의 정신을 호소하면서, 게릴라들이 외치는 새로운 '무리요의 외침'에 맞춰 축배를 들었다. 이 구호는 볼리비아 라파스의 변호사 무리요(Pédro Murillo, 19세기 초의 현재 볼리비아 지역의 독립운동가 -옮긴이)가 1809년 라틴아메리카의 독립운동에 불을 붙이기 위해 만든 것이었다.

1995년에 아구스틴 블랑코 무뇨스와의 인터뷰에서, 차베스는 "대륙의 통일을 구상한 볼리바르의 지정학적 개념은 현시대에도 여전히 대단히 큰 의미를 지닌다"고 주장했다.

독립할 당시에 그[볼리바르]의 장군들, 적어도 베네수엘라의 장군들 가운데, 북쪽의 제국주의 열강에 맞서기 위해서는 소국으로 분열되어 있는 라틴아메리카의 나라들이 하나로 통일되어야 한다고 생각한 사람은 한 명도 없었다. 그러나 지금은 베네수엘라뿐 아니라 라틴아메리카 전체가 이 목표로 나아갈 방도를 모색하고 이를 실현하기 위해 투쟁하고 있다.

물론 라틴아메리카의 경제적 통합을 강조하는 것 역시 전혀 새로운 것은 아니다. 지난 수십 년 동안 각국 정부들이 의례적으로 내세운 진부한 구호였다. 이와 달리, 차베스의 정책은 참신하고 흥미로운 데가 있다. 그가 품고 있는 야심 하나는 1826년에 볼리바르가 파나마에서 소집했던 회의처럼, 라틴아메리카의 모든 볼리바르주의 국가들이 참석하는 '진짜 회의'를 카라카스에서 개최하는 것이다.

20세기는 상실의 세기였다. 이전 세기에 우리 인민들은 금세기보다 훨씬 더 잘살았다. 그러므로 볼리바르가 구상했던 연합밖에 길이 없다. 우리 모두의 '라 파트리아'(조국)는 아메리카이며 연합은 필수적이다. 마르티, 오히긴스, 아르티가스 등 모두가 이 목표를 공유했으며, 산디노와 페론도 그렇게 말했다. 우리 국민들 모두의 연합.

자신의 전략은 "대(大) 라틴아메리카 · 카리브 연합이라는 동맹체의 창설을 지향한다"고 차베스는 말한다.

이 목표가 정치적인 차원에서 추진되어야 한다는 것을 시사하면서도, 그는 경제적 차원을 결코 간과하지 않는다. "우리가 대외정책에서 우선순위를 두고 있는 것은 베네수엘라를 둘러싼 3개 국가권 — 카리브 지역(Cuenca del Caribe), 아마존 지역(메르코수르 및 브라질), 안데스 지역(Communidad Andino) — 의 통합이다."

1999년 5월에 차베스는 아르헨티나의 하인츠 디트리히 기자에게, 머지않아 베네수엘라가 "멕시코, 쿠바, 산토도밍고와 카리브해의 모든 섬들까지 포함한" 이들 3개 국가권의 통합을 위해 '가속페달'을 밟게 될 것으로 기대한다고 말하면서, 웅변조로 되물었다.

"유럽공동체의 유로화처럼, 우리가 달러가 아닌 라틴아메리카 통화를 생각하지 말란 법이 어디 있습니까…?"

차베스는 이와 같은 통합구상을 군사분야까지 확장시키고 있다. 1999년 11월에 그는 안데스의회(안데스 산맥을 끼고 있는 5개국 의회의 대표들로 구성된 회의-옮긴이)의 사대주의자들 앞에서 연설하는 자리에서, 그들도 미몽에서 깨어나 라틴아메리카의 NATO를 발전시키는 문제를 생각해야 한다고 말했다.

사실 NATO는 미국이 조직한 기구인 만큼, 주로 미국의 이익을 위한 작전을 수행한다. 그런데 차베스는 교묘하게 미국을 뺀 라틴아메리카 NATO를 제의했다. 물론 오래 전부터 NATO와 비슷한 범미주방위회의(JID)라는 라틴아메리카 방위기구가 있지만, 워싱턴에 본부를 둔 이 기구의 회의는 영어로 진행된다. 그리고 라틴아메리카의 몇몇 군대는 정치적 지지의 대가로 미국으로부터 광범위한 경제적 지원을 받는데, 이들 거의 모두가 미국의 중고 무기시장을 이용할 특권을 누리고 있다.

그러나 라틴아메리카의 모든 군대가 이 협정에 만족하는 것은 아니다. 그들은 1992년의 포클랜드/말비나스 전쟁 때

동맹국인 미국이 아르헨티나를 제치고 영국을 지지했던 사실을 기억하고 있다. 또 지난 10년 동안 파나마와 아이티 그리고 1980년대에는 그레나다에서 미국이 벌인 군사적 개입을 떠올리기도 한다. 지금은 모두가 콜롬비아에 개입할 가능성이 높다고 인정하고 있다.

또 한 가지 군사적인 우려가 존재한다. 일찍이 미국은 파나마를 점령하고 파나마 군대를 해체했었다. 베네수엘라 군부와 차베스는 이것이 미국의 대(對)라틴아메리카 정책이라는 우려를 토로한다. 군대를 해체하다니!

차베스 집권 첫해의 외교정책은 유능하면서도 부드러운 호세 비센테 랑헬이 장악하고 있었다. 그는 차베스의 쿠바혁명에 대한 정서적 애착과 미국의 라틴아메리카 정책에 대한 적개심을 잘 아는 사람이다. 좌익진영의 대통령후보로 세 번이나 출마하였고, 또 베네수엘라의 가장 영향력 있는 언론인으로 꼽히던 랑헬은 차베스의 '볼리바르주의' 외교정책을 수행하다가 나중에는 부통령이 된 사람이다.

그의 사무실 벽에는 볼리바르 초상화와 1960년대 초에 외무장관을 지낸 호세 이그나시오 아르카야의 사진이 나란히 걸려 있다. 아르카야는 라틴아메리카 나라들 중에서 카스트로의 쿠바를 배척해야 한다는 미국의 요구를 유일무이하게 거부하여 '품위 있는 장관'으로 기억되고 있는 인물이다.

그리고 아르카야의 아들은 차베스 정부의 첫 내무장관을 지냈고, 랑헬의 아들은 차베스를 지지하는 제헌의원이었다.

어깨가 떡 벌어지고 백발에 군대식 콧수염을 기른 랑헬의 모습은 상냥한 반동적 관리나 아니면 보험외판원을 떠올리게 한다. 아닌 게 아니라 그는 페레스 히메네스 독재정권 시기의 1950년대에 스페인에서 망명생활을 할 때 첫 직업으로 보험외판원 일을 한 적이 있었다.

독재자 호안 비센테 고메스 치하인 1929년에 태어난 랑헬은 1945년 이후의 급진주의 풍조가 만들어낸 인물이다. 보수적인 가톨릭계 학교를 마친 그는 메리다대학에서 법학을 공부한 후 급진주의 정치학의 온상이던 카라카스 중앙대학에서 수학했다. 원래 그는 호니토 비얄바의 '민주공화동맹'(URD)에 가입하여 1950~63년까지 이 정당의 전국지도부에 속해 있었다.

그의 정치생활의 대부분은 민주행동당, 특히 노골적인 반공·친미 입장을 취한 민주행동당 초대총재 로물로 베탕쿠르트에 대한 뿌리 깊은 불신으로부터 영향을 받았다. 민주행동당에 대한 끊임없는 적개심은 차베스도 공감하는 바이며 차베스 정부의 모든 고위인사들이 지니고 있는 특징의 하나이다. 비얄바가 민주행동당과 연대한 1964년에 랑헬은 마침내 URD를 떠나, 공산당과 결별한 테오도로의 '사회주의

운동'(MAS)으로 옮겼다. 그후 랑헬은 몇 차례 MAS의 대통령후보로 나섰다.

그러면 한때 열렬한 좌파운동가였던 그가 왜 차베스 사령관에게 협력하게 되었는가? 우연한 기회에, 나는 그에게서 자신이 1992년 2월의 불발 쿠데타 이전에도 차베스의 존재를 알고 있었다는 말을 들었다. 랑헬의 아들 호세 비센테 2세는 1980년대에 카라카스의 사관학교에 다니고 있었고, 그의 지휘관(그리고 스승)이 바로 우고 차베스였다. 주말이면 좌파 대통령후보였던 유명인사가 당시에는 전혀 알려지지 않았던 미래의 쿠데타 지도자와 만나곤 했던 것이다. 이후에도 랑헬은 야레 감옥으로 차베스를 면회 가기도 했다.

한편 아이러니컬하게도 랑헬 2세 자신은 사관학교를 그만두지 않을 수 없었다. 사람들은 유명한 좌파운동가의 아들이 쿠데타를 일으킬 목적으로 군부에 침투한 것이라고 생각했기 때문이었다. 사실은 그 당시 쿠데타의 배후인물이 그의 지휘관 차베스라는 것을 아무도 몰랐던 것이다.

외무장관으로서의 랑헬의 임무 하나는 대외적으로 대통령의 이미지를 개선하는 것이었다. 1998년 대통령 선거운동 기간 동안 (보수적인 반대파들은) 차베스에게 온갖 색깔을 뒤집어씌워 기껏해야 나세르나 아타튀르크, 심지어 히틀러나 무솔리니에 비유하곤 했다. 존 마이스토 미국대사는 차베스가 후보였을 때 미국비자를 내주기를 거부했다가 그의 당선에 상당한 충격을 받았다. 큰 야심 없는 직업외교관으로서 자기가 베네수엘라를 '잃은' 외교관으로 역사에 기록되지 않기만 바랐던 마이스토는 차베스를 위험하고 반민주적인 '골피스타'(golpista, 쿠데타꾼) 정도로만 여겼다. 그는 "베네수엘라에서 차베스를 민주인사라고 생각하는 사람은 아무도 없더라"고 말한 것으로 전해진다. 리처드 윌킨슨 영국대사 등 유럽 대사들은 좀더 신중한 편이었다. 차베스는 1998년에 초청을 받아 영국을 방문했을 때 그를 만나본 모든 사람들에게 좋은 인상을 남겼다.

대통령에 당선된 후 차베스는 멕시코, 브라질, 아르헨티나 등 라틴아메리카 국가들을 순방했다. 방문한 국가들의 대통령이 대체로 대륙통합이라는 볼리바르의 꿈이 매력적인 말로만 남아 있기 바라는 것이 역력했지만, 그래도 차베스는 가는 곳마다 정중하게 환영받았다. 그는 로마에서 교황을 만났고, 스페인에서는 국왕을 만났다. 그는 자신에게 뒤집어씌워져 있던 부정적 이미지를 씻어버릴 필요가 있었다.

취임 몇 달이 지난 후 차베스는 또 해외 순방길에 올랐다. 1999년 9월에 그는 뉴욕의 유엔에서 연설했고 미국과도 악수했다. 미국은 차베스 집권 초기에 여전히 적대적이었으며, 베네수엘라에서 구 의회와 제헌의회 간의 논쟁이 거리로 확산된 1999년 8월에는 공개적인 우려를 표명하기까지 했었다.

그해 8월 30일 미 국무부 대변인은 베네수엘라 사태에 대한 미국의 "관심은 점점 높아지고 있다"면서, 모든 당사자들이 "권력행사의 방법과… 베네수엘라의 오랜 염원인 민주주의 공약을 준수하는 헌법의 제정을 보장할 방법"에 관해 합의하게 되기를 진심으로 바란다고 말했다.

그러나 실제로 차베스가 워싱턴에 나타나자 분위기가 바뀌기 시작했다. 그는 어느 조찬모임에서 『워싱턴포스트』지 기자들을 자기편으로 끌어들이는 데 성공했다. 노라 부스터니 기자는 이렇게 보도했다. "차베스는 자기가 1992년 불발 쿠데타를 시도한 혐의로 투옥되어 5년 전 형기를 마치고 나와 말을 타거나 도보로 시골을 돌아다니면서 느꼈던 고통에 관해 발랄하고도 극적인 모습으로 이야기했다. …그는 자기 나라 문제를 독창적인 방법으로 풀어나가겠다고 맹세했지만, 그렇다고 어떤 기적이나 손쉬운 해결책은 약속하지 않았다."

차베스는 『워싱턴포스트』 기자에게 "무책임한 포퓰리즘이 아닌 진지한 리더십이 필요하다"고 말했다.

같은 해 말에 차베스는 다시 해외여행길에 올라 중국, 한국, 홍콩, 말레이시아, 싱가포르, 필리핀을 순방했다. 1970년대의 카를로스 안드레스 페레스 대통령 시절 이래로 베네수엘라는 제3세계권 국가로 간주되었다. 페레스 등 역대 대통령들은 습관적으로 먼 나라들을 방문하곤 했는데, 사실 페레스는 두번째 임기인 1970년대에는 국제정치인 역할을 하느라 너무 많은 시간을 허비한다는 비난을 받기도 했다. 그럼에도 OPEC 창설 회원국인 베네수엘라는 세계를 외면할 수 없었고, 차베스도 국내 일로 바쁘면서도 최대한 국제적 지지를 얻어야 한다는 것을 잘 알고 있었다.

이런 상황에서, 10월에 있었던 차베스의 중국방문은 정치·경제적으로 상당히 중요한 의미를 지니고 있었다. 쌀과 값싼 소비재가 필요한 베네수엘라와 석유를 필요로 하는 중국은 이를테면 상호 보완적인 동반자라 할 수 있었다. 그러나 차베스는 세계문제에서의 중국의 위상에도 호감을 가졌다. 일찍이 차베스는 영국 토니 블레어 총리의 '제3의 길'에 열광했지만, 코소보 전쟁 후에 시들해졌다. 미국을 비굴하게 추종하는 영국의 입장이 세계문제에 대한 자신의 견해와 정반대임을 알게 되었기 때문이다.

베이징에서 차베스는 중국 지도자들에게 모든 민족의 주권을 존중하는 '개방적이고 다극적인 세계'를 지지한다고 말했다. "저 멀리 아메리카 대륙의 베네수엘라에서 우리는 이미 인민주권의 깃발을 올렸습니다. 이 점에서 우리는 중국

인민 및 그 혁명정부와 전적으로 뜻을 같이하고 있습니다."

이어 10월 12일에는 마오쩌둥 묘를 참배하여 방명록에 "위대한 전략가, 위대한 군인, 위대한 정치가이며 위대한 혁명가"라는 글을 남겼다. 그리고 주룽지 총리를 만났을 때는 "중국이 50년 전 위대한 조타수의 지도 아래 떨쳐 일어났던 것"처럼 베네수엘라도 이제 막 일어서기 시작했다고 말했다.

또 자신은 "제3세계의 재앙이며 서방열강의 경제모델을 강요하는 신자유주의를 믿지 않는다"면서, 신자유주의는 수많은 사람들을 빈곤과 실업, 고통 그리고 죽음으로 내몰았다고 말했다.

소련 권력이 붕괴되었지만, 그렇다고 해서 신자유주의적 자본주의가 모델이 되어야 하는 것은 아닙니다. 그 이유만으로도, 우리는 중국이 깃발을 계속 휘날려줄 것을 부탁합니다. 모든 것을 장악하려고 드는 세계경찰이 세계를 운영해서는 안 되겠기 때문입니다.

아시아 순방을 마친 차베스는 유럽을 거쳐 귀국했다. 그는 게르하르트 슈뢰더 독일 총리에게 자기는 '다른 경제모델'을 만들고자 한다면서 자신의 고문들이 "독일과 유럽의 모델을 면밀히 검토하고 있다"고 말했다. 그리고 베네수엘라의 새 헌법은 '내국인과 외국인의 투자에 보다 큰 안정과 안전'을 제공하게 될 것이라고 했다.

그러면서 그는 다극화의 중요성을 다시금 강조했다. 차베스는 세계는 "각국이 스스로의 판단에 따라 제도를 개편할 권리를 가진다"는 것을 이해해야 한다면서 "기본 원칙은 민족 자결권이다. 다른 나라가 무엇을 하는지 감시하고 자신의 모델을 강요하는 그런 국제정치는 있을 수 없다"고 말했다.

냉전종식 후 유럽에서는 '다극화'가 바람직하다는 논의가 빈번했지만, 라틴아메리카에서는 다극화에 대한 차베스의 열정이 아직은 생소하게 받아들여지는 것 같다. 프랑스 외무장관 위베르 베드린은 1999년 11월 3일 파리에서 행한 연설에서 "우리는 정치적인 일극 세계나 단일 초강국(a single hyper-power)의 일방주의를 받아들일 수 없다"고 밝혔지만, 라틴아메리카에서는 1990년대에 와서도 멕시코와 아르헨티나, 칠레 등 주요 국가들이 스스로를 '서방세계'의 일원으로, 이른바 '제1세계'의 잠재적 구성원으로 인식하고 있다. 이들에 따르면, 라틴아메리카는 전체 아메리카 극의 일부를 형성한다는 것인데, 이런 견해는 영국의 토니 블레어와 별로 다를 바가 없는 것이다.

우고 차베스는 이와 전혀 다른 독창적인 견해를 취해, 베드린과 한편이 되어서 다극화를 주장하면서 라틴아메리카

축을 형성하려고 노력하고 있다. 차베스의 이 야망은 브라질의 암묵적인 지지를 받고 있다. 브라질의 페르난도 엔리케 카르도소 대통령은 미국의 신자유주의 경제모델을 선뜻 받아들이면서도, 대륙 크기의 브라질이 지닌 지정학적 중요성을 강조하는 역대 브라질 정부의 전통적인 신념을 공유하고 있는 사람이다.

차베스는 민족주의의 범세계적인 르네상스를 낙관하고 있다.

우리는 지금 민족주의가 다시 태어나는 시대에 살고 있다. 러시아에 대항한 체첸사태에서도 이런 현상을 엿볼 수 있다. 마치 제1차 세계대전 후에 옛 국가들이 다시 등장했던 역사가 되풀이되는 느낌이다….

전에는 두 개의 세계주의, 세계를 집어삼키려는 두개의 제국주의 세력이 있었다. 그러다가 그중 한쪽이 붕괴하자 다른 한쪽은 "이젠 내 차례다. 내가 세계질서의 주인이고 유일 강대국이다"라고 주장했다. 그러나 이와 같은 사고는 급속도로 무너지고 있다.

지금 우리는 '세계의 무질서' 속에서 살고 있다. 질서도 없고 유일 초강대국도 없다. 앞으로는 여러 개의 중심이 나타날 것이며, 여러 동맹과 블록이 형성될 것이다.

차베스의 문제는 아직 라틴아메리카 나라들이 외부세계와의 협상능력을 갖춘 블록을 형성할 조짐이 보이지 않는다는 데 있다. 그의 메시지가 먹혀들려면 시간이 걸릴 것이다. 라틴아메리카 국가들의 대통령은 지금껏 베네수엘라를 이 대륙의 자연스러운 정치적 리더로 생각해 본 적이 없기 때문에 그의 메시지를 경청하기를 망설일 것이다.

-27-
사나운 이웃, 콜롬비아

차베스에게 어제도, 오늘도 그리고 내일에도 가장 힘든 대외 문제는 이웃 콜롬비아와의 관계이다. 베네수엘라는 콜롬비아와 수백 마일에 이르는 무방비상태의 국경을 접하고 있으며, 19세기에 베네수엘라가 그랬던 것처럼 콜롬비아 또한 수십 년 동안 격렬한 내전으로 몸살을 앓고 있는 나라이다.

이 내전의 여파가 종종 국경 너머까지 확대되고 있다. 베네수엘라의 술리아 주와 타치라 주에서는 가끔 지주들이 납치되고, 콜롬비아를 오가는 화물차들이 공격을 받는다. 이처럼 국경지역에서 빈발하는 사건에는 내전 당사자인 좌파게릴라와 우파민병대 모두가 연루되어 있다.

그러나 베네수엘라에게 콜롬비아의 문제는 단순한 국경 사태를 뛰어넘어 훨씬 더 중요한 의미를 가진다. 이웃 콜롬비아가 심각한 위기에 처해 있기 때문에, 차베스 정부의 미래는 이 영향을 받을 수밖에 없다. 현재 콜롬비아는 붕괴의 위기에 놓여 있다. 국민경제보다 훨씬 규모가 큰 마약경제에 의해 나라가 침식당해 국가조직의 상당 부분이 이미 붕괴되었다.

더구나 콜롬비아혁명군(FARC) 및 민족해방전선(ELN)과 제휴하여 새로 등장하는 무장세력들은 차베스와 비슷한 볼리바르주의의 입장을 표방하고 있다. 한편 베네수엘라의 공식적인 태도는 적대적인 두 파벌의 평화협상을 주선하는 것이지만, 차베스는 개인적으로 FARC에 기울고 있다. 차베스는 평화교섭이 성공적으로 이루어져 정부를 구성하게 되면 콜롬비아의 정치적 지형이 완전히 달라질 것이라고 내다본다. 이렇게 되면 19세기에 볼리바르가 시도했던 베네수엘라·콜롬비아·에콰도르의 동맹체 '그란 콜롬비아'를 재건하려는 차베스의 꿈이 이루어지게 될 것이다. 남아메리카 대륙에서 볼리바르의 프로젝트를 실현시킨다는 그의 희망도 무르익어 갈 것이다.

콜롬비아의 위기는 상당히 오랫동안 지속되어 온데다 매우 다양한 국면들을 거쳐왔기 때문에, 이 나라와 그 역사에 대한 구체적인 지식이 없는 사람은 사태를 이해하기는커녕 제대로 추적하기조차 힘들다. 역사적으로 콜롬비아에서는 극심한 폭력사태의 악순환이 끊임없이 이어졌는데, 폭력사태의 대부분은 토지소유를 둘러싼 농민 전쟁과 투쟁에서 비롯되었다. 나라 전체가 내전과 무정부 상태에 빠지기 일쑤여서, 종종 중앙정부의 붕괴가 점쳐지기도 했다. 국토가 방대한 이 나라에서, 중앙정부의 통제가 한번도 미치지 않은 지역이 상당 부분에 이른다. 특히 지난 10여 년 사이에 냉전종식과 마약거래의 성격 변화 등으로 인해서 상황은 더욱 악화되었다.

FARC 지도자 마누엘 마룰란다는 이 나라의 1/3을 사실상 통치하고 있다. FARC만큼 크지는 않지만, ELN도 상당수의 주민들을 동원할 역량을 갖추고 있다. 마룰란다는 거의 40년 동안 이 나라의 상당 지역을 지배하고 있으며, 그의 게릴라부대는 거의 모든 지역에서 언제든지 출몰할 수 있다. 이 대부분의 시기 동안 그는 농민지도자로서 콜롬비아공산당과 손을 잡고 있었으며, 라틴아메리카 최고의 공산당 이론가로 꼽히는 하코보 아레나스로부터 지시를 받았다. 좋든 싫든 간에 농민운동은 공산당의 지도를 받았는데, 공산당은 그때그때의 정치적 필요에 따라 때로는 농민운동을 촉진하기도 하고 또 때로는 방치하기도 했다.

이따금 공산당은 성과를 거두기도 했다. 1964년에 콜롬비아 군대가 미국의 지원을 받아 마르케탈리아의 게릴라 근거지를 공격했을 때 공산당과 FARC 소속 게릴라들은 이를 물리쳤다. 또 이따금 큰 실패를 맛보기도 했다. 80년대 후반에 공산당은 휴전제의를 수락할 것과 민간 전선조직 '애국동맹'을 결성하여 제도권정치에 참여할 것을 권고하였고, 이에 따라 FARC 등에 소속된 게릴라 지도자들이 산에서 내려와 '애국동맹'의 정치활동에 참여했다. 그러나 이들은 수천 명의 지지자들과 함께 즉시 우익민병대에 의해 학살당했다. 명백한 실책이었다. 이때의 뼈아픈 경험 때문에 마룰란다는 지금까지도 휴전협정이 지난날의 학살을 되풀이할 수 있다는 것을 우려하고 있다.

FARC는 콜롬비아 군대와 교전중이지만, 더 강력한 적수는 준군사조직인 민병대들이다. 대개 민병대는 군대의 암묵적인 지원 아래 작전을 수행하지만, 그래도 군으로부터 독립된 조직이다. 이들은 마약 밀매조직들로부터 돈을 받기 때문에 자금이 풍족하고 막강한 화력을 갖추고 있으며, 잔혹하기로 악명이 높다. 물론 FARC도 마약경제로부터 자금지원을 받지만, 그 자금원은 밀매조직이 아니라 주로 재배농가와 생산자들이다.

'애국동맹'이 분쇄된 후 상황이 많이 달라졌다. FARC가 정부와의 협상테이블에 나가는 등, 상대적으로 주도적인 위치에 있다. 이제 FARC는 지난 수십 년 동안과 같은 정치적

졸개가 아니다. 뿐더러 소련이 붕괴하고 냉전이 종식된 지금은 농민전쟁을 조종할 만큼 강력한 공산당이 존재하지 않는다. 옛 소련식 FARC의 배후인물 하코보 아레나스는 사망하고, 마룰란다가 전통적인 농민운동 지도자로 복귀하여 40년 동안 축적된 경험을 바탕으로 해서 독자적인 투쟁을 벌이고 있다.

이와 동시에 농촌과 농촌생활의 성격도 알아볼 수 없을 만큼 달라졌는데, 그것은 전쟁의 참화 때문이기도 하지만 마약거래에서 일어난 변화 때문이기도 하다. 20년 전에 콜롬비아는 미국과 멕시코에 이어 아메리카 대륙에서 세번째로 큰 마리화나 생산국이었지만, 아편(주로 멕시코와 과테말라에서 재배)은 재배하지 않았고 코카재배도 매우 적은 양에 불과했다. 코카의 경우에는 페루와 볼리비아에서 재배한 코카를 코카인으로 가공만 해서 수출하였는데, 코카의 가공은 별로 노동집약적인 과정이 아니었다.

오늘날에 와서는 이 같은 양상이 많이 달라졌다. 대마·코카·아편의 재배면적이 5배로 늘어났는가 하면, 아메리카 대륙에서 제2의 코카 생산국이며 최대의 헤로인 수출국이다. 이 경제활동에서 벌어들이는 돈은 상상을 초월한다. 최근 통계에 의하면, 1997년에 마약밀매에서 벌어들인 돈은 총 750억 달러에 달해 콜롬비아의 국민총생산보다 많다. 농민전쟁의 관점에서 볼 때, 더욱 중요한 것은 마약경제가 농촌의 고용에 미치는 영향이다. 마약생산 종사자는 20년 전보다 수천 명이 더 늘어났으며, 이들은 무차별적인 마약근절 프로그램으로 인해 심각한 영향을 받고 있다.

그 결과, 마룰란다가 통솔하는 무장세력은 더 이상 땅을 지키기 위해 싸우는 소규모 농민군이 아니라 일자리를 지키기 위해 싸우는 농촌노동자들로 구성되어 있다. 마룰란다는 코카 농장이나 마리화나 농장에서 일하는 농촌 프롤레타리아트를 동원하여 이들의 생계를 파괴하려는 정부·군대·미국으로부터 이들을 지키는 데 큰 성공을 거두고 있다. 지금까지 FARC가 성공을 거둘 수 있었던 한 가지 요인은, 마룰란다 역시 상당한 자금력을 지녔다는 데 있다.

이 같은 사태발전은 콜롬비아의 관심사일 뿐 아니라, 베네수엘라에도 큰 영향을 끼치고 있다. 마룰란다의 FARC 이미지 변화시도는 차베스가 착수한 사업에 필적하는 과거역사의 재발견 노력을 의미하기 때문이다. 콜롬비아의 좌익은 볼리바르에 대한 공산당의 마르크스주의적 혐오로부터 탈피하여 해방자 볼리바르를 영웅의 반열에 올려놓기 시작했다. 그리하여 일부 게릴라부대를 '볼리바르 의용군'이라고 부르고 있다(단 콜롬비아는 전통적으로 볼리바르를 다소 껄끄럽게 생각했다는 사실을 지적해 두어야 할 것이다. 그것은 콜롬비아의 역사적 영웅 프란시스코 데 파울라 산탄데르가 볼리바르의 '그란 콜롬비아' 구상을 깬 장본인이었기 때문이다).

콜롬비아 좌익진영에 FARC만 있는 것은 아니다. 배경은 다소 복잡하지만, 1950년대의 독재자 구스타보 로하스 피니야 장군을 지지하던 세력이 있다. 로하스 피니야는 당시 내전종결을 주도하고 나서, 베네수엘라의 메디나 앙가리타처럼 어느 정도 명성을 회복한 인물이었다. 그리고 70년대에 정계복귀를 시도할 때 현재 차베스를 지지하는 세력과 비슷한 사회주의적 민족주의 세력으로부터 상당한 지지를 받았다.

집권 초기의 차베스 정부는 콜롬비아와의 관계에서 90년대의 정책을 답습하는 데 그쳤다. 차베스는 보고타 정부와 게릴라조직 모두와 국경문제를 협의했다. 칼데라 정부 시기에 국경문제 담당 장관은 폼페요 마르케스였는데, 그는 사회주의운동(MAS) 내 페트코프파의 주요 멤버였다. 한때 공산당 지도자로서 마룰란다와 오랜 관계를 맺어온 마르케스는 그의 연줄을 동원하여 FARC로부터 베네수엘라 영토 안에서는 활동하지 않겠다는 약속을 얻어냈다. 90년대에 FARC와 접촉한 또 다른 인물은 당시 접경지역인 술리아 주지사 아리아스 카르데나스였다. 그는 콜롬비아 군대가 우익민병대를 양성하고 있다는 의혹을 공표했다.

90년대 후반에 콜롬비아 정부가 FARC와의 휴전협정을 검토할 때 콜롬비아와 베네수엘라 양국은 역할분담에 합의했다. 1997년 8월에 양국 대통령이 국경도시 과수두알리토에서 만나 이 협약을 체결했으며, 이어 베네수엘라는 중앙아메리카 모델에 따라 멕시코·코스타리카·스페인으로 구성되는 '우방국그룹'에 휴전절차를 위임하는 것이 좋겠다고 콜롬비아에 제안했다.

1999년에 안드레스 파스트라나가 콜롬비아의 새 대통령으로 취임하여 그해 7월에 정글로 마룰란다를 찾아가면서, 휴전절차는 활기를 띠게 되었다. 마침내 휴전협정이 체결되고, FARC는 콜롬비아 벽지의 광대한 지역을 사실상 장악하기에 이르렀다. 이 휴전협정은 빈번하게 파기되면서도 3년 동안 유지되었다.

차베스는 칼데라 정부 때 시작된 휴전지지 정책을 고수하겠다고 밝혔다. 차베스 정부의 몇몇 인사들이 게릴라조직과 비공식 접촉을 가졌으며, 게릴라 대표와 베네수엘라 정부의 대표 간의 회담이 카라카스와 아바나에서 열리기도 했다. 차베스는 전임자 칼데라의 정책을 대체로 답습하면서도, 사실은 차베스 자신은 물론이고 아리아스 카르데나스와 랑헬도 FARC의 목표에 분명히 공감하고 있었다.

1999년 9월에 파스트라나 대통령이 『워싱턴포스트』지

기자를 만나 베네수엘라의 의도에 우려를 표명하면서 이렇게 말했다. "나는 차베스에게 우리 일은 우리가 알아서 할 테니 당신은 제발 나서지 말아달라고 부탁하는 바이다. 우리는 그가 콜롬비아 국내문제에 개입하는 걸 바라지 않고, 우리도 베네수엘라의 국내문제를 거론하고 싶지 않다. 차베스가 게릴라들과 접촉하려면 먼저 우리에게 알리기 바란다."

미국은 콜롬비아와 베네수엘라 사이에서 망설이고 있다가, 1999년에 마약단속을 위한 미국의 종합 원조계획인 '콜롬비아 플랜'이 가동되기 시작하면서부터 이 나라에서 중심 역할을 하게 된다. 미국은 돈이 얼마가 들건 개의치 않고 보고타 정부를 지원하겠다면서, 우선 첫해에 15억 달러를 약속했다. 그후 2005년에는 원조규모가 39억 달러로 늘어나, 콜롬비아는 미국의 원조대상 국가 중 다섯번째로 큰 수혜국이 되었다(보고타 주재 미국 대사관은 세계 최대 규모이다).

결국 2002년 2월에 휴전협상이 결렬되었으며, 그해 5월에는 군사적 수단을 동원하여 게릴라를 소탕하겠다는 공약을 내걸고 당선된 알바로 우리베 벨레스 대통령의 신우파 정부가 들어섰다. 보고타 정부는 지금까지 협상 파트너로 존중받아 오던 FARC를 '테러단체'로 낙인찍었다. 이에 따라 군사적 충돌이 불가피해졌고, 베네수엘라 국경지대에도 게릴라와 민병대 — 그리고 피난민 — 들이 방비가 허술한 긴

국경선을 제멋대로 넘나드는 등 말썽이 고조되어 갔다.

이런 새로운 상황에 직면하여, 차베스는 오랫동안 정착되어 있던 FARC와의 접촉을 지속하는 한편 우리베 정부와 정중한 관계를 유지하려고 애썼다. 그러나 이런 미묘한 줄타기도 2004년 12월에 콜롬비아 정부가 카라카스를 방문중이던 FARC 지도자 로드리고 그라나다를 납치함으로써 거의 파탄 날 뻔했다. 외교관계와 통상관계의 단절로 이어질 수도 있었던 이 사태는 때맞춰 피델 카스트로가 양측에 개입하여 간신히 수습되었다.

베네수엘라에서는 이 지역 내 미국의 군사활동에 대한 우려가 갈수록 더 깊어졌다. 비단 콜롬비아 플랜과 관련된 군사활동뿐 아니라 파나마운하 조약에 따른 새로운 미군배치도 문제였다. 파나마 운하지대의 거대한 미군기지는 마침내 1999년 12월에 파나마에 인도되었으나, 미국의 육·해·공군은 다른 지역 — 일부는 미국, 또 일부는 카리브해 지역 — 으로 재배치되었던 것이다.

이렇게 해서 베네수엘라 앞바다에 있는 네덜란드령 앤틸리스 제도의 공항을 이용할 수 있게 된 미국은 차베스 정부를 향해 콜롬비아 마약단속 작전을 전개할 동안 사전허가 없이 베네수엘라 영공을 비행할 권리를 달라고 압력을 가하기 시작했다.

차베스는 이를 거부하여 미국의 노여움을 샀다. 그러나 차베스의 거부는 좌익뿐 아니라 베네수엘라 군 수뇌부로부터도 지지를 받았기 때문에 미국은 이 논쟁에서 쉽게 이길 수 없다는 것을 인정할 수밖에 없었다. 베네수엘라가 미군의 군사훈련에 협력하기를 꺼려한 것도 차베스 집권 초기에 두 나라간의 마찰요인이었다.

-28-
토착민의 새 권리

'미스 월드'나 '미스 유니버스' 대회를 조직한 단체들이 만들어낸 미의 기준에 따른다면, 베네수엘라는 세계 어느 나라보다도 미인을 많이 배출한 나라이다. 그러나 그들 가운데 토착민이나 흑인 사회 출신의 미인은 한 명도 없다.

이런 사태에 책임져야 할 사람이 있다면, 그는 전직 광고 디자이너이자 현재 '미스 베네수엘라 기구'의 대표를 맡고 있는 오스멜 소우사일 것이다. 오스멜 소우사는 카라카스 도심에 있는 조그만 핑크색 빌라에 사무실 겸 미인 지망생을 위한 미인양성학교를 차려놓았는데, 건물은 내부까지 핑크색으로 칠해져 있으며 화려한 인테리어는 할리우드의 사창굴 세트장을 방불케 한다. 이곳에서는 매년 26명의 여자들이 5개월 동안 숙식을 하면서 미녀수업을 받는다.

세뇨르 소우사는 사방을 전신거울로 장식한 작은 사무실의 커다란 책상 앞에 앉아 있다. 실내 한가운데는 미인 지망생들이 위에 올라가 자신의 매력을 한껏 발휘해 볼 수 있는 조그만 원형무대가 놓여 있다.

소우사는 '미스 베네수엘라 기구'의 독점 운영권을 가지고 있으며, 매년 TV로 방영되는 미인경연대회를 주최하여 자기 학교의 젊은 여자들을 내보낸다. 그는 매우 자랑스러운 표정을 지으며 이렇게 말한다. "이 프로그램은 1년 통틀어 시청률이 가장 높지요. 그래서 광고료도 가장 비싸니까, 광고주가 돈을 많이 내야 합니다. 이 돈으로 우리 단체와 학교를 운영합니다." 그의 학교는 '미스 유니버스'와 '미스 월드' 대회를 여러 차례 석권했다.

"인종혼합이 워낙 심하기 때문에 베네수엘라 미인이란 건 존재하지 않습니다. 토착민 중에서 베네수엘라 미인을 뽑는다면 키가 좀 작고 얼굴이 동그란 인디오가 되겠지요. 그래서 우리의 원칙은 베네수엘라 미인이 아니라 베네수엘라에서 태어난 미인을 뽑는다는 것입니다. 아버지가 헝가리 사람일 수도 있고, 어머니가 스페인 사람일 수도 있지요."

그렇다면 흑인은? 카리브해 지역에는 원래 흑인노예가 많이 살았기 때문에 지금도 베네수엘라 해안지방에는 흑인이 많다.

소우사는 홍보책자를 뒤적거리더니 열 명 남짓한 순종 아리안계 여자들 속에 섞여 있는 희끄무레한 얼굴 하나를 가리키며 말한다. "네, 흑인도 있지요. 우리는 흑인을 매번 내보냅니다. 나오미 캠벨(영국 태생의 흑인 패션모델 - 옮긴이) 같지 않아요?"

그러나 그 역시 인정하지 않을 수 없는 진실이 있다. "흑인이 미스 베네수엘라로 뽑힌 적은 없습니다." 왜 그럴까? "베네수엘라 사람들은 흑인이 자기들을 제대로 대표한다고 생각하지 않거든요."

광고업계가 계속 백인여자를 모델로 쓰는 한, 그리고 '미스 베네수엘라 기구' 같은 단체가 계속 유럽의 백인여자를 미인의 전형으로 삼는 한, 이와 같은 현상은 앞으로도 계속될 것이다.

이레네 사에스(1981년 미스 유니버스였으며, 1998년에 대통령에 출마했으나 차베스에게 패배했다 - 옮긴이)처럼 대통령 후보로 나서지 않은 다른 미스 베네수엘라 출신들은 다 어떻게 되었을까? 이번에는 사진첩을 뒤지면서 소우사가 줄줄이 늘어놓는다.

"이 여자는 억만장자와 결혼했고, 이 여자는 석유재벌과 결혼했고, 또 이 여자는 미스 월드 대회에서 3등을 했는데 미국에서 여배우로 활동중입니다. 이 여자는 미국 전화회사에서 일하면서 돈을 많이 벌었고, 또 이 여자는 이탈리아에서 모델로 활동하고… 이 여자들은 다 중산층 출신으로 매우 부유한 사람들과 결혼했습니다. 모두가 아주 잘 나가고 있어서 우리도 기분이 좋아요. 부잣집 딸들은 미인선발대회에 나갈 생각을 안 합니다. 부자들은 돈이 많으니까요."

그러면 과연 베네수엘라 사람이란 누구인가? 1945년부터 몇 년 동안 100만 명의 유럽인이 베네수엘라에 와서 정착했다. 그들이 베네수엘라 사람인가?

베네수엘라의 카리브해 연안지방에는 아프리카 출신 노예의 후손들이 살고 있다. 그들은 베네수엘라 사람인가?

이 나라의 변경지대에는 30만 명이 넘는 토착원주민들이 살고 있다. 서부의 술리아 주와 타치라 주의 잊혀진 고장에, 남쪽의 아마조나스와 볼리바르 지방에 부족을 이루어 살고 있는 무수한 토착민들은 과연 베네수엘라 사람들인가?

베네수엘라인들 스스로 이런 질문을 하는 경우는 극히 드물다. 그들은 수십 년 동안 민족주의 슬로건을 입에 올리고 콜럼버스와 볼리바르의 동상 앞에서 묵념을 하면서도 자기들이 누구인지, 어디서 왔는지는 묻지 않는다.

바로 이것이 차베스 정부가 해결해야 할 과제이다. 차베스도 이 과제를 외면하지 않는다. 그는 아구스틴 블랑코 무뇨스에게 이렇게 말했다.

"역사는 한 편의 서사시 같은 게 아니다. 그것은 문화의 역사이며 이 나라가 어떻게 만들어졌고, 우리가 왜 지금과 같은 피부색을 갖게 되었으며, 왜 이 나라를 베네수엘라라고 부르게 되었고, 우리가 지금까지 어떤 과정을 거쳐 오늘에 이르게 되었는지를 보여주는 것이다."

1999년 제헌의회 회의에서 민족정체성에 관한 몇 가지 문제가 제기되기 시작했다. 가장 격론이 벌어진 것은 새 헌법이 이 나라의 토착민에게 어떤 권리를 부여할 것인가 하는 문제였다.

베네수엘라의 총인구 2300만 명 중 토착민은 31만 6천 명으로, 약 1.4%인 것으로 알려져 있다(실제는 이보다 훨씬 많을 것이다). 이 가운데 가장 수가 많은 와유우족(일명 과히라족) 약 19만 7천 명은 주로 술리아 주의 마라카이보 호수에서 콜롬비아 국경에 이르는 지역에서 살고 있다.

사람이 거의 살지 않는 동부와 남부 지역에도 약 10만 명 ― 아마조나스에 4만 4천 명, 볼리바르에 3만 5천 명 그리고 아마쿠로 삼각주에 2만 1천 명 ― 이 살고 있다. 그 밖에 오리노코 강 북쪽의 안소아테기에도 7천 명, 아푸레에 약 6천 명이 살고 있다.

베네수엘라에는 약 26개 소수인종이 살고 있는 것으로 알려져 있으며, 구체적으로 와유우족, 와라오족, 페몬족, 아뉴족, 야노마니족, 히비족, 피아로아족, 바레족, 푸메족, 예콰나족, 유크파족, 에네파족, 쿠리파카오족, 바리족, 피아포코족, 바레족, 바니바족, 푸이나베족, 예랄족, 호디족, 카리나족, 와레케나족, 야라바나족, 사페족, 와나이족, 우루아크족 등이 있다.

차베스 정부는 출범 초기부터 토착민의 장래문제에 큰 관심을 보였다. 와유우족 지도자이자 '애국의 극'(PP) 지지자인 아탈라 우리아나는 초대 환경장관에 임명되었다(나중에 그는 사임하고 제헌의원이 되었다).

제헌의회의 선거 전에 최소한 토착민 대표 3명을 선출토록 보장하는 특별조치가 이루어졌으며, 이에 따라 1999년 3월에 전국토착민회의(Conive)는 총회를 개최하여 토착민 대표를 선출했다. 여기서 사회사업가이자 세계토착민평의회 의장 노헬리 포카테라(와유우족)와 볼리바르 주 토착민협회 창설자이면서 사회학자인 호세 루이스 곤살레스(페몬족) 그리고 아마조나스 주의 토착민 지역기구 지도자인 길레르모 게바라(히비족)가 대표로 선출되었다. 이들 세 명은 모두 토착민 권리신장 운동에서 오랜 경험을 쌓은 사람들이었다.

베네수엘라의 백인 정착과 토착민 저항의 역사는 오랫동안 복잡한 과정을 거쳐왔지만 연구가 제대로 되어 있지 못하다. 다만 한 가지 분명한 사실은 19세기 초의 독립으로 토착민의 상태가 더 나빠졌다는 점이다. 2세기 동안 스페인이 카푸친 수도회, 예수회 및 프란체스코 수도회에 선교구역을 설치하는 것을 허용했기 때문에, 이 지역의 인디오들은 얼마간 보호를 받을 수 있었다. 그러나 1760년대에 예수회가 철수한 후 카푸친족에게는 반세기 후에 닥쳐올 더 모진 운명이 기다리고 있었다. 카로니 강 주변의 카푸친 수도회 선교구역들은 영국과 네덜란드의 진출을 막는 데 도움이 된다는 전략적 이유로 오리노코 강 삼각주 가까운 곳으로 옮겨졌다. 이 선교구역들은 1817년에 볼리바르 군대가 도착하면서 큰 영향을 받았는데, 볼리바르는 부유한 카푸친 선교구역을 장악하는 자가 전쟁에 이긴다는 생각을 가지고 있었기 때문이다. 그러나 대부분의 가톨릭 단체들과 마찬가지로 카푸친 수도회는 스페인 편을 들었다가 1817년 5월 7일에 그 대가를 톡톡히 치러야 했다. 32~70세까지의 선교사 20명이 학살당했는가 하면, '해방자'의 군대는 사회구제 시설들을 몰수하고 곡물과 가축을 훔쳤으며 선교구역의 인디오들을 군대에 입대시켰다.

19세기의 역대 정부들은 막연하게 옛 선교구역들이 복구되기 바라는 것 이외에는 이렇다 할 토착민 정책을 가지고 있지 않았다. 그 결과 인디오들은 중심부에서 변경지역으로 무자비하게 추방되었다.

한편 18세기 중반에 스페인 군대는 훨씬 더 남쪽의 오리노코 강 상류로 밀고 올라갔었다. 이 지역의 예콰나족(당시는 마키리타레족이라 불렸다)은 스페인 군대에 대해 크게 신경을 쓰지 않고 있다가 1765~75년에 본격적으로 저항운동을 벌였다. 이들은 1775년 말의 어느 날에는 단 하룻밤 사이에 앙고스투라(지금의 시우다드 볼리바르)에서 오리노코 강 상류의 라 에스메랄다에 이르기까지의 도로변에 있는 19개 스페인 군대 요새와 막사들을 점령하여, 불태워 버리기도 했다.

이로부터 100여 년이 지나 고무가 호황이던 1913년 5월에 백인들이 반격을 가했다. 토마스 푸네스 대령은 고무농장 노동자들로 구성된 소규모 무장세력이 있는 산 페르디난도 데 아타바포를 장악해서, 이 도시의 시장 로베르토 풀리도와 그 가족 등 130여 명을 죽였다. 그러나 이것은 마키리타레족 인디오 학살극의 예고편에 불과했다. 푸네스 대령은 중앙정부의 지배가 미치지 않는 이 도시를 9년 동안 장악하고, 인디오들을 대규모로 학살했다. 『달의 아들』(*Los Hijos de la Luna*)에는 이렇게 씌어져 있다.

"…수십, 수백 개의 마키리타레족 마을이 파괴되고 주민들이 살해되었다. 이 비극적인 기간 동안 대략 2천 명의 인디오들이 학살되었다."

그후 1921년에 푸네스 대령은 에밀리오 아레발로 세데뇨 장군의 부대에 투항했는데, 마이산타와 제휴한 유명한 반(反) 고메스 게릴라 지도자 세데뇨 장군은 바로 차베스 대통령의 증조부이다. 베네수엘라 토착민들은 이런 학살이야기를 백인정착민들보다 훨씬 더 상세하게 기억하고 있지만, 오늘날에도 토착민들의 불평불만은 종종 묵살되기 일쑤이다.

1999년 10월에는 동남부 지역의 페몬족 토착민들이 고압선용 철탑 상당수를 파괴하여 관심을 끌었다. 구리 댐에서 이들이 살고 있는 지역을 거쳐 브라질로 이어지는 송전탑 건설공사는 칼데라 정부 때 시작된 것이었다. 페몬족은 송전탑 자체도 꺼려했지만, 이로 인해 값싼 전기를 손쉽게 이용할 수 있게 됨으로써 광산개발이 더욱더 기세를 떨치게 될 것이라고 주장했다. 이 지역에는 금 매장량이 많아 벌써부터 페몬족의 권리쯤은 아랑곳하지 않는 노동자들이 떼거리로 밀려 들어와 있었다.

정부의 공식입장은 송전탑이 환경에 큰 피해를 주지 않으며, 일자리를 만들기 위해 지역개발은 필요하다는 것이었다. 1억 1천만 달러가 소요되는 송전사업은 이미 브라질의 북부지역 도시들과 계약을 체결한 상태여서 중단할 수도 없었다. 이 프로젝트는 2001년 8월에 피델 카스트로와 브라질의 페르난도 엔리케 카르도소 대통령이 참석한 가운데 준공식을 가졌다. 차베스는 처녀림을 교란시키지 않기 위해 최선을 다했다고 주장했다.

1999년 12월에 라틴아메리카의 거물급 토착민 지도자 리고베르타 멘추가 새 헌법에 따른 토착민의 권리 증진을 축하하기 위해 카라카스에 도착했다. 과테말라 출신으로 1992년 노벨평화상을 수상한 그녀는 토착민의 권리를 위해 줄기차게 투쟁해 온 투사이다.

지난 15~20년 동안 여러 나라가 이 문제를 토론해 왔다. 그들은 토착민에게 권리를 주는 것은 좋지 않으며, 다른 국민들에게 나쁜 영향을 끼칠 수도 있다고 상상해 왔다. 그러나 우리는 우리가 애국자임을 보여주고 있다. 인종차별과 배척을 당하면서까지 우리는 이 입장을 지키고 있다. …사람들은 서로 다른 집단들의 평화공존을 증진시키는 데 방해가 되는 이런 환상에서 벗어나야 한다.

최근 아메리카 대륙 전체적으로 토착민에 대한 백인정착민들의 태도가 변화하고 있다. 몇몇 나라에서는 토착민이 인구의 과반수를 차지하여 진작 누렸어야 할 권력을 눈앞에 두고 있다. 또 일부 나라들에서는 혼혈인 '메스티소'도 흑인들처럼 변화하는 새로운 상황에서 자신들의 정체성을 고민하기 시작했다.

이런 소수인종 문제는 특히 안데스 지역 국가들에서 벌써부터 21세기의 중요한 문제로 떠오르고 있다. 차베스의 베네수엘라는 이 문제를 공론화시키고 있는 선도적 나라들 가운데 하나이다. 전형적인 백인정착민 국가인 베네수엘라의 정부는 지금 백인 인종차별주의자들의 반대를 무릅쓰고 가장 단호하게 흑인과 토착민의 편을 들고 있다.

-29-
변화하는 반대세력

차베스의 집권 첫해에, 정치의식을 가졌거나 정치에 관심 있는 카라카스 시민들은 오후가 되면 일부러라도 밖에 나가 석간 『엘 문도』를 사보았다. 카프릴레스 그룹이 발행하고 한때 좌파의 거물이었던 테오도로 페트코프가 편집하는 『엘 문도』는 당시 차베스 반대세력의 지성을 대표하는 얼굴이었다.

테오도로 페트코프는 베네수엘라 정계의 수많은 다른 주역들처럼 게릴라전사 출신이다. 1931년에 마라카이보 지역에 정착한 불가리아 이주민의 아들로 태어난 페트코프는 페레스 히메네스의 집권 초기인 1949년에 공산당 청년운동에 가담했다. 그는 어머니의 뒤를 이어 의학을 공부했지만, 얼마 후 정치운동과 언론활동에 뛰어들어 1961년에는 공산당 중앙위원회에서 로물로 베탕쿠르 정부에 항거하는 무장투쟁을 열렬히 주창했고, 1962년에는 더글러스 브라보를 따라 산으로 올라갔다. 두 차례 구속된 전력을 가진 페트코프는 카라카스의 산 카를로스 형무소에서 1964~67년 3년 동안 복역할 때 다른 재소자들과 함께 대탈주극을 벌이기도 했다.

영원한 비판자였던 페트코프는 공산당 전략을 갈수록 못마땅하게 생각했다. 그는 공산당과 쿠바의 카스트로가 지지했던 소련의 체코 침공을 일찍부터 비판했으며, 1969년에는 게릴라들이 하산하거나 망명지에서 귀국하기 바란다는 칼데라 대통령의 제의를 받아들였고, 이어 1970년에는 공산당과 결별하고 아메리코 마르틴이 주도하는 '사회주의운동'(MAS)의 창당을 도왔다.

그후 30년 동안 페트코프는 늘 말다툼으로 시끄러운 베네수엘라 좌파의 주요 인물이었다. 선도적인 유로코뮤니스트 페트코프는 좌파의 대통령후보로도 여러 차례 출마하였으며, 베네수엘라의 사회적 위기가 더욱 심화된 1990년대에는 베네수엘라 판 케렌스키(러시아의 온건 사회주의 혁명가. 10월혁명으로 축출되어 망명함-옮긴이) 역할을 한 80대 노인 칼데라 대통령을 위해 혼신의 힘을 다했다. 칼데라 정부의 개발부장관으로서 무너져 가는 정부를 살리려고 마지막까지 분투했던 사람이다.

그러던 중 1998년 중반에 MAS가 차베스의 대통령 선거운동에 협력하기로 결정하자, 페트코프는 자기가 창당에 협력했던 MAS를 탈당했다. 페트코프의 MAS탈당은 베네수엘라의 좌파세력을 편 가르기 하는 결정적인 계기가 되었다. 일부는 차베스 진영에 남고, 또 일부는 페트코프가 반 차베스 정치노선을 선전하기 위해 인수한 일간지 『엘 문도』의 칼럼니스트로 활동했다.

특히 차베스 정부 첫해에, 『엘 문도』와 『엘 유니베르살』을 비롯한 여러 신문의 칼럼니스트들은 차베스의 새 정책을 공격하는 저격수 노릇을 했다. 차베스 정부는 평기자들 속에서는 수많은 지지세력을 확보했음에도 불구하고, 놀랍게도 홍보활동이 매우 빈약하여 노골적으로 적의를 드러내며 공격하는 언론에 제대로 대응하지 못했다.

페트코프가 끌어들이고 지휘한 적대적 칼럼니스트들은 엄청난 소란을 피웠지만, 그것은 정치적 지지를 전혀 받지 못하는 황야의 외침에 불과했다. 1998년 말 총선에서 전통적 정당들이 압도적으로 패배했다는 것은 차베스에 반대하는 야당세력이 완전히 붕괴했음을 의미하는 것이었다. 구 정치인들에 대한 불신이 그처럼 강했기 때문에 그들 대부분은 슬그머니 사라지거나 집에 들어앉아 회고록이나 쓰는 신세가 되었다.

집권 첫해에 신문사 칼럼니스트들을 제외한 유일한 차베

스 반대세력은 일찍이 막강한 힘을 자랑했고 목소리 내기를 좋아하는 재계 지도자들이었다. 상공회의소연합회(Fedecámeras) 회장 비센테 브리토, 방대한 조직을 거느린 베네수엘라-미국 상공회의소(Venamcham) 부회장 안토니오 에레라 바이얀트 그리고 베네수엘라 석유산업협회(Cámara Petrolera) 회장 루이스 에두아르도 파울 등이 그 면면이었다. 특히 새 헌법을 둘러싼 논의기간 동안에 이들은 인터뷰나 기자회견 혹은 직접 토론자로 나서서 자기들의 이익을 해칠 가능성 있는 경제조항들에 대해 반론을 펼쳤다. 그러나 공산당 출신 칼럼니스트들과 다름없이 이들 역시 정치적 지지를 별로 받지 못했다.

가끔 구시대의 목소리도 들렸다. 다수의 보수파 구 정객들은 차베스의 이른바 '네오 포퓰리즘'에 대해 우려를 표명했다. 기독교사회당(Copei)의 대통령 유망주였던 에두아르도 페르난데스는 베네수엘라와 라틴아메리카를 휩쓸고 있는 "메시아주의, 온정적 간섭주의, 중앙집권주의 및 불로소득 생활자 시각의 경제관"과 함께 "옛 정당들과 이데올로기를 무시하는 감상적이고 탈정치화한 군중"을 매도했다.

1999년 말의 신헌법 국민투표 운동기간에 이들 야당세력은 더욱 목소리를 높였다. 민주주의를 민주적 방식으로 파괴하려 한다는 우려가 여기저기서 튀어나왔으며, 차베스는 오랜 '음모가'라고 공격받았고 그의 거친 말투도 '내전시기의 말투'라고 비판받았다. 야당은 전통적인 토론예절이 무시되고 있으며, "나라가 두 쪽 나 서로 대화도 하지 않게 되었다"고 목청을 돋웠다.

이와 같은 야당의 과장된 언사는 차베스 반대세력을 새로운 정치운동으로 규합하기 위한 것이었다. 그들은 차베스가 정당과 재계를 적으로 돌리고 있으며, 반언론적이고 가톨릭 교회에 적대적이라고 주장했다. 이 사회부문들이 차베스가 제기한 위협에 맞서 일어서기만 한다면 새로운 반대세력을 조직할 수 있다는 계산이었다. 일부 비판가들은 심지어 군부 내에도 차베스를 못마땅하게 여기는 세력이 있어 새로운 쿠데타 논의에 귀를 기울일 가능성이 있다고 암시하기 시작했다.

비판자들은 차베스의 옛 볼리바르주의 혁명운동 내부에도 있었다. 이들은 차베스가 좀더 혁명적이기를 원했다. 그들은 부자와 특권층에 대한 적극적인 조치를 원했고, 베네수엘라 국익을 미국으로부터 더 확고하게 지켜야 한다고 생각했던 것이다. 그러나 쿠데타란 불만을 품은 장교 한두 명이 언제든지 일으킬 수 있는 일상적인 사건이 아니다. 설사 능력과 식견을 지닌 군인들이 대중의 지지를 얻어 치밀하게 기획한 쿠데타를 실행에 옮긴다고 할지라도 쉽사리 실패하게 마련이다.

구 정객들은 불신당한 자기들의 옛 정당이 다시 한번 일어서 주기를 기대했다. 페루의 벨라스코 장군이나 아르헨티나의 페론 장군의 정당처럼, 옛 정당들이 나중에 다시 일어서는 경우를 얼마든지 찾아볼 수 있다. 그러나 베네수엘라는 정치지형의 영구적인 변화를 가져올 보다 심원한 대격변을 겪고 있었다. 혹시 진지한 민주적 야당세력이 등장한다면, 그것은 반대세력이 아닌 차베스 지지세력(차비스타) 세력 내부에서나 나올 수 있을 것이다. 그러나 1999년 말의 새 헌법 국민투표에서 승리함으로써 차베스의 집권기반은 더욱 확고해졌기 때문에 반대세력의 앞길은 더 불길할 수밖에 없었다. 페트코프와 그 아류들로 대표되는 종이호랑이들이 갈수록 의미를 상실해 가는 가운데, 마침내 그 배후의 실질세력(재계와 국영 석유회사와 미국 대사관)이 전면에 등장했다. 신문 칼럼니스트들이 누리던 힘이 신문 소유주들에게로 옮겨가고 있었다.

-30-
어용노조들 혁명에 반대하다

차베스 정부는 특정 정당이나 노동조합에 의해 유지되고 있지 않다. 1998년 이후에 살아남은 전통적 정당과 노조들은 두드러지게 우익 야당세력을 지지했고, '어용'노조들은 사용자단체와 손잡고 정부에 반대했다.

차베스는 이런 상황을 오히려 선호했다. 오랫동안 나라를 잘못 다스려 온 구체제를 쓸어버리기를 갈망한 차베스는 구체제를 떠받쳐 온 제도를 재건할 마음이 없었다. 그의 목표는 라틴아메리카에 진정으로 '독창적'인 혁명정부를 세우는 것이었다. 그것은 그가 마르크스나 카스트로보다도 더 존경해 마지않는 19세기의 철학스승 시몬 로드리게스가 자신에게 명한 것이었다. 1820년대에 독립한 신생국가들에게 로드리게스가 던진 정치적 조언은 매우 분명했다.

스페인령 아메리카는 독창적인 구성체이다. 그 제도와 정부도 독창적이어야 하며, 또한 이것들을 구성하는 방법도 독창적이어야 한다. 우리는 이를 '창안'해 내야 하며, 그렇지 못하면 방황하고 오류를 범하게 될 것이다.

차베스는 처음부터 이를 '창안'할 결의에 차 있었으며, 그것은 바로 낡은 정치적 모델들의 청산을 의미했다. 그러나 정당이나 노조 등 체제에 대한 차베스의 이 같은 무관심은 좌파 쪽에서 볼 때 이상하면서도 생소한 현상이었다. 지난 100여 년 동안 좌파의 언설은 '당 건설'과 노동계급의 체제구축에 집중되어 있었다. 조직화된 노동계급이 소수에 불과한 라틴아메리카의 제3세계적 상황에서조차도, 좌파는 당과 노조운동을 정치활동의 필수적 요소로 간주하는 것이 일반적이다. 게다가 카스트로의 쿠바, 아옌데의 칠레, 산디니스타의 니카라과 등이 모두 체제문제를 중요시했다. 이런 전통적 정치조직 없이 어떻게 해방된 민중들을 조직화할 수 있겠는가?

　차베스는 라틴아메리카의 전통에서 보면 두드러진 좌파이다. 그의 강력한 반제국주의 입장과 가장 가난한 민중들을 위한 정치를 추구하고자 하는 진정한 바람은 1999년 헌법에 잘 나타나 있다. 헌법 중 12개 조항이 노동 및 노동자의 권리와 직접적으로 관련된 것이며, 그중 제95조와 제96조는 노동자의 단결권과 파업권을 확실하게 보장하고 있다.

그러면서도 차베스는 새 노동운동을 창설하려는 움직임을 거들어주지 않았다. 그는 지난 반세기여 동안 정당과 노동조합운동의 명성과 신뢰는 땅에 떨어져 버렸다는 확고한 믿음에서 출발하고 있다. 그는 1998년에 과거와는 완전히 단절된 인물로서 대통령에 당선되었다. 그의 승리는 사실상 스스로 폭발해 버린 구체제의 잿더미 위에서 얻어진 것이었다. 그러니 그처럼 참담한 실패로 끝난 정치구조를 구태여 재건할 이유가 어디 있겠는가?

차베스 지지세력은 다름아니라 지금까지 조직화되지 않아 사실상 전통적 정치에서 소외되었던 사회의 절대 다수 집단에서 나왔다. 차베스는 빈민들, 빼앗긴 자들, 농민과 빈민촌 주민들에게 직접 호소해서 지지세력을 그러모았다. 그는 그들을 노동자로서 대하며 호소한 적이 없었으며, 하물며 이전시대의 정치화된 노조들의 대부분을 구성하고 있는 특권적 노동자들에게 호소한 적은 더더욱 없었다. 집권 초기에 노동자들을 동원할 때도 그는 비공식 부문의 조직화되지 않은 노동자들에게 제일 먼저 호소하였다. 지금까지 제도권 노동조합주의가 손대지 않았던 — 정확하게는 무시하고 소외시켜 왔던 — 노동자들에게 도움을 청했던 것이다.

지난 수십 년 동안 베네수엘라의 전통적인 노동계급 조직은 '베네수엘라 노동자연맹'(CTV)이었다. 1936년에 창설된 CTV는 정치적으로 강력한 영향력을 행사하며 지난 반세기 동안 모든 진보적 투쟁에 참여해 왔지만, 조직률이 전체 노동자의 12%를 넘은 적이 없었다. 1958년 이래 주요 집권당이었던 민주행동당과 조직적으로 연결된 CTV는, 90년대 들어와서 신자유주의 정부가 노동자의 이익에 반하는 개혁을 추진하면서부터 바로 이 연결고리 때문에 수난을 겪었다. 결국 CTV가 암살단을 거느린 보스들의 노조로 낙인찍혀 쇠락의 길을 걷게 되면서, 주로 시우다드 과야나 공업단지에서 급진행동당(LCR)과 연계된 몇몇 독립노조들이 생겨났다. 이 새로운 노조운동은 구 정당세력과 그 산하노조들의 몰락을 예비했지만 그 자체로는 성공하지 못했다. 차베스는 독립노조들에게서 버림받은 정치인들과는 달리, 새로운 상황에 편승하여 '백지상태'에서 대통령 직무를 수행할 수 있게 되었다.

차베스가 승리한 후 CTV는 신망을 잃은 구체제의 주요 부분으로 인식되었다. 연맹의 조직원 수가 줄고 정치자금도 끊어진 상태에서, CTV는 과거의 영향력과 신뢰를 되찾기 위해 내부개혁에 착수했다. 미국 AFL-CIO의 국제적 창구인 미국국제노동연대(ACILS)으로부터 재정지원을 받아, 일부

골수 보수파를 축출하고 새 지도부를 구성하기 위한 선거를 실시하는 등 내부 조직구조를 현대화하였다(ACILS는 미국 의회의 산하조직인 전국민주주의재단 NED의 자금으로 운영된다).

얼마 후 조직노동자들의 기득권에 편승하고자 하는 CTV와 노동인구의 절반을 차지하는 비공식 부문의 미조직 노동자들의 동원에 더 관심을 기울인 차베스 지지 노조들 사이에 대결이 벌어졌다. CTV는 가맹노조 수에서 비공식 부문을 따돌리는 데 성공했다.

2001년 10월에 열린 CTV 지도부 선거에서 차베스 지지 노조들은 대표권을 따내려고 시도했지만, 민주행동당 후보들이 확고한 지배력을 장악했다. 민주행동당 후보 카를로스 오르테가는 유효투표의 57%를 획득한 데 비해, 차베스측 후보 아리스토불로 이스트리스(과거 LCR의 지도자)는 16%를 얻는 데 그쳤다. 정부는 즉각 이 선거가 협잡선거라고 주장했다.

차베스 지지세력은 이에 맞서 전국노동자연합(UNT)을 조직하여 2003년에 창립총회를 가졌다. 그러나 차베스로부터 적극적인 지원을 받지 못한 UNT는 공식·비공식 부문을 조직할 역량을 갖춘 중요한 조직체라기보다는 일종의 급진주의 토론집단에 불과한 실정이다. 차베스는 미조직 사회부문을 조직화하기 위해 그때그때 '볼리바르주의 서클'이라든가 선거'순찰대', 교육'파견대'와 같은 준군사적 동원방식을 활용하기 시작했다. 차베스는 '창안'의 달인이지만, '독창성'을 확보하기 위한 투쟁에서 조직노동자의 역할은 아직 구상하지 못하고 있다.

차베스가 지난 수십 년 동안 어용노조들이 쌓아온 강력한 지위를 위협했기 때문에, CTV 지도부는 차베스를 격렬히 반대했다. 그리고 2001년 가을에 카를로스 오르테가는 대통령을 축출하려는 음모에 가담했다. 오르테가의 CTV는 산업체 노동자들을 상당수 보유하고 있었지만 전국적인 지지를 받지는 못했다. 따라서 오르테가는 정부를 타도하기 위해서는 사회의 다른 불만세력들, 그중에서도 특히 상공회의소연합회(Fedecámeras)와 제휴할 수밖에 없었다. CTV는 2002년 4월로 계획된 군사쿠데타에 참여하기로 하고, 석유산업을 일시적으로 마비시킨 2002년 2월의 파업을 지원하였다. 기업총수들과 손잡고 민선정부를 타도하려고 획책하는 참으로 희한한 노조였다.

VI. 반동의 물결

-31-
반대세력의 조직적인 저항

대도시 카라카스에는 수많은 산과 언덕들이 펼쳐져 있으며, 우기가 되면 저 아래 계곡을 덮은 구름 위로 봉우리들이 모습을 드러낸다. 이 봉우리들의 가파른 경사면에 수백만 인구가 '란초'(ranchos)를 이루어 살고 있다. 흔히 란초는 '판자촌' 혹은 빈민촌이라고 번역되지만, 그러나 이곳의 집들은 판잣집이라기보다는 값싼 벽돌과 시멘트블록으로 그런대로 제대로 지은 집들이며 다만 공간이 비좁아 다닥다닥 붙은 조그만 집들이 겹겹이 층을 이루고 있을 뿐이다.

주민들 가운데는 백인이나 혼혈도 있지만, 절대 다수가 흑인과 토착민들이다. 지리적으로 베네수엘라는 브라질과 카리브해 사이에 위치해 있기 때문에, 수적인 면에서는 노예나 원주민 자손이 유럽 정착민의 후예보다 압도적으로 많다.

이들은 활기차고 열의가 있지만, 라틴아메리카에서 가장 부유하다는 이 나라에서도 영구적인 절대빈곤을 면치 못하고 있다. 교육과 의료 시설은 부족하고 일자리도 마찬가지이다. 대부분의 사람들은 계곡 아래로 내려가 행상을 하며 근근이 살아간다.

공기는 맑아서 시야가 탁 트여 있다. 현대적인 시설만 빼면 중세유럽의 산간마을과 같은 분위기이다. 전기와 수도는 변덕스럽게나마 공급되지만 쓰레기 수거가 잘되지 않아 비좁은 골목길과 돌계단에는 늘 쓰레기더미가 쌓여 있다. 이곳들은 보행자 위주의 비계획구역이어서 버스나 승용차가 올라오지 못한다. 치안이 가장 큰 문제인지라, 집 지을 때 가장 비용이 많이 들고 신경 쓰는 부분은 쇠창살과 자물통이다.

새집처럼 언덕 위에 올라앉은 란초의 빈민들은 풍요로운 부자동네를 내려다보며 산다. 이들에게 부자동네의 엘리트층은 스페인 정복 이후 이 나라를 좌지우지해 온 사업가, 외교관, 언론인 등 '딴'나라 사람들이다.

라틴아메리카에서는 과거 남아프리카공화국과 같이 '인종격리'를 합법화하고 있지는 않지만 인종분리와 권리침해가 존재하기는 매한가지이다. 뿌리 깊게 자리 잡은 무의식적인 인종차별이 여전히 정치를 지배하고 있다.

카라카스의 백인들이 품고 있는 변함없는 공포심은 언덕

위에 사는 가난한 유색인들이 언제라도 자기들의 행복한 터전에 몰려 내려와 해코지하지 않을까 하는 것이다. 1989년의 '카라카소'는 전래의 사회통제 시스템이 붕괴될 때 어떤 사태가 발생하는지를 생생하게 보여주었다. 폭력을 수반하지는 않았지만, 이와 비슷한 사태가 2002년 4월에도 일어났다. 차베스가 불발 쿠데타로 잠시 실각하자 빈민촌 주민들이 일제히 자기들의 대통령을 복권시키기 위해 자발적으로 언덕에서 내려와 간선도로와 고속도로들을 봉쇄했던 것이다.

빈민들은 자신들에게 혁명을 조직해 달라고 호소하던 우고 차베스가 잠시 실각하자, 즉각 이에 호응하고 나섰다. 그러나 차베스는 집권 첫해에 수많은 적을 만들어내었으며, 특히 백인 기득권층의 분노는 갈수록 깊어갔다. 그들은 차베스의 급진적 토지개혁안을 증오하였으며, 역대 정부들이 마련한 석유산업 민영화 프로그램을 중단시키려는 그의 계획을 혐오했다. 그러나 그들이 가장 두려워한 것은 차베스의 빈민층 동원능력이었다.

마침내 고위 장성, 보수적 기업인, 석유산업 중역들과 언론계 거물들이 차베스를 전복시킬 음모를 꾸미기 시작했다. 급속도로 세력을 키운 이들 반대세력은 2001년 말 무렵이 되자 이미 피노체트식 쿠데타 계획까지 세워놓고 있었다.

그해에 베네수엘라는 점점 더 심각한 위기상태로 빠져들

고 있었다. 야당세력이 상공회의소연합회와 민주행동당과 연계된 베네수엘라 노동자연맹(CTV)의 지지를 얻어 카라카스에서 벌인 항의집회는 갈수록 규모가 커졌다.

연말이 되면서 이들의 항의는 49개의 급진적 법령을 도입한 2001년 11월의 포고령에 집중되었다. 이 포괄적인 포고령은 이 나라의 경제적 인프라를 혁신하고 1999년 헌법에 이미 구현되어 있던 변혁조치를 추진하기 위한 것이었다. 차베스 집권 3년 만에, 마침내 혁명이 본 궤도에 접어들었던 것이다.

일련의 새 조치의 입법화를 허용하는 이 '수권법'은 예고 없이 11월에 공표되었다(2000년 11월에 국회가 승인한 수권 기간이 1년이었음을 뒤늦게 알았기 때문이었다). 차베스는 대통령궁에서 행한 연설에서 구체적인 내용을 설명하면서 새 입법의 중요성을 강조했다.

49개 법령은 무엇보다도 토지 보유기간, 석유산업의 생산 및 과세 그리고 수산업의 조업을 규제하기 위한 것이었다. 칼데라 정부의 사회보장제도 민영화 계획을 뒤집는 법령도 있었다. 새 법령들의 내용은 미주개발은행(IDB)에서 경제전문가로 일했던 부통령 아디나 바스티나스를 위원장으로 한 위원회가 여러 달 동안 준비하여 작성한 것이었다.

토지개혁법은 개인의 토지소유를 5천 헥타르로 제한하

고 정부에 공한지의 수매·재분배 권한을 부여했다. 베네수엘라의 지주들은 석유호황기 때 상공업으로 대거 진출했기 때문에 그 수가 줄어 있었다. 그러나 야노스 평원지역의 대규모 공한지가 개혁대상에 오르자 지주들은 '자존심'이 상했다. 나아가 토지개혁은 '볼리바르주의 혁명'의 상징이 되어 그 대상이 도시지역으로 확대되었다. 2002년 2월의 포고령에 따라 지역위원회가 토지실태를 조사해서 장기 거주자들에게 권리증서를 주도록 되었다.

궁극적으로 더욱 중요한 것은 '탄화수소법'이었다. 석유 로열티 인상을 노린 이 법령은 국영 석유회사(PdVSA)가 외국과의 모든 합작회사에서 51 %의 지분을 확보할 것을 요구하고 있었다. 알리 로드리게스가 OPEC 사무총장에 취임한 후에 에너지·광업장관에 임명된 알바로 실바 칼데론이 기초한 이 법은 또 민영 석유회사가 정부에 납부해야 할 로열티의 하한을 30%로 못박았다. 이 급진적 정책의 궁극적 목적은 국영 석유회사의 해외투자를 줄이고 국내의 사회 프로젝트에 더 많은 자금을 투입하는 것이었다. 이 법은 국영 석유회사를 민영화하여 국내외 투자가들에게 팔아먹으려던 수구적 경영진의 꿈에 종지부를 찍었다.

이처럼 혁명의 나사못이 조여오자 석유회사를 지배해 오던 백인 기득권층은 심각한 위협을 느끼고, 즉각 가두시위를 조직하여 반대운동에 나섰다. 반대진영의 대변인들은 정부가 새 조치에 관해 자기들과 협의한 바 없다면서 그것은 사유재산에 대한 침해라고 주장했다. 차베스는 수백 명의 전문가와 이해당사자들과 협의를 마쳤다고 주장하면서도 "모든 사람과 다 앉아서 의논할" 시간은 없었다고 시인했다.

공개적으로 항의한 최초의 거물급 인사는 베네수엘라 석유회사(PdVSA) 사장 과이카이푸로 라메다 장군이었다. 라메다 장군은 차베스가 임명한 인물이었는데도 회사 내의 민영화 찬성세력에 가담하고 있었다. 그는 새 '탄화수소법'은 석유 로열티의 인상을 요구하는 것이라며 비난했으며, 이에 차베스는 라메다를 곧바로 해임하고 구식 급진파 교수인 가스톤 파라를 후임으로 앉혔다. 그 길로 라메다 장군은 반대파 진영으로 옮겨가서 대통령 전복 음모에 가담했다.

이제 대규모 시위와 정치적 공세가 반대파의 일상사가 되었다. 차베스의 지지율이 떨어지고 있다는 것을 넌지시 암시하는 불리한 여론조사 결과와 함께 이 같은 시위는 차베스 정부가 인기를 잃고 위협받고 있다는 일반인의 생각에 힘을 실어주었다.

정부 내에도 심각한 내분조짐이 나타나고 있었다. 라메다 장군이 물러난 데 이어 야례 형무소 시절부터 차베스의 가장 중요한 민간인 자문 역할을 해오던 루이스 미킬레나도 배를 버리고 떠나기로 결정했다. 그는 차베스 집권 초기에 차베스 진영의 국회의원과 대법관 후보 전원의 자격심사를 담당했던 인물이었다. 뿐만 아니라 차베스가 전혀 생소한 분야인 정계의 파도를 헤쳐나가는 일을 떠맡았으며, 2001년 가을에는 내무장관이라는 중책을 맡기도 했다. 그러나 미킬레나는 이제 혁명의 전진을 멈출 때가 되었다고 생각했다. 12월 초에 그는 차베스에게 면담을 요청하여, 새 법령들을 철회해야 한다고 퉁명스럽게 말했다. "이것들이 항의시위를 불러일으키고 있으니 철회해야 한다"는 것이었다.

차베스는 전진을 늦출 때가 아니며, 오히려 개혁조치를 더 확실하게 밀고 나가야 할 때라고 대답했다. 미킬레나는 이 말에 동의하지 않고 자기 주장을 늘어놓았고, 차베스가 그 주장을 받아들이지 않자 결국 사임할 수밖에 없었다. 그리고 라메다 장군을 따라 반대파 진영에 합류했다.

미킬레나의 이탈은 차베스에게 큰 타격이었다. 비단 그가 중요한 동맹자였기 때문만이 아니라, 그가 사법부와 국회 내에 개인적으로 상당한 추종세력을 가지고 있었기 때문이다. 수많은 국회의원과 대법관들이 미킬레나에 의해 차베스의 후보자 리스트에 오른 사람들이었기 때문에, 미킬레나의 지지철회는 심각하게 부정적인 영향을 미쳤다. 2001년 말에 차베스 정부는 국회의 과반수 의석을 상실할 위기에 처했고,

사법부 내에서의 입지도 매우 좁아졌다.

미킬레나는 차베스가 자신들의 온건개혁 노선을 실현해 주리라고 기대했던 상당수의 차베스 지지세력을 대표하는 인물이었다. 그들은 2001년 말에 와서 차베스가 독자적인 입장을 가지고 있으며, 남에게 호락호락 이용당할 인물이 아니라는 것을 깨닫기 시작했다. 거물급 인사들의 이탈에 고무된 반대파는 이제 자기들이 다수 세력이 되었으므로 대통령을 하야시킬 수 있다고 오판하기에 이르렀다. 그들은 공세에 나서 가두시위를 효과적으로 이용하여 지지세력을 늘림으로써 자기들의 반정부운동에 정당성을 부여하고자 했다. 그리고 12월에 총파업을 감행했고, 이것은 이후 잇따른 총파업의 신호탄이었다.

이에 맞서 차베스는 자기 진영에 신선한 민중의 에너지를 불어넣기 위한 새로운 시도로 '볼리바르주의 서클' 운동을 출범시켰다. 차베스 지지자들은 10여 명 단위의 소그룹을 만들어 자기 고장에서 정부시책을 홍보하는 캠페인에 착수하라는 임무를 부여받았다. 주민들에게는 지역에서 자체 조직을 만들고 정부기관으로부터 소액융자를 받아 협동조합을 꾸리도록 권장하였다. 이 서클들의 주된 목적은 오랫동안 사회에서 소외받았던 사람들을 묶어 기존 정당들의 공식구조 바깥에 정치조직을 만드는 것이었다.

이제 정부와 반대세력은 서로 다수 세력임을 입증하기 위해 거리에서 맞불시위를 조직하는 방법으로 전투를 벌였다. 이런 한편으로 정부는 정치적 입지를 굳히고자 했고, 반면에 반대세력은 군부와 미국의 지지획득을 모색하면서 쿠데타 계획의 예행연습을 해나갔다. 2002년 초가 되자, 실력대결의 무대가 마련되었다.

-32-
쿠데타와 역 쿠데타

2002년 초 카라카스의 분위기는 몹시 어수선했다. 파국이 임박했다는 절박감이 도시 전체를 짓누르고 있었다. 매주 가두시위와 맞불시위가 이어지는 가운데 일단의 퇴역장성, 구 정치인, 노조지도자, 가톨릭교회 사제 들이 뭉쳐 정부를 향해 비난의 포문을 열면서, 군부 내에 쿠데타 동조세력을 확보했다고 주장했다. 언론과 민영 TV방송국들은 연일 반(反)차베스 기사를 장황하게 보도했다. 그리고 미국 정부당국자들은 사태악화를 비난하는 논평을 내어놓기 시작했다.

2002년 4월의 카라카스는 1973년 9월의 칠레 산티아고를 방불케 했다. 쿠데타가 꾸며지고 있다는 데 대해 의구심을 품는 사람은 아무도 없었다. 사태를 가장 잘 파악하고 있는 곳은 미국 중앙정보국(CIA)이었다. 4월 6일자 CIA 정보

요약 보고서(「쿠데타 조건 성숙」)는 카라카스의 동향을 이렇게 설명하고 있다.

불만을 품은 일부 고급장교와 일단의 급진적 하급장교들을 포함한 군부 내 반대파들은 이르면 이달 중에…〔삭제〕 차베스 대통령에 대한 쿠데타를 실행하기 위해 쿠데타 조직에 박차를 가하고 있다. 입수한 정보에 따르면 계획의 세부적인 사항은…〔삭제〕 차베스와 고급장교 10명을 체포하는 것을 목표로 하고 있다.

이어서 보고서는 쿠데타 계획이 어떻게 전개될 것인지 그 과정에 대해서도 설명한다. "군부의 행동을 유발하기 위해, 쿠데타 모의세력은 이달 하순으로 예정된 반대시위의 혼란을 최대한 이용할 것이다." 모든 증거는 쿠데타 음모가 미국정부에 보고되고 있었음을 시사하는 데 반해, 베네수엘라 정부에 사태의 진척상황을 알려주는 사람은 없었다. 미국은 이 음모를 저지할 생각이 전혀 없었다. 실제로 야당 지도자들은 2002년 초에 여러 차례 미국을 찾아가서 쿠데타 계획의 승인을 받아놓은 터였다.

미국은 차베스의 급진적 노선을 싫어한다는 것을 구태여 숨기지 않았다. 반(反)차베스 음모는 이 나라 산업계·경제계의 주요 인사, 노조지도자, 유력 언론 및 TV방송의 소유주, 가톨릭교회 사제 그리고 군부 내의 보수파 장교 등이 주도면밀하게 기획해 온 것이었다. 미국은 이들의 계획을 승인해 주었다.

2002년 초에, 쿠데타 음모자들은 정부가 2001년 11월 법령으로 제안하고 라메다 장군이 격렬히 반대한 바 있는 국영 석유회사의 구조개혁안을 집중적으로 공격하기 시작했다. 그리고 4월에는 이 개혁조치에 항의하기 위해 2일간의 파업이 선언되었으나, 그 진짜 목표는 차베스 타도였다. 상공회의소연합회 회장 페드로 카르모나 에스탕가와 베네수엘라 노동자연맹(CTV)의 카를로스 오르테가 위원장이 공조협정을 맺었다. 두 사람은 공동명의로 4월 11일과 12일 이틀간 파업을 단행할 것을 명하면서, 노골적으로 대통령이 하야해야만 파업을 중단할 것이라고 밝혔다. 파업은 급속도로 반란으로 발전해 갔다.

2002년 4월 11일, 목요일

목요일 이른 아침, 대규모 군중이 카라카스 동부의 델 에스테 공원을 출발하여 시내의 국영 석유회사 본사를 향해 행진해 갔다. 오르테가가 이들을 향해 연설하면서 대통령궁으로 계속 행진해 가서 "베네수엘라 국민을 배반한 자를 축출"하라고 선동했다. 약 15만 명의 군중이 기꺼이 미라플로레스 궁을 향해 행진했다. 대통령궁으로 행진하던 이들은, 이날 아침 빈민촌에서 급히 불러모은 비교적 소규모의 차베스 지지 군중과 마주쳤다. 양측 사이에 경찰병력이 포진했다. 대통령에 충성하는 국가수비대 그리고 차베스 지지에서 지금은 반대진영으로 돌아선 카라카스 시장 알프레도 페냐가 장악하고 있는 시경찰국 병력이었다.

행진은 대통령궁 주변에서 격렬한 충돌로 끝났으며, 이 과정에서 몇 사람이 사망하였다. 분명히 양쪽 모두에서 총격이 가해져 그 책임을 둘러싸고 두고두고 논란이 되었지만, 사망자의 대부분은 차베스 지지자들이었다.

이때를 놓치지 않고, 사관학교장을 역임한 네스토르 곤살레스 장군 등 몇몇 퇴역장교들이 TV에 나와서 대통령의 사임을 요구했다. 마치 자연발생적 위기의 절정에서 정부가 통제력을 상실했기 때문에 대통령 사임을 요구하는 것처럼 절묘하게 타이밍을 맞춘 연출이었다. 실제로 시위행렬과 총격사건은 주도면밀하게 연출된 것이었다.

정오경에 이미 위기를 감지한 차베스는 일명 '아빌라 계획'을 발동하기로 결정하였다. 아빌라 계획은 비상시 군대를 긴급 출동시켜 대통령궁을 보호하고 쿠데타를 저지시키기 위해 기존에 수립되어 있던 군사계획이었다. 대통령궁 내의 가장 충성스러운 고위 장성 가운데 한 사람인 호르게 가르시아 카르네이로 장군은 비상계획을 발동하라는 지시를 받고 육군본부에 명령을 하달하는 과정에서, 일단의 장성들이 대통령을 체포할 계획이라는 보고를 접했다. 이어 거대한 군사기지 '푸에르테 티우나'에 위치한 육군본부가 봉쇄되어 군부대가 대통령궁 외곽의 국가수비대를 지원하려고 해도 출동이 불가능하다는 보고가 들어왔다.

사태는 갈수록 악화되고 있었다. 다수의 국가수비대 장교들과 시내 프란시스코 데 미란다 공군기지에 모여 있던 일단의 공군 장성들도 쿠데타 음모에 가담했다.

차베스는 전국 방송망을 가진 TV방송을 통해 연설을 함으로써 주도권을 되찾고자 했다. 이에 4대 민영방송은 응할 수밖에 없었지만, 대통령 연설이 호소력이 떨어지도록 농간을 부렸다. TV화면을 분할하여 대통령이 사태가 대수롭지 않다는 듯이 이야기하는 화면과 대통령궁 바깥에서 벌어진 폭력시위 장면을 함께 내보냈던 것이다. 차베스는 방송을 중단하라고 명령했지만 방송국들은 이 명령을 듣지 않았다. 정부가 통제할 수 있는 유일한 방송인 〈카날 오초〉(Canal Ocho)는 때를 맞춰 전파방해를 받아 방송이 불가능했다.

차베스는 육군본부에 전화를 걸어 군 수뇌부가 대통령궁으로 와서 자기와 협의할 것을 요청했지만, 이 요청 또한 묵살당했다. 그 무렵 육군사령관 에프라인 바스케스 벨라스코 장군과 합참의장 마누엘 로센도 장군은 대통령 축출을 모의하느라 바빴다.

당시 국방장관이었던 호세 비센테 랑헬은 나중에 대부분의 군 지휘관들이 푸에르테 티우나 기지의 국방부 건물에 모여 있었다고 밝혔다. 랑헬은 "지휘관들이 자기 부대와 함께 있지 않고 사무실에 틀어박혀 있었다"는 것은 큰 실책이었다고 말했다.

나중에 차베스가 기자와의 인터뷰에서 설명한 바에 따르면, 이 지휘관들은 TV화면을 보고 몹시 당황했다. TV채널들은 차베스 지지자들이 시위군중을 향해 총격을 가하는 듯한 장면과 일단의 퇴역장성들이 대통령 하야를 요구하는 장면을 계속 내보냈기 때문이었다. 사태는 차베스에게 불리하게 돌아가는 듯했다.

어떤 방송은 목요일 하루 종일 극적인 비디오를 반복해서 틀어주었는데, 해군 중장 헥토르 라미레스 페레스가 나와서 정부를 비난하는 내용이었다. "공화국 대통령이 국민의 신뢰를 저버리고 저격수들을 동원하여 무고한 시민들을 학살했습니다. 지금까지 카라카스에서 여섯 명이 피살되고 수십 명이 부상당했습니다." 이 비디오가 그날 아침 몇몇 기자들이 지켜보는 가운데 사전에 녹화된 것이었다는 것이 밝혀진 것은 한참 후였다.

　차베스는 육본에 모인 장교들 중 일부가 잘못된 정보로 혼란을 겪으리라고 짐작했겠지만, 그들과 접촉할 방법이 없었다. 대통령궁에 있던 차베스는 쿠데타세력에 맞서 무장투쟁을 준비하는 외에 선택의 여지가 없었다. 그러나 대통령궁에는 의장대와 탱크 몇 대와 소수의 국가수비대 병력뿐이었다. 그는 전투복에 붉은색 베레모를 쓰고 권총과 소총을 집어들었다. 그리고 계속 전화를 걸었다.

　그중 한 통화는 이웃나라 브라질의 페르난도 엔리케 카르도소 대통령에게 사태를 알리는 전화였다. 그 밖의 통화는 각 지역 군 지휘관들이 아직도 충성하는지를 확인하는 전화였다. 그는 마라카이 주둔 군사령관 라울 바두엘과 마라카이보의 장갑부대 지휘관으로부터 고무적인 소식을 들었다. 모두 변함없이 충성하고 있었다.

　장관들과 군 장교들이 대통령궁에 모여 사태를 점검하기 시작했다. 반격이 가능하겠는가? 정부를 마라카이보로 옮기는 게 가능하겠는가? 일부는 저항하자고 주장했고 또 일부는 신중론을 폈다. 결국 협상을 통한 타결 방안이 제기되었다. 자정 무렵에 피델 카스트로가 아바나에서 전화를 걸어와 상황을 물었다. 카스트로는 1973년에 칠레에서 있었던 아옌데의 운명을 상기시키면서, 차베스에게 절대로 무모한 저항을 벌여 스스로를 제물로 바치지 말라("no te vayas a inmolar")고 말했다.

"인민을 보존하고 스스로를 보존하세요. 해야 할 일을 하세요. 품위 있게 협상하세요. 스스로를 희생시키지 마십시오. 사태는 여기서 끝나는 게 아닙니다. 자신을 희생시키면 안 됩니다."

카스트로는 차베스가 쿠데타로 죽게 내버려두기에는 라틴아메리카의 미래에 너무나 중요한 인물이라고 힘주어 말했다. 그것은 시의적절하고 현명한 조언이었다.

차베스는 측근들에게 협상에 대비한 시나리오를 설명했다. 4가지 조건부로 사임한다는 시나리오였다. 즉 자신의 사임서는 의회에 제출한다는 것, 헌법을 존중할 것, 대통령궁 내의 신변안전을 보장할 것 그리고 모두에게 출국을 보장할 것 등이었다.

차베스는 로센도 장군과 후르타도 장군에게 이 제의를 푸에르테 티우나 기지에 있는 쿠데타 주모자들에게 전하라고 지시한 후, 발타사르 포라스 추기경에게 전화를 걸어 푸에르테 티우나로 가달라고 부탁했다. 그런 다음 프랑스, 중국, 멕시코, 쿠바 등 여러 나라 대사들에게 전화를 걸어 사태를 알렸다.

한편 푸에르테 티우나 기지의 쿠데타 주모자들은 자정

무렵에 국방부 건물 5층에 모여 있었다. 페드로 카르모나도 와 있었고, 카라카스 주재 미군파견단의 제임스 로저스 대령과 로널드 매캐먼 대령 등 두 장교도 현장에 있었다. 미군은 그 건물에 사무실을 두고 있었는데, 미국 대사는 몇 달 전 사무실들을 폐쇄하라는 요구를 받고서도 아직 이행하지 않고 있었다. 또한 그날 아침 비행기를 타고 미국에서 날아온 워싱턴 주재 베네수엘라 대사관 무관 엔리케 메디나 고메스 장군도 그 자리에 와 있었다.

로센도 장군이 대통령궁에 전화를 걸어 쿠데타 주모자들이 차베스가 제의한 조건들을 수락했다고 보고했다. 그런데 전화를 끊자마자 다시 전화를 걸어 조건들이 거부되었다고 알렸다. 차베스가 무조건 사임해야 한다는 것이었다. 그것은 대통령으로서 받아들일 수 없는 최후통첩이었다.

2002년 4월 12일, 금요일

그러나 차베스는 결국 금요일 아침에 조건부 사퇴 제의를 철회했다. 그는 사임서에 서명하지 않고 대통령궁에서 저항도 하지 않기로 했다. 차베스는 자기가 하룻밤을 버틴다면 아침에 전투가 벌어져 인명손실이 생길 것을 우려했다. 그래서 그는 쿠데타 주모자들이 와서 자기를 구금해야 한다는 입장을 밝히고 로센도 장군과 후르타도 장군을 통해 자기 뜻을 전했다. 모든 정황으로 보아, 푸에르테 티우나 기지에 모인 장교들은 어떻게 해야 할지 여전히 갈피를 못 잡고 있었던 게 분명하다. 쿠데타가 당초 계획대로 진행되지 않고 있었던 것이다.

차베스는 탱크와 공군기를 동원하여 대통령궁을 공격하겠다는 협박을 받고 푸에르테 티우나 기지로 가겠다고 승낙했다. 그가 금요일 오전 4시에 기지에 도착했을 때 육군과 국가수비대의 수많은 장성들이 기다리고 있었다. 대다수가 그를 정중히 대했으며 추기경도 와 있었다.

차베스는 의외로 푸에르테 티우나 기지에 있는 군인들만 일단 장악하면 사태를 역전시키거나, 아니면 최소한 완화시킬 수 있다고 육감적으로 판단했다. 그는 특히 장교와 장성들 사이에 이견이 있다는 것을 감지했으며, 또 대통령으로 내정된 페드로 카르모나도 건물 어딘가에 있다고 들었지만 그를 만나보지는 못했다. 차베스는 이렇게 회상했다.

"푸엔마요르 레온 장군이 첫번째 발언자로 나서 상황을 분석하고 참석자 전원의 이름으로 나의 사임을 요구했다. 나는 침착한 목소리로 그들이 지금 무슨 일을 하는지, 앞으로 어떻게 할 계획인지 심사숙고해야 한다고 말하고, 또 나는 사임하지 않을 것이라고 알렸다. 그들은 내게 서명하라고 종이 한 장을 내밀었지만, 나는 쳐다보지도 않겠다고 말했다."

이어 차베스는 자기가 이미 제시한 4가지 조건이 받아들여져야 사임하겠다는 말을 반복했다. 장성들은 아무런 대답이 없었다.

차베스는 그들이 과연 군대를 장악할 수 있을지 의문이라면서, 여러 지휘관들에게 전화를 해보았더니 모두를 쿠데타를 받아들이지 않겠다고 다짐하더라고 말했다. 그러면서 자기 말이 주목을 끌고 있다는 것을 감지했다. 그들 중 일부는 누군가로부터 조종받고 있음이 역력했다.

이런 식의 토론이 위험하다고 판단한 네스토르 곤살레스 곤살레스 장군이 차베스의 말을 끊으면서, 참석자들에게 말했다. "우리는 여기에 그 무슨 토론을 하려고 모인 게 아니오, 앞으로 어떻게 해야 할지는 우리가 압니다. 그러니 귀관들은 옆방으로 자리를 옮기도록 합시다." 장교들이 일어나 옆방에 가서 한 시간 가량 머무는 동안, 차베스는 주교들과 함께 그대로 앉아 있었다.

장교들이 다시 돌아왔고, 이번에는 라미레스 페레스 해군 중장이 발언했다. 쿠데타 주모자 중 한 명인 그는 장교들이 차베스의 4개 조건을 수락할 준비가 되어 있지 않으며 분명히 그의 출국을 허용하지도 않을 것이라면서, 차베스는 "자신이 저지른 범죄행위에 대해 국민들에게 책임져야 할 것"이라고 말했다.

차베스는 하야 성명서에 서명하지 않겠으니 자기를 체포하라고 대답했다.

이 단계에서, 참석한 장성들 중 가장 고참인 육군 참모총장 루카스 린콘 로메로 장군이 해·공군 사령관과 함께 TV에 나가 차베스의 사임을 요청했고 그가 수락했으므로 이제부터는 자신들이 통치할 것이라는 성명을 발표했다.

차베스는 조그만 방으로 연행되어, 셔츠와 청바지로 갈아입은 후 아침식사를 할 수 있었다. 그때가 오전 8시였는데, 그는 그때까지 이틀 동안 잠을 한숨도 못 잔 상태였다. 다행히도 그는 자기를 지키고 있는 우호적인 군인들에게 부탁하여 TV세트와 전화기를 들여다 놓을 수 있었다. 그는 TV보도를 보고는 쿠데타 보도가 왜곡되고 있다는 것을 금방 알았다. 기자는 차베스가 사임했으며, 쿠데타는 군부의 전폭적인 지지를 받고 있다는 보도를 끊임없이 되풀이하고 있었고, TV화면 밑에는 "차베스 사임. 민주주의 회복"이라는 자막이 계속 나왔다.

전화기 덕분에, 그는 다소 어려움은 겪었지만 아내 마리사벨과 큰딸 마리아 가브리엘라와 통화를 할 수 있었다. 그는 대통령으로서 직접 전화를 거는 일에 익숙해져 있지 않기 때문에 먼저 대통령궁에 전화를 걸어 전화번호를 물어야 했다. 그는 아내와 딸에게 정확한 뉴스를 바깥세상에 알리도록 노력하라고 이르면서, 자기는 사임하지 않았고 군부에 억류되어 있으며 살해될 심각한 위험에 처해 있다고 밝혔다.

마리사벨은 간신히 미국의 CNN방송에 연락을 취했고, 딸 마리아 가브리엘라는 아바나의 카스트로와 통화할 수 있었다. 얼마 후 CNN과 아바나 방송이 금요일 아침뉴스로 차베스가 사임하지 않았다는 보도를 내보냈다. 그러나 이 뉴스가 카라카스에서 방송된 것은 하루가 더 지나서였다.

사활이 걸린 이 전화통화를 하고 나서 비로소 차베스는 두어 시간 잠을 잘 수 있었다. 잠에서 깨어난 후 그는 군법무국에서 나온 두 여성 법무관과 면담했다. 자신은 사임하지 않았으며, 따라서 지금도 공화국 대통령이라는 말을 차베스는 되풀이했다. 이번에도 그에게 행운이 따랐다. 법무관들이 그의 건강에 관한 진술서를 작성한 데 이어 경비병들이 밖으로 나간 사이에 그중 한 명이 진술서 밑에 몇 마디를 추가했다. "본인은 사임하지 않았다고 진술함."

그후 이 문서는 복사되어 법무부장관 이사이아스 로드리게스에게 팩스로 전송되었고, 로드리게스는 이를 근거로 TV에 잠시 나와서 대통령은 사임하지 않았다고 발표할 수 있었다. 그리고 이 소문이 새어나가기 시작했다.

금요일 정오에, 차베스는 연금되어 있던 방에서 페드로 카르모나가 미라플로레스 궁에서 거행한 신임 대통령 선서식을 TV를 통해 보았다. 민주주의를 수호하겠다는 새 정권이 국회와 대법원의 폐쇄와 민선 시장과 주지사들의 해임 그리고 헌법폐지를 명령하는 터무니없는 장면이었다. 국명은 '볼리바르주의'라는 단어가 삭제되고 다시 '베네수엘라 공화국'이 되었다. 선서식은 카를로스 안드레스 페레스 대통령의 정무비서였던 다니엘 로메로가 주관했다. 그리고 무장군인들이 저명한 차베스 지지자들의 집에 들이닥쳐 그 가족들을 괴롭히기 시작하였고, 쿠바 대사관도 이들 무장군인들에 의해 포위되었다.

카르모나가 새 정부구성을 발표했는데, 거기에는 국영 석유회사 사장으로 취임한 라메다 장군도 포함되어 있었다. 미킬레나가 기자회견장에 나와 새 정부에 대한 지지를 표명했다. 그런데 노동자연맹(CTV) 지도자이자 이번 쿠데타의 주모자 중 한 명인 카를로스 오르테가가 각료명단에서 빠져 있었다. 그것은 큰 정치적 실책이었다. 또 한 가지 실책은 육군본부의 전면 개편을 지시함으로써 차베스 전복을 지지했던 바스케스 벨라스코 참모총장을 비롯한 다수의 고위 장성들을 사실상 해임한 것이었다. 노조대표들과 일부 고위 장성들은 멍청한 꼴이 되고 말았다.

쿠데타에 호의적이었던 여러 장교들도 새 정권의 우파적 급진 정책 프로그램을 좋아하지 않았다. 이들은 바스케스 벨라스코 장군에게 회의를 열어 사태를 검토해 달라고 요청했고, 이튿날 토요일 오후 1시에 회의를 개최하기로 했다. 그러나 금요일 오후가 되면서, 형세는 벌써 쿠데타측에 불리하게 돌아가기 시작했다.

나중에 차베스는 그 무렵에 푸에르테 티우나 기지 바깥에서 자기를 지지하는 군중의 소리가 들려오는 것 같았지만 이를 확인해 줄 사람이 없었다고 회고했다. 사실 그때 군중들은 기지 바깥에 모여 "차베스를 내놔라" 하고 외치고 있었다. 그러나 차베스는 얼마 후 다른 곳으로 옮겨졌다.

어두워진 후에 차베스는 카라카스에서 다른 곳으로 옮겨간다는 말을 들었고, 그를 태운 헬리콥터는 푸에르토 카베요 외곽에 있는 투리아모 해군기지를 향해 해안을 따라 서쪽으로 날아갔다. 차베스는 자기가 추방될 것인지 아니면 죽임을 당할 것인지 전혀 알 수 없었다. 그로부터 거의 1년이 지나서 차베스는 브라질의 포르토 알레그레에 모인 청중들에게, 자기는 죽을 때가 다가왔다는 생각을 했다며 당시 기억을 떠올렸다.

그 순간 내가 누구를 떠올렸는지 아시겠습니까? 나는 체[게바라]를 떠올렸습니다. 내가 그를 떠올린 것은 어느 책에선가 그의 죽음을 목격했던 어떤 사람이 몇 년 후에 쓴 글을 읽었기 때문입니다. 자신을 죽일 사람이 권총을 들고 들어왔을 때 에르네스토 게바라는 다리에 부상을 입고 고통스럽게 앉아 있었다고 합니다. 그때 체가 말했습니다. "잠깐 기다리시오. 아직 쏘지 마시오." 그리고는 그는 벽에 기대어 힘들게 일어나서 말했습니다. "자, 이젠 쏘시오 그리고 사나이가 어떻게 죽어가는지 잘 보아두시오."

한편, 그 사이에 쿠데타 주모자들은 특히 미국과 스페인 등 외국 정부들과 긴밀한 연락을 취하고 있었다. 스페인의 호세 마리아 아스나르 우익정부는 오래 전부터 쿠바의 카스트로 정부를 앞장서서 반대해 왔으며, 최근에는 차베스 반대세력에게도 도움의 손길을 뻗치고 있었다. 금요일 아침 카라카스의 쿠데타 소식이 긴급뉴스로 외부세계에 알려졌을 때, 스페인과 미국은 공동성명을 준비해 놓고 있었다. 두 나라 정부는 베네수엘라의 '예외적 상황'이 최단시일 내에 '민주적 정상화'로 이어져 "기본적 자유에 대한 국민적 합의와 보장"이 이루어져야 한다고 요구했다. 스페인의 미겔 앙헬 코르테스 이베리아-아메리카 협력담당 장관은 나중에 그 성명서 문안은 미국 국무부의 오토 라이히와 "대여섯 차례 전화통화를 가진 후" 작성된 것이었다고 밝혔다. 베네수엘라 주재 미국 대사를 역임한 라이히는 쿠데타 음모세력과 긴밀하게 연락을 취하던 인물이었다. 그는 미국-스페인 공동성명에 대한 라틴아메리카 나라들의 지지를 끌어내기 위해 그날 아침 워싱턴 주재 라틴아메리카 대사들을 자기 사무실로 불러들였지만, 미주기구(OAS) 회원국의 절대 다수는 차베스를 지지하고 나섰다. 미국은 경악과 분노를 금치 못했다.

2002년 4월 13일, 토요일

4월 13일 토요일 아침, 차베스가 투리아모 해군기지에서 기상하자 젊은 군인 한 명이 아침식사를 가지고 와서 그에게 왜 사임했느냐고 물었다. 차베스는 "아니오, 난 사임하지 않았소" 하고 대답했다. 이어 젊은 중위 한 명이 방에 들어와서 똑같은 질문을 하고 똑같은 대답을 들었다. 그 중위가 말했다. "그렇다면 각하는 아직 대통령이시고, 저 사람들은 헌법을 위반한 것이군요. 저들은 우리를 속이고 있습니다."

그 중위는 마라카이 공수부대의 바두엘 연대장이 페드로 카르모나 정부의 명령을 거부했다는 소식을 전해 주었다. "바두엘 장군은 각하가 아닌 다른 사람의 정부는 인정할 수 없다고 말했답니다. 그분은 지금 마라카이를 장악하고 있습니다."

차베스가 그에게 그런 소식을 어디서 들었느냐고 물었다. "제 아내가 마라카이에 있는데, 제가 방금 통화했습니다. 그리고 마라카이 시민들이 지금 거리에 나와 있답니다."

차베스가 다른 군부대들의 상황은 어떤지 아느냐고 물었다. "모르겠습니다. 하지만 이곳 군인들은 각하의 편입니다." 그러면서 그는 차베스를 자동차로 두 시간 거리에 있는 마라카이로 모셔갈 계획이 서 있다고 알려주었다.

쿠데타 주모자들은 바로 그 같은 사태를 우려했기 때문에, 차베스를 다시 투리아모 기지에서 다른 곳으로 옮기기로 결정했다. 바로 그날 차베스는 헬리콥터 편으로 해군기지 앞바다에 있는 작은 섬 라 오르칠라로 압송되었다.

한편 카라카스의 대통령궁 안에 고립되어 있던 카르모나 대통령은 정오에 언론계 소유주 및 편집자들과의 회의를 소집했다. 그는 지지세력을 강화할 필요를 느꼈던 것이다. 〈베네비전〉의 구스타보 시스네로스, 〈글로보비전〉의 알베르토 라벨, 〈라디오 카라카스 TV〉의 마르셀 그라니에르, 〈텔레벤〉의 오마르 카메로 등이 속속 도착했다. 『엘 우니베르살』지의 미겔 엔리케 오테로와 『엘 나시오날』지의 안드레스 마타도 참석했다. 시스네로스가 구변 좋게 새 정부의 홍보전략은 자기들에게 맡겨야 한다고 제안하자, 카르모나가 이를 선뜻 받아들였다.

그것은 언론계 거물들이 그동안 줄기차게 추진해 오던 것이었으므로, 그들에게는 득의의 순간이었다. 그러나 그들이 회의참석차 도착할 무렵에 대통령궁은 이미 거대한 차베스 지지군중들에 의해 포위된 상태였다. 곧 이어 바두엘 장군이 마라카이에서 반란을 일으켰다는 소식이 들어왔다. 언론재벌들의 안전과 새 정부의 장래가 불투명해졌다.

이윽고 대통령궁 건너편의 큰 건물에 위치한 의장대의 지휘관 헤수스 모라오 카르도나 대령이 마침내 행동에 나서기로 결심했다. 그는 지난 24시간 동안 침묵을 지키며 사태를 관망했지만, 이제는 언덕 위의 빈민촌 주민들이 쏟아져 나와 대통령궁 주변의 거리는 물론이고 라 과이라 항으로 가는 고속도로까지 점령하고 있었다. 군중들은 시내에서도 인산인해를 이루어 차베스 대통령의 복귀를 요구하고 있었다. 모라오 카르도나 대령은 부하들에게 대통령궁을 장악하라고 명령했다.

카르모나와 그 측근들은 대통령궁 직원들과 경호원들이 쿠데타를 지지한다고 지레짐작하고 있었다. 그러나 그것은 착각이었다. 직원들은 위에서 시키면 커피를 대령하는 등 임무에 충실했지만, 마음은 차베스에게 가 있었다. 모라오 대령의 부대가 대통령궁과 의장대 본부를 연결하는 지하터널을 통해 진입했을 때, 그들은 있는 힘을 다해 카르모나의 지지자들을 붙잡았다. 용케 빠져 나온 일부는 승용차를 집어타고 군중 속으로 사라졌고, 이 굴욕적인 장면들이 카메라에

잡혔다. 카르모나 자신은 푸에르테 티우나 기지로 도주하여 쿠데타 음모자들과 합류했다.

푸에르테 티우나 기지에서는 토요일 오후 1시로 예정된 벨라스코 장군과 군 장교단의 회의가 이미 진행되고 있었다. 이곳도 차베스의 복귀를 요구하는 수천 명의 차베스 지지 군중에 의해 포위된 상태였다. 어수선하고 소모적인 회의 분위기 속에서 몇몇 충성스러운 장교들이 쿠데타 세력이 자기들을 속였다고 불평했다. 차베스가 사임했다는 증거가 어디 있느냐? 한 지휘관이 말했다. "나는 사임서를 보지 못했다. 나는 기만당했다. 어느 누구도 현 체제를 몰아내겠다는 말을 한 적이 없다."

당초 쿠데타를 지지했던 장군들이 제2의 선언문 초안을 작성하기 시작했다. 카르모나를 국가원수로 인정하기는 하지만, 차베스 정부의 사회개혁 프로그램은 그대로 유지된다는 것을 국민들에게 보장한다는 내용이었다. 성명서 문안을 건네받은 가르시아 카르네이로 장군은 카르모나라는 이름을 지우고는 그것을 TV방송을 통해 발표하라고 벨라스코 장군에게 전해 주었다. 그날 민영방송들은 소유주들의 지시로 빈민들의 도시 점거상황은 일절 보도하지 않고 아침뉴스까지 완전히 중단한 채 만화영화와 한물간 영화를 내보내고 있었다. 벨라스코 장군은 부득이 CNN방송을 통해, 그것도 전화로 성명서를 낭독할 수밖에 없었다.

이어 가르시아 카르네이로 장군이 기지 바깥으로 나가 군중들을 향해 연설했다. 그는 탱크 위에 올라가 마이크를 잡고 군대는 쿠데타 정부를 인정하기를 거부했고, 카르모나를 군 통수권자로 받아들이지 않기로 했으며, 차베스의 재집권을 위해 총력을 기울이기로 했다고 발표했다.

한편 카르모나는 푸에르테 티우나 기지에 도착하여 쿠데타 주모자들과 한창 의논을 하고 있는 중이었다. 그리고 오후 7시 무렵, 자기를 지지하던 장교들과 함께 체포되었다. 그는 무슨 죄를 지었는지 아느냐는 질문을 받고, "공화국 헌법을 위반했다"고 대답했다.

밖에서는 충성스러운 장교들이 엄청난 군중들을 상대로 DJ 역할을 맡아 야노스 출신 민요가수 알리 프리메라의 노래를 틀어가면서, 간간이 지방의 다른 부대들이 차베스 지지를 표명했다고 발표하고 있었다.

2002년 4월 14일, 일요일

마침내 일요일 새벽 2시에 차베스가 헬리콥터 편으로 라 오르칠라 섬을 떠나 대통령궁으로 오고 있다는 뉴스가 전해졌다. 그를 데려오기 위해 마라카이보에서 헬리콥터 3대가 파견되었다. 오전 3시 45분, 차베스는 대통령궁에 도착했다.

48시간 전에 대통령궁을 물러났던 장관들과 군인들의 영접을 받으면서, 차베스는 감동적인 귀환연설을 했다.

대통령궁 밖에서는 군중들이 새로운 노래를 부르고 있었다. 나중에 볼리바르주의 혁명의 테마음악처럼 된 이 노래의 "오우, 아, 차베스 노 세 바!"(Ou, ah, Chávez no se va!)라는 가사는 번역이 불가능하지만, 대충 "차베스, 제발 가지 마세요"라는 뜻이다.

쿠데타는 이틀도 못 되어 좌절되었다. 이를 분쇄한 것은 차베스가 지난 3년 동안 공들여 구축해 놓은 군·민 동맹세력이었다.

그날 오전 늦게 차베스는 마라카이보로 날아가서 혁명정부의 타도를 획책한 '과두체제'를 공격하는 감동적인 연설로 바두엘의 공수대대 장병들을 격려했다.

2002년 4월 15일, 월요일

월요일에 차베스는 '과두체제'에 대한 비난을 자제했다. 지지세력이 어느 정도인지, 급진적 노선을 더 밀고 나갈 수 있을지 불확실한 상황에서, 그는 반대파와 '거국적 대화'를 촉구하면서 국민적 화해를 모색했다. 그는 "많은 사람들이 정부와 의견을 달리한다"는 것을 시인하고, 또한 지금의 대립현상은 나라를 위해 '긍정적'인 것이 결코 아니라는 데 동의했다. 사회의 여러 부문들간의 의사소통이 필요하다는 것이었다.

그는 또 경제팀을 덜 급진적인 장관들로 대체했고, 국영석유회사의 가스톤 파라 사장 등 민족주의적(또는 애국적)인 경영진을 대신할 좀더 온건한 인사들을 찾았다. 그러나 반대세력은 이런 화해 제스처를 환영하기는커녕 이를 약점을 드러내는 조짐으로 보고 곧 반격에 나섰다. 반대파 진영의 사람들이 다수를 차지하고 있는 대법원은 4월 정변이 "쿠데타가 아닌 '권력공백' 사태였다"는 판결을 내렸고, 이어 구속되었던 군·민 쿠데타 주모자들이 석방되었다. 그들은 마치 아무 일도 없었던 것처럼 차베스 전복계획을 계속 추진해 나갔다.

-33-
4월 쿠데타, 그후의 분위기

4월 쿠데타 후의 베네수엘라 민중의 동향을 살펴보기 위해, 나는 카라카스의 언덕배기에서 며칠을 지냈다. 맨 처음 찾아간 곳은 도시 남쪽에 있는, 상대적으로 조직화가 잘되어 있는 빈민촌 가운데 한곳이었다. 오두막과 불탄 승용차들이 나뒹구는 황량한 풍경 사이로 난 가파른 외길을 따라 한참 올라가면, 파노라마처럼 펼쳐진 계곡이 아래로 내려다보이는 평평한 곳에 이른다. 이 일대에 빈민 50만 명이 더러는 시멘트 벽돌집에, 더러는 콘크리트 주택이나 함석지붕을 한 판잣집에 살고 있다. 나는 교사 15명이 학생 1500명을 가르치는 어느 학교에 들러서 이곳 조직원에게 4월 쿠데타 당시의 상황을 물었다.

"우리는 협동조합 라디오를 운영하고 있습니다. 첫째날

(목요일)에 우리는 주민들에게 대통령궁으로 내려가라고 방송했어요. 버스와 트럭을 타고 간 사람들도 있고 걸어서 내려간 사람들도 있었지요. …둘째날에는 파시스트 경찰(차베스 반대파인 카라카스 시장이 장악하고 있는 시경찰)이 올라와서 협박했지만 곧 떠나갔습니다." 그날 저녁에 주민들은 다시 시내로 내려가 푸에르테 티우나 군사기지로 가라는 연락을 받았다. "아직 파시스트 경찰이 주위에 있었지만, 많은 주민들이 내려갔습니다. 몇몇 어머니들은 남아서 동네 아이들을 돌보고 음식을 만들기도 했어요."

그는 나에게 꼭 알리고 싶은 게 있었다.

"우리는 '차비스타'(Chavista, 차베스 지지자)가 아닙니다. 우린 혁명가예요.

우리는 이 정부를 옹호해야 합니다만, 그 사람들보다 훨씬 더 자유를 주장합니다. 우리가 차베스를 옹호하는 것은 그가 지금까지의 대통령들보다 낫기 때문입니다. 우리는 그를 우리 투쟁의 산물이라고 생각합니다. 민중들은 그를 우리와 대등한 사람으로 여기고 있어요. 분명히 그는 인디오에 흑인이니까요. 아마도 백인 피가 조금은 섞여 있겠지만 말입니다.

민중들은 지난날에는 없었던 업적을 이룩한 대통령을 구하러 갔던 겁니다. 이제 그들은 정치적으로 매우 성숙하여 스스로를 조직화하려고 노력중입니다."

이 언덕마을에 사는 모두가 볼리바르주의 혁명을 지지하는 것은 아니다. 시내 건너편에 있는 카티아 빈민촌의 어느 작은 오두막집에서, 나는 정부에 대한 실망감을 감추지 않는 한 배관공을 만났다. "나도 차베스에게 투표했지만 지금은 후회하고 있소. 완전히 속았어요. 개선된 게 없어요. 나는 부자와 가난한 사람들이 싸우는 것을 바라지 않습니다. 그렇게 되면 내가 어디 가서 일거리를 얻겠어요?" 그 배관공은 시내의 부자동네에 가서 일하며 생계를 유지하는 사람이었다.

그는 야당의 주장을 그대로 되뇌며 4월에 쿠데타가 일어난 적이 없었다고 말했다. "정부가 민간사회에 대해 정변을 일으킨 권력공백이 있었지요. 군대는 민간인들을 보호했습니다. 내가 잘못 생각하는 건지 몰라도 차베스는 사임해야 합니다. 이 정부는 기대했던 성과를 이루지 못하고 있습니다."

카라카스의 빈민촌 주민들이 스스로 나서서 대통령을 보위했지만, 많은 주민들은 아직도 혼란과 분열을 겪고 있었다. 4월 쿠데타는 혁명의 결정적 분기점이 되었지만, 분명히 해야 할 일이 많이 남아 있었다.

나는 언덕에서 내려와 대통령궁에 있는 2층짜리 아파트로 '사령관'(사람들은 차베스를 흔히 이렇게 부른다)을 만나러 갔다. 그는 가구가 별로 없는 식당의 테이블에 앉아서 서류를 펼쳐놓은 채 옥상정원을 내다보고 있었다. 헐거운 바지에 갈색 셔츠를 입은 그는 6개월 전 파리에서 만났을 때보다 편안하고 건강해 보였다. 나는 여러 차례 그를 만난 적이 있는 특별 방문객이었다. 그가 오랜 지기처럼 나를 포옹하며 맞이해 주었다.

4월 쿠데타 이후로 차베스는 외출을 자제한 채 주로 대통령궁에 갇혀 지내고, 검은 제복 차림에 유사시 방탄방패로 사용할 이상한 가방을 든 경호원들은 새로운 훈련을 받고 있었다. 차베스가 지금 심각한 '요인암살' 위협을 받는 것으로 알려져 있기 때문이었다.

차베스 자신은 매우 쾌활해 보였다. 나는 그에게 반대진영이 비장의 카드로 내어놓을 각종 전략에 어떻게 대응할 것인지 물었다. "이 나라에서는 거의 무슨 일이든지 가능합니다. 그 사람들은 지금도 암살을 생각하고 있는 게 분명해요. 몇몇 극렬한 사람들은 그것을 유일한 해결책으로 보고 있을 겁니다." 차베스는 2년 전 카스트로한데서 암살위협의 심각성을 경고받은 적이 있었지만, 적절한 예방책을 강구하기 시작한 것은 최근 들어서이다.

그는 헌법을 확고하게 수호한 군인들을 민중들이 한결같이 지지했다는 사실을 열심히 강조했다.

"쿠데타가 일어나자 군·민 모두가 신속하게 대응했습니다. 전국의 수십만 군중이 쿠데타에 반대하고 나섰어요. 그러면 그들이 어디로 갔겠습니까? 사람들은 군부대로 집결했어요. 그것은 '볼리바르 계획'을 통해 군·민 사이에 상호이해가 형성되어 있었기 때문이에요. 군대와 가난한 사람들 간에 접촉이 이루어지고 있었기 때문에 민중들이 군대를 지지했던 겁니다."

차베스가 착수한 혁명사업은 처음부터 군대와 민간의 긴밀한 연대를 요구하는 것이었다. 그래서 나는 이번 쿠데타로 군 고위 장성들의 결격사유가 분명히 밝혀졌으니 이 기본 전략도 영향을 받지 않겠느냐고 물었다.

그는 "쿠데타 재발 가능성을 무시할 수는 없지만" 그렇다고 다 잃은 것은 아니라고 말했다. 대법원이 쿠데타 주모자들을 처벌하기를 거부했지만, 차베스 자신은 신속하게 군사법정을 동원할 수 있었다. 장성 약 60명이 강제예편을 당했다.

차베스는 기본 전략에는 변화가 없을 것이라고 주장하면서도, 다만 군대가 지방의 개발사업에 참가하는 속도와 그 리듬은 수정되어야 할 것이라고 시인했다. 이 전략은 시몬 볼리바르가 군·민 연대조직을 만들어 독립을 성취했던 19세기의 경험에서 유래한 것이었다. 아직 장교단 내에 소수의 반혁명분자가 남아 있기는 하지만, 이 전략은 여전히 유효하다는 설명이었다.

나는 차베스에게 TV를 보고 몹시 충격을 받았다는 이야기를 했다. 쿠데타 후에 국회의 극적인 의사진행 상황이 방영되었는데, 쿠데타에 연루된 장성들이 줄지어 국회의 어느 분과위원회에 출두하는 장면도 있었다. 라틴아메리카에서 고위 장성들이 이런 굴욕을 당하는 것은 보기 드문 일이지만, 모두가 아주 정중하게 심문에 응했다. 장군들은 오만하고 독선적인 태도로 자신의 정당성을 강변했는데, 그것은 비록 지금은 퇴역자명단에 올라 있지만 언젠가는 복귀하리라고 믿기 때문이었다.

또 훈장이 잔뜩 달려 있는 회색 제복을 입은 50대의 장군은 쿠데타 동안 자신은 국가와 군에 대한 의무감에서 행동했다고 주장했다. 그는 야당의 주장을 흉내 내어 군대가 정치에 끌려 들어갔다면서, 그것은 장교들과 그 가족의 수치였다고 말했다. 그러면서 자기가 아내와 함께 어느 식당에 들어서자 사람들이 그릇을 두드리며 야유를 하는 수모를 겪었다고 했다.

나는 차베스에게 칠레 아옌데 정부의 총사령관 프라츠 장군이 1973년 8월(그 다음 달에 아옌데 정권은 쿠데타로 붕괴되었다-옮긴이)에 겪었던 일화를 이야기했다. 산티아고 교외 주택지구에 있는 그의 아늑한 집을 중산층 여자들이 에워싸고 냄비를 두드리며 그의 사임을 요구했다. 프라츠는 물러날 수밖에 없었고, 피노체트 장군에게 승진의 길을 열어주었다. 그 이듬해, 부에노스아이레스에서 망명생활을 하던 프라츠 장군은 아내와 함께 타고 가던 차가 폭발하여 목숨을 잃었다. 베네수엘라에서 이와 똑같은 일이 반복될 위험은 없겠는가?

차베스도 그런 상황을 잘 알고 있었다. "상당수의 고위 장성들이 중상류층과 맞먹는 생활수준을 유지하고 있습니다. 그들이 각종 압력과 공격의 대상이 되고 있어 군부의 단결을 해치는 게 사실입니다."

차베스는 군부가 받는 압력이 큰 건 사실이지만 많은 장교들이 강하게 버티고 있다고 말했다. "상당수의 고위 장성들이 이런 계급적 압력에 물러서지 않았고, 스스로 무력해지는 것을 용납하지 않았습니다. 또 그들은 가장 중요한 순간에 자신의 군 경력은 물론 생명의 위험까지 무릅쓰고 일어서서 헌법을 지지하는 견해를 밝혔지요."

차베스는 쿠데타가 재발할 가능성은 여전히 존재한다고 시인했다. 4월 쿠데타의 실패는 전통적 정치세력에게 큰 좌절을 안겨주었다. 그들이 지금은 국민들의 지지를 받지 못하지만, 차베스를 쫓아낼 방법을 계속 모색할 게 분명하다. 한 가지 방법은 이른바 '합법적 쿠데타' — 즉 국회가 그의 사임을 요구하도록 하는 것이다. 언론에서도 자주 거론되고 있는 이 방법은 1990년대 에콰도르에서도 사용되었고, 베네수엘라에서도 1993년에 카를로스 안드레스 페레스 대통령이 부패혐의로 의회의 탄핵을 받아 물러났다.

"글쎄요, 언론계와 국회 안에서도 그런 압력이 있어요. 하지만 야당에게는 결코 녹록치 않은 일일 겁니다. 얼마 전에 우리측 혁명파 의원들을 만났는데, 대부분이 쿠데타 동안에 괴롭힘을 당하고 나서 더욱 긴밀히 단합하고 있어요. 전에는 86명이었는데 지금은 90명입니다." 동요하던 의원들이 4월 쿠데타 후에 결집하여, 지금 차베스는 국회에서 확실한 과반수를 확보하고 있었다.

차베스는 미소를 지으며 계속 말했다. "야당은 '차베스 없는 차베스주의'라는 말을 하던데…. 난 그게 참 황당한 얘기라고 생각하지만, 어쨌든 그 사람들은 지금도 계속 나의 사임을 요구하고 있어요."

나는 1970년대에 헨리 키신저가 아옌데 축출을 기획하면서 "경제가 비명을 지르도록 하겠다"고 협박하던 일을 상기시키며, 그에게 혹시 경제적 쿠데타의 가능성은 없겠느냐고 물었다.

"그들은 경제적 난관을 조성하려고 애쓸 가능성이 큽니

다. 칠레에서처럼 나라를 통치불능 상태에 빠뜨리려고 시도할지도 모르지요. 그것도 그들이 모색하고 있는 한 가지 방법일 겁니다."

차베스는 이런 가능성에 충분히 대비하고 있다고 말했다. 그의 편에는 여전히 계급과 인종을 바탕으로 한 굳건한 다수가 버티고 있었다. 베네수엘라 역사상 처음으로 흑인, 토착민, 메스티소 등 이 나라의 숨겨진 다수가 자신들의 대통령을 갖게 되었다. 물론 초기에는 사태가 뜻대로 잘 풀리지 않고 심지어 빈민층이 더 가난해질지도 모르지만, 그들은 전통적 기득권층의 노골적인 인종차별에 직면하여 여전히 차베스를 신뢰하고 그를 옹호할 태세를 갖추고 있는 것이다.

야당 지도자들은 중산층과 상류층의 대부분을 카라카스 거리의 반(反)차베스 시위에 동원할 역량을 갖추었음을 내세울 수도 있겠지만, 그들이 과연 선거구에서 얼마나 지지를 받을지는 아무도 장담할 수 없다. 야당은 10여 개의 군소정당으로 분열되어 있어 선거구에서는 단일 세력으로 보기 어려웠다. 아직 확실한 야당지도자가 출현하지도, 공동의 강령에 합의하지도 못한 상태였다.

4월 쿠데타는 특히 대책 없는 기업가 페드로 카르모나에게 정치적으로 큰 타격을 입혔다. 그의 유일한 강령은 의회를 해산하고 제헌의회의 장시간 심의를 거쳐 국민투표로 승인받은 새 헌법을 폐지한다는 것이었다. 야당이 집권하면 추진하려던 일의 대체적인 윤곽은 잘 알려져 있었다. 그들은 라틴아메리카에 거의 보편화되어 있는 것과 같은 종류의 신자유주의 정책을 도입하여 국영기업을 민영화할 생각이었다. 또 석유산업을 민영화하고, OPEC에서 탈퇴하고, 쿠바에 값싼 석유를 판매하는 것을 중단하고, 석유를 증산할 계획도 세워놓았다.

야당의 실수는, 신문 칼럼니스트들이 한껏 부풀려놓은 선전내용을 정말로 믿은 데 있었다. 반정부시위는 대체로 규모가 컸고, 연초부터 여론조사 결과는 차베스 지지세력의 쇠퇴를 보여주고 있었기 때문에, 중산층과 그들의 대표와 칼럼니스트들은 조금만 더 밀어붙이면 대통령을 끌어내릴 수 있다는 도취감에 빠져 있었다.

그러나 사실 제3세계 나라들의 여론조사는 정확성을 보장할 수 없다. 여론조사원들이 국민 대다수가 사는 지역에는 좀처럼 찾아가지 않기 때문이다. 시위규모라는 것도 믿을 만한 기준이 못 된다. 시위규모가 매우 클 수도 있지만, 그것이 반드시 투표로 이어지는 것은 아니기 때문이다. 또한 카라카스의 기자와 시사해설자들은 밖에 나가 돌아다니며 여론을 파악하는 데 익숙해 있지 않다. 언론 전반의 이 같은 병폐는 그후 몇 달 동안 중요한 국가적 문제로 등장하게 된다.

-34-
지옥의 네 기수: 언론전쟁

4월 쿠데타 직후에 언론계는 철저하게 사찰을 받았다. 확실히 신문사나 민영 TV방송의 소유주들은 쿠데타를 선동·조장하고 진행되고 있는 사건들의 추이에 영향을 끼치는 데 있어서 중요한 역할을 했다. '언론의 쿠데타'가 정부에 의해 고발당하자, 곧바로 이 문제는 언론이 어떤 처신을 하지 말아야 하는지를 보여주는 사례로서 국제적으로도 널리 알려지고 쟁론화되었다.

확고하게 자리 잡은 카라카스의 일간지들, 특히 『엘 우니베르살』(*El Universal*)과 『엘 나시오날』(*El Nacional*)은 대부분의 라틴아메리카 국가들에서 볼 수 있는 전통적인 보수언론이다. 이들은 일반적으로 상업·금융 기득권층의 퇴영적인 사고를 반영하며 미국의 정치계와 문화계에 뜨거운 지지와 공감을 보낸다. 신문사 사주들은 1990년대에 구체제가 종언을 고하고 있음을 간파하고, 어쩌면 차베스를 구체제와 크게 다르지 않은 새로운 시대를 여는 데 도움이 될 편리한 도구로 삼을 수 있겠다고 생각했다. 그러나 차베스의 집권 초기에 헌법문제가 불거져 보다 급진적인 베네수엘라가 등장했음이 드러나면서, 그들은 재빨리 차베스를 멀리하기 시작했다. 그들은 차베스가 틀을 깨려고 한다는 것을 정확하게 간파했다.

4월 쿠데타가 일어날 때까지도 차베스에 맞설 강력한 정당이 없었기 때문에, 카라카스의 일간지들은 이 진공상태에 뛰어들어 스스로 중요한 정치적 역할을 떠맡았다. 이전 시기까지만 해도 사주와 편집진들은 가족관계나 금전적 관계로 민주행동당과 밀접하게 연결되어 있었다. 그러나 자신들이 마음대로 부리며 몰고 다니던 정치적 수송수단이 붕괴되자, 그들은 국제적으로 공인된 객관성과 공정성의 기준마저 내팽개치고 민선대통령에 대해 가차없는 반대운동을 벌였다.

현장의 르포기사 작성에 익숙지 않은 이 신문들은 기자를 빈민촌이나 지방에 보내 실태를 취재하는 일이 거의 없었다. 신문의 논조는 도서관 냄새를 풀풀 풍기며 19세기를 지향하는 사회·정치적 시각을 가진 상임 논설위원들에 의해 정해졌다. 의심할 바 없이 그들의 논평기사는 상황을 잘 알지 못하는 중·상류층의 견해를 반영하는 것이었지만, 그러면서도 그들은 기득권층의 여론주도자로서 피노체트식 쿠데타가 권장되고 또 환영받는 풍토를 만들어내는 데 일조했던 것이다.

이런 신문들의 독소가 가져온 가장 파괴적인 결과의 하나로, 외국 언론에 끼친 영향을 들 수 있다. 카라카스의 외국 기자들은 당연히 백인 부유층 동네에 살면서 그들의 태도와 견해를 받아들이고 그들이 읽는 신문을 읽었기 때문에, 이들 백인 기득권층의 반동적 문제의식이 외국 언론의 베네수엘라 보도, 특히 이른바 '선동가 차베스'에 관한 보도에 고스란히 반영될 수밖에 없었다. 그 결과 외부세계에 비친 '볼리바르주의 혁명'의 이미지는 소수 외국 언론인들의 기사로 인해 심각하게 왜곡되었다. 특히 미국의 『워싱턴 포스트』(*Washington Post*)와 『뉴욕 타임스』(*New York Times*)는 물론이고 프랑스의 『르 몽드』(*Le Monde*)와 『리베라시옹』(*Libération*), 영국의 『이코노미스트』(*Economist*)와 『파이낸셜 타임스』(*Financial Times*) 그리고 스페인의 『엘 파이스』(*El País*)와 『엘 문도』(*El Mundo*)의 왜곡이 가장 심했다.

이 같은 현실왜곡에서 특히 중요한 것은 국내외 언론 모두가 신빙성이 의심스러운 각종 여론조사 결과를 활용하여, 차베스 지지가 40% 훨씬 아래로 떨어졌고, 따라서 야당의 대규모 가두시위는 무시할 수 없는 절대적 다수를 대표한다고 일정하게 믿는 풍토를 조성했다는 점이다. 이들 여론조사는 빈민촌이나 농촌지방의 여론을 반영하지 못하고, 할 수도 없다는 사실은 독자들에게 전혀 설명되지 않았다. 이른바 차베스에 적대적이라는 60%가 과연 야당 지지세력인지도 밝힌 적이 없다.

일간지들이 적대적이었다면, 민영 TV방송들은 아예 노골적으로 반란에 가담했다. 방송국 소유주들은 4월 쿠데타 음모에 가담했고, 쿠데타 이틀 동안의 사태는 거의가 왜곡 보도되거나 보도되지 않았다. 첫째날에 TV채널들은 반대세력의 시가행진, 이들에게 차베스 지지자들이 발포했다는 그럴듯한 보도 그리고 차베스가 사임했다는 거짓발표를 중점적으로 내보냈다. 둘째날에 언론사 사주들은 미라플로레스 대통령궁을 찾아가 카르모나 대통령에게 연대를 표명했는데, 뒤이어 쿠데타가 와해되기 시작하자 그들의 TV방송국들은 보도의 객관성 따위는 깡그리 내팽개치고 말았다. 그들은 빈민촌 주민들이 차베스 복귀를 요구하며 언덕에서 밀려 내려오는 장면은 보도하기를 거부하고, 그대신 만화나 흘러간 옛 영화들이나 내보냈다.

차베스는 대통령에 복귀한 후 4대 민영 TV방송들을 '지옥의 네 기수'(신약성경 요한계시록 6장에 나오는 전쟁, 기근,

질병, 사망을 상징하는 말 탄 지옥의 사자를 일컬음- 옮긴이)라고 불렀는데, 일리 있는 말이었다. 방송국 소유주들은 이 나라의 최부유층에 속하면서도, 사회적 책임을 철저히 망각하고 자기들의 권력을 휘둘렀다. 시청률이 가장 높은 〈베네비전〉(Venevisión)의 소유주 구스타보 시스네로스는 흔히 '합자기업의 왕'이라 불리는 사람이다. 엄청난 부자이며 미국의 정계·재계와 친밀한 관계를 맺고 있는 시스네로스는 코카콜라, 피자헛, AOL 워너 등 미국 굴지의 다국적기업들과 제휴하여 언론제국을 구축했다.

연속방송극으로 유명한 〈라디오 카라카스 TV〉(RCTV)의 경영주 마르셀 그라니에르는 페라리 자동차의 수집이 취미인 백만장자이다. 세번째 〈글로보비전〉(Globovisión)의 경영자는 알베르토 페데리코 라벨과 리카르도 술루아가인데, 두 사람 모두 소문난 민주행동당 지지자였다. 〈글로보비전〉의 24시간 뉴스 채널은 지독하게 반정부적이었고, 그 정규채널은 일간지의 논평활동과 비슷한 연속 토론 프로그램을 방영했다. 네번째 민영 채널 〈텔레벤〉(Televen)의 소유주는 오마르 카메로였다.

카라카스의 양대 일간지도 민주행동당과 탄탄하게 결합된 사람들이 운영하고 있었는데, 안드레스 마타는 『엘 우니베르살』(*El Universal*)의 편집인 그리고 미겔 엔리케 오테로는『엘 나시오날』(*El Nacional*) 편집인이었다. 카라카스의 일간지들은 특수한 케이스라고 할 수 있다. 다른 지역의 신문들은 훨씬 중립적인 논조인 경우가 많기 때문이다. 석유도시 마라카이보에서 발행되는『파노라마』(*Panorama*)는 뚜렷하게 중립노선을 취하고 있으며, 부유한 가문이 사주로 있는 이 신문의 발행부수는 전국에서 두번째로 많다. 4월 쿠데타 후에 나는 마라카이보에 가서 베네수엘라에서 차베스 사임 요구에 동참하기를 거부했던 유일한 언론사 사주인 이 신문의 에스테반 피녜다 베요소를 만난 적이 있다.

『파노라마』지가 성공한 이유를 이해하기는 어렵지 않다. 역 쿠데타가 일어나던 날 카라카스의 신문들은 자기들이 선동한 쿠데타가 실패했다는 데 충격을 받아 하루 동안 신문을 내지 않았지만,『파노라마』는 계속 발행했을 뿐 아니라 차베스의 재집권 과정을 보도하기 위해 네 번이나 호외를 발행하였다.

마라카이보에서 가장 유명하고 성공한 기업인인 피녜다는 다른 신문사 사주들이 자기를 반차베스 음모에 끌어들이려고 애썼다고 털어놓았다. 그는 이에 가담하기를 거부했고, 4월 쿠데타가 끝난 후에는 그들의 노골적인 쿠데타 열기에 항의하여 전국신문발행인협회(Bloque de Presna)에서도 탈퇴했다.

군대에서도 많이 읽히는 이 신문이 차베스 지지 캠페인을 벌이고 있지는 않지만, 피녜다는 대통령이 인구의 80%를 차지하는 빈민들을 위해 무언가를 하고자 한다는 확고한 견해를 가지고 있었다. 그는 그해에 내가 만난 사람들 중에 미래를 낙관하는 몇 안 되는 사람들 가운데 한 명이었다. 그는 '경제적 쿠데타'는 차베스보다 기업인들에게 더 피해를 줄 것이며, 헌법수단을 통해 대통령을 축출하려는 반대파의 시도는 실패할 수밖에 없다고 말했다. 그의 말은 옳았다.

-35-
반대세력의 경제쿠데타

2002년 4월의 불발 쿠데타 이후 몇 달 동안, 중·상류층 사람들은 자신들이 살고 있는 부유층 거주지역에서 시끄러운 반정부 항의를 계속했다. 이에 대응하여, 빈민촌 주민들도 정기적으로 '자신들의' 대통령에 대한 충성심을 과시했다. 2001년의 불안정한 분위기는 2002년에도 내내 계속되었다. 반대파 진영은 4월에 맛보았던 실패에도 위축되지 않고, 또다시 총파업 전략을 들고 나왔다. 총파업 날짜는 12월 2일이었다.

주로 자유업이나 자영업자들인 대규모 비조직 부문에서는 별로 지지가 없다는 것을 알게 된 반대파 진영은 이번에는 전략적 석유산업에 혼란을 조성하는 데 노력을 집중했다. 국영 석유회사를 완전히 정지시킬 계획이었다. 정확하게 말하자면 상공회의소연합회(Fedecámeras)가 주도한 '공장폐쇄'인 이번 파업은 경제를 붕괴시켜 차베스를 사임케 하려는 것이었다. "차베스 없는 크리스마스"가 반대파 진영의 구호였다. 바로 이것이 4월 이후로 계속 준비되어 온 '경제쿠데타'였다.

그러나 얼마 후 반대파는 상황이 유리하지 못하다는 것을 깨달았다. 쿠데타에 연루된 장성들이 퇴역당했기 때문에, 이제 군부는 전보다 더 확고하게 대통령을 지지하고 있었다.

국제정세도 달라져 있었다. 미국은 4월 쿠데타를 환영했지만, 12월에 와서는 이라크 침공을 불과 몇 달 앞두고 있는 등 다른 중요한 문제들에 매여 있었다. 자연히 미국은 보다 신중해져 미주기구(OAS)가 주선하는 공식적인 여야간 협상에 무게를 실을 수밖에 없었다. 지미 카터 전 미국 대통령의 축복을 받은 이 협상은 콜롬비아 전 대통령이자 OAS 사무총장 세사르 가비리아의 주도로 2002년 11월에 시작되었다. 외부세계는 협상을 통한 베네수엘라 위기의 해결을 학수고대했지만, 국내에서는 별로 환영받지 못했다.

군부와 미국의 태도변화보다 더 중요한 것은 빈민동원이 더 늘어난 것이었다. 빈민들은 1998년부터 줄곧 차베스를 지지해 왔지만, 그의 혁명 프로그램은 민중의 별다른 참여 없이 주로 위로부터 주어진 것이었다. 그러나 4월 쿠데타 이후 빈민들은 자기들이 옹호해야 할 정부가 있다는 데 눈뜨게 되었다. 반대세력의 반복된 항의시위는 빈민들의 정치적 각성이라는 예상치 못한 결과를 가져왔던 것이다.

반대진영의 대표들은 차베스가 나라를 경제적 혼란으로 몰아넣는 무능한 좌파 지도자라고 매도했다. 그러나 전통적 지배계급 내에서 일어난 이런 격렬한 증오심의 바탕에는 흑인, 인디오, 메스티소 등 대다수 민중의 동원에 직면한 백인 기득권층의 공포심이 깔려 있었다. 계급문제도 중요하지만, 2002년 그 한 해 동안에 표출된 볼리바르주의 혁명에 대한 이들의 격렬한 증오심은 다름아니라 인종차별에서 비롯된 것이었다. 베네수엘라의 인종차별에는 신·구의 양 측면이 있다. 한편으로 이 문제는 유럽 정착민들이 아프리카 노예와 토착민들을 차별했던 5세기 전으로 거슬러 올라가며, 또 한편으로는 석유산업의 경제적 전망에 이끌려 20세기에 유럽에서 이주해 온 새로운 세대의 정착민들에서 비롯된 것이기도 하다. 이 정착민들은 자기들이 선택한 나라에 대한 애착이 별로 없고 인간현실에 무관심한 편이다. 빈민의 대통령이 되겠다고 드러내놓고 천명한 차베스에게 이들의 인종주의적 분노가 집중되었다. 그러나 부유층은 소수이고 빈민은 다수였다. 빈민을 제대로 동원한다면 부자들은 압도당할 수밖에 없었다.

수적으로 열세인 반대파 세력은 자신들에게는 국영 석유회사(PdVSA)라는 카드가 있다고 믿었다. 20년 전에 국유화된 PdVSA는 그동안 그 경영진과 종업원들의 배타적인 이익을 위해 운영되었고, 이윤을 베네수엘라에 투자하는 일이 없었다. 차베스가 등장하기 전에, 이 회사는 민영화의 혜택을 누리게 될 대부분의 기술자와 경영진들에게 유리하도록 이미 민영화할 만반의 준비를 해놓고 있었다. 그런데 차베스가 이 움직임에 제동을 걸었다. 1999년의 새 헌법은 민영화를 영구적으로 봉쇄했던 것이다. 이렇게 해서 절망에 빠진 회사의 기득권층은 기꺼이 반대파 진영의 돌격대로 나섰다. 12월 총파업이 발표되자 회사 이사진은 석유산업 전체를 정지시킬 태세를 갖췄다. 다른 반대세력과 마찬가지로 그들도 정권교체를 선동할 생각이었다.

그러나 충격적인 사태가 그들을 기다리고 있었다. 차베스도 만반의 태세를 갖추고 있었다. 반란자들의 파업 첫째 주말인 12월 6일에, 차베스는 1998년 12월 선거의 승리 4주년을 축하하는 기념식에 참석했다. 4월 쿠데타 때도 난국을 돌파하는 마술사 같은 솜씨를 발휘했던 그였다. 이번에도 차베스는 청중들에게 호락호락하게 기습당하지는 않을 것이라고 말했다. 정부는 사태를 정확하게 파악하고 대책을 세워놓고 있었던 것이다.

12월이 지나도록 파업이 정치적 파급력을 발휘하지 못하자, 반대파의 초조감은 갈수록 심해졌다. 그러나 민중들은 식량부족을 침착하게 참아내고 있었으며, 정전사태도 석유품귀도 교통마비도 잘 견뎌냈다. 마침내 12월 말에 차베스는 힘차게 반격에 나서, 크리스마스를 지나서까지 파업을 하리라고는 꿈에도 생각지 않았던 사분오열된 반대세력의 기를 꺾어놓았다.

그러나 정부는 석유회사의 파업이 두 업무부문에 미칠 파장을 미처 예상치 못했다. 파업이 회사의 유조선 부문과 컴퓨터기술 부문으로 파급되었던 것이다. 수많은 유조선 선장들이 파업에 가담했기 때문에 유조선들을 접수하고 최소 인원을 배치하는 데 시간이 걸렸다. 회사 컴퓨터들을 장악하여 사보타주를 예방하는 것은 더 큰 문제였다. 차베스는 2003년의 새해 연설에서 이 사보타주가 일으킨 파장을 이렇게 설명했다.

아시다시피 이 모든 시스템은 컴퓨터에 의해 체계적으로 가동되고 있습니다. …사보타주는 통제 시스템의 조절 포인트들을 바꾸어놓는 형태로 이루어졌습니다. 통제 시스템의 컴퓨터에 변수를 입력해서 보일러 온도가 상한인 섭씨 600도 이상으로 올라가지 않도록 되어 있었습니다. 600도가 넘으면 공장이 위험수준에 이릅니다.

자, 그런데 이 신사양반들이 부서를 이탈했을 뿐만 아니라 자리를 뜨면서 조절 포인트를 바꿔놓았습니다. 다시 말해서 상한을 600도에서 800도로 올려놓은 겁니다. 우리의 잘 훈련받은 애국적 기술자들이 통제 시스템과 조절 포인트를 꼼꼼하게 점검하지 않았더라면 어떤 일이 벌어졌겠습니까? 그분들이 시스템과 밸브 등 모든 운영 시스템을 가동시키지 못했더라면 어떤 일이 벌어졌겠습니까? 온도가 600도를 넘어 800도까지 올라갔더라면 재앙이 — 폭발이 일어났을 겁니다.

사보타주도 파업 자체와 마찬가지로 기대와는 정반대의 결과를 가져왔던 것이다. 차베스는 이 나라 민족주의자들의 우상인 석유산업을 마비시키려는 반대파의 시도가 군부 내에서 지지를 받지 못한다는 것을 잘 알고 있었다. 2003년 1월 벽두에 차베스는 고위 장성들로부터 파업을 분쇄할 백지위임장을 받았으며, 시설과 항만과 송유관을 보호하기 위해 군대가 투입되었다.

파업이 분쇄되자, 석유회사를 정부의 통제 아래 두는 것이 핵심 과제가 되었다. 회사의 이사진은 해고되고 전체 구조가 개편되었다. 회사는 두 개의 지역 사업체로 분리되었고, 카라카스의 중앙영업소는 완전히 폐쇄되었다. 힘을 얻은 석유장관은 한 달 내에 석유생산을 거의 정상화시켜 놓겠다고 장담했다. 2003년 1월 5일, 차베스는 카라카스에서 행한 연설에서 석유회사와 그 경영진의 개편내용을 미리 밝히면서 이렇게 말했다.

우리는 우리의 기업, 국영 석유회사의 철저한 구조개혁에 착수한다는 원대한 결정에 도달하였습니다. 그것은 이 회사를 더욱 강력하고 보다 효율적인 기업으로, 그리고 자기들의 철밥통을 무한정 유지하려는 소수 특권집단의 이익이 아니라 국민의 이익에 더 한층 부응하는 기업으로 만들기 위한 것입니다.

차베스는 회사의 중역들은 해고되었고 "자신들의 비행과 직권남용에 대해" 법적인 책임을 지게 될 것이라고 말했다. 앞서 내부투쟁에서 밀려났던 급진적 중역들이 들어와 보수파 중역들을 대체했다. 고위 경영진만 일자리를 잃은 것이 아니었다. 처음에는 파업 참가자 1천 명이 해고되었고, 이어 그 숫자가 2천 명 그리고 마침내 1만 8천 명으로 늘어났다. 전체 종업원 4만 명의 거의 절반에 해당하는 규모였다.

국영 석유회사(PdVSA) 사장 알리 로드리게스는 2004년 7월에 미국 작가 그레그 윌퍼트와 가진 인터뷰에서 문제의 심각성을 이렇게 설명했다.

거의 1만 9천 명이 국영 석유회사를 떠났는데, 그중에는 탐사·생산·운송·정유·상업·공급·금융 등의 부문에서 회사를 운영해 오던 관리직의 과반수가 포함되어 있었다. 그것은 분명히 이 모든 시스템을 재건하는 데서 문제가 될 수밖에 없었다.

PdVSA는 그동안 심각할 정도로 과잉고용 상태였는데, 관리직들이 파업을 벌이지 않았더라면 기업경량화가 정치적으로 불가능했을 것이다. 그들은 "연속 62일 동안 피고용자 의무를 방기"한 혐의로 노동기본법 102조의 규정에 따라 합법적으로 해고되었던 것이다. 알리 로드리게스 사장은 이들을 대체할 인력을 어떻게 충원하였는지, 그 과정도 설명했다.

회사에 장기 근속한 고숙련 전문직을 포함하여 이 모든 종업원들을 잃었지만, 회사 근로자들이 이들을 대체할 수 있었다. … 또 퇴직한 사람들을 복직시키는 방법도 있었다.

자신감을 얻은 차베스는 2003년 1월 내내 일련의 연설을 통해 파업반대 캠페인을 계속 활기차게 벌였다. 그는 식량 사재기를 멈추고 학교와 은행 문을 열기 위해 군대를 투입하겠다고 발표하는 한편, 적극적으로 정부전복 캠페인을 벌인 4대 민영 TV방송의 면허를 취소하겠다고 협박했다. 나아가 그동안 경제가 파멸적인 피해를 입었기 때문에, 정부는 부득이 자본도피를 저지하기 위해 자본 및 가격 통제를 실시할 수밖에 없다고 발표했다.

베네수엘라의 이 같은 분위기 반전은 그 당시 라틴아메리카의 다른 나라들을 휩쓴 급진적 변화와 함께 미국의 불확실한 분위기를 반영하는 것이기도 했다. 브라질과 에콰도르에서 좌익대통령의 당선은 차베스에게 생명줄까지는 아니더라도 큰 희망을 던져주었다. 브라질의 룰라 대통령은 2003년 정초에 브라질리아에서 취임했고, 에콰도르의 루시오 구티에레스 대통령(역시 진보적인 대령 출신)도 며칠 후 키토에서 취임했다. 사실 에콰도르의 취임식에 참석한 라틴아메리카 대통령들의 모임은 미주기구(OAS)의 주선으로 베네수엘라 위기의 평화적 해결책을 모색하기 위한 '베네수엘라 우방국' 그룹이 형성되었음을 의미하는 것이었다.

한편 워싱턴의 나팔소리는 여전히 잡음을 내고 있었다. 오토 라이히는 정부로부터 라틴아메리카 공작책임자로 임명되었으나 의회의 인준을 받지 못함으로 해서, 미국 정부 내의 신보수주의 세력에게 큰 타격을 주었다. 멕시코의 친미 외무장관 호르헤 카스타녜다의 사임도 타격이었다. 미국 의회 내 민주당 의원들이 목소리를 내기 시작하였고, 그 일부가 차베스 지지 메시지를 발표하기도 했다.

반대파가 더욱 낙담한 것은, 차베스가 자신의 '혁명'을 더욱 급진적으로 추진해 나갔기 때문이다. 차베스를 지지하는 빈민들이 동원되기 시작했는데, 그것은 1년 전만 하더라도 상상할 수 없는 일이었다. 몇몇 학교들이 문을 닫자, 빈민촌 학생들과 학부모들이 자체 조직을 만들어 학교 문을 열었다. 금융기관과 언론사들은 처음으로 경영권 박탈 위협 앞에서 전전긍긍하게 되었다.

그래도 반대세력은 여전히 막강한 힘을 가지고 있었다. 그러나 불신당한 구체제의 정계와 노조 지도자들, 국영 석유회사에서 쫓겨난 중역들, 재계와 언론계 거물들 그리고 몸은 베네수엘라에 있지만 마음은 미국에 가 있는 광범위한 중산층 등 잡다한 사람들로 급조되었던 반대파 진영은 12월 파업의 실패로 전의를 잃고 말았다. 차베스는 잊혀졌던 최하층민을 불러내어 병 속에 도로 담을 수 없는 그들의 힘을 풀어놓음으로써 다시 한번 반대세력에 패배를 안겨주었다. 베네수엘라는 눈에 띄게 달라지기 시작했다.

-36-
민중들에게 식량과 교육을 제공하다

석유파업의 좌절과 국영 석유회사에 대한 정부의 지배권 확립은 볼리바르주의 혁명의 발전과정에 완전히 새롭고도 더욱 급진적인 국면을 열어주었다. 비로소 정부는, 말하자면 전국의 송유관을 장악하고 석유를 직접 빈민촌과 농촌지역으로 돌릴 수 있게 되었다. 2003년에 거액의 오일달러가 '파견대'(misión)라 불리는 새로운 사회 프로그램에 투입되어 '파견대'가 점차 전국적으로 자리 잡게 되었다.

'파견대'는 문맹퇴치 사업을 벌이고, 사회적 탈락자들을 재교육시키고, 또한 쿠바가 파견한 수천 명 의사들의 도움을 받아 도시 빈민촌과 농촌지방에서 무상의료 사업을 펼쳤다. 관료주의적 중역들이 쫓겨나 텅 비게 된 카라카스 중심부의 석유회사 건물들을 징발하여 빈민을 위한 새로운 '볼리바르'

대학 본부로 사용하게 했고, 오일달러를 들여 혁신적인 문화 TV채널인 〈비베〉(Vive)를 창설하여 라틴아메리카 언론의 미국식 전통을 깨기 시작했다.

파견대를 설치한 것은 여전히 반대파 세력이 장악하고 있는 복지부동의 관료체제를 우회하기 위해서였다. 따라서 초기에는 교육파견대는 교육부와 별도로, 그리고 의료파견대는 보건부와 별도로 운영되었다. 이 조직들은 '볼리바르주의 혁명'의 독특한 산물로서, 구체제의 각종 기구들의 바깥에서 발전된 것이었다. 이들이 불러일으킨 목적의식과 열의는 1960년대 쿠바혁명 초기의 분위기를 방불케 했다.

그중에서도 가장 직접적으로 중요한 조직은 '빈민촌으로 파견대'(Misión Barrio Adentro)였다. 쿠바 의사들로 구성된 이 특별한 의료파견대는 카라카스 등 도시의 빈민촌과 후미진 농촌지역에서 활동했다. 쿠바는 여러 해 전부터 제3세계 나라들에 의료진을 보내고 있었는데, 1990년대에는 아프리카와 라틴아메리카의 여러 나라들에서 4만 명이 넘는 쿠바 의사들이 활동하고 있었다. 베네수엘라는 쿠바 의사 약 200명이 와서 보건소 몇 군데를 설치한 1999년부터 이 프로그램의 혜택을 받고 있었다.

이 프로그램은 카라카스특별시 최대의 행정구역인 리베르타도르 시의 정력적인 시장 프레디 베르날의 후원으로

2003년 초에 더욱 새롭게 확대되었다. 8천 명이 넘는 쿠바 의사들이 와서 두 명씩 짝을 지어 처음에는 빈민촌 주민들의 집에, 나중에는 마을회관에 진료소를 차렸다. 1년 후에는 많은 진료소들이 새로 지은 시설에 입주하게 되었다. 창설 2년째인 2004년에는 1만 3천여 명의 쿠바 의사들이 약 5천 명의 베네수엘라 의료보조원들과 함께 의료사업을 펼쳤다. 또한 베네수엘라 환자들이 쿠바로 공수되어 고급 진료를 받았고, 수백 명의 베네수엘라 학생들이 쿠바로 유학했다.

이 프로그램이 끼친 정치적 영향은 즉각적이었고 차베스 정부에 전적으로 유리했다. 역대 정부들도, 특히 1970년대에 이와 비슷한 사업을 추진했지만, 당시의 '이동병원'은 20세기 말의 추억으로만 남아 있다. '빈민촌으로 파견대'는 그 규모 면에서 전혀 새로운 것이었다. 나는 2003년과 2004년에 쿠바인들이 운영하는 도시와 농촌의 보건소 몇 군데를 방문한 적이 있었는데, 쿠바 의사들의 열의와 책임감 그리고 현지주민들의 호평은 혁명이 확실하게 진전되고 있음을 여실히 보여주었다. 쿠바 의사들의 대부분은 그동안 아이티, 온두라스, 감비아와 앙골라 등 제3세계 나라들에서 경험을 쌓았지만, 이처럼 빈부격차가 극심한 라틴아메리카 사회는 처음 겪는 사람들이었다. 그들은 일주일 내내, 하루 24시간 동안 의료 서비스를 제공하여 이내 빈민촌 마을의 명물로 자리 잡아가고 있었다.

첫해에 이들이 살던 임시거처는 2004년에 아래층은 진료소가 들어서고 위층은 숙소로 사용하도록 특별히 건축된 6각형의 2층 벽돌건물로 대체되었다. 의사들은 현지수당으로 월 250달러를 받지만, 의약품은 쿠바에서 무상으로 공급해주었다. 쿠바 의사들은 예방의학을 특히 강조하는데, 2차년도에는 치과와 안과 진료도 가능하게 되었다.

두번째 프로그램인 '로빈슨 파견대'(Misión Robinson)는 문맹퇴치 사업단이다. 베네수엘라 사람들이 운영하기는 하지만, 이 프로그램은 1961년 쿠바혁명의 초기 업적에서 아이디어를 얻은 것이다. 이 사업은 우선 100만 명에게 읽기와 쓰기 그리고 초보적인 산술을 가르치는 것을 목표로 한 알파벳 교육 프로그램으로 시작되었다. '로빈슨 파견대'는 쿠바가 최근 제3세계 다른 나라들에서 축적한 이 분야의 경험을 활용하고 있었다. 전에는 쿠바 대학생들이 연필과 공책을 가지고 파견되었지만, 지금은 21세기의 대중 문맹퇴치 사업에 걸맞게 쿠바는 TV세트, 비디오 녹화기, 돋보기안경, 교재(일부는 토착어로 번역)를 제공하고 있다. 이 프로젝트명은 시몬 로드리게스의 필명인 새뮤얼 로빈슨에서 딴 것이다.

또 하나의 문맹퇴치 사업인 '리바스 파견대'(Misión Ribas)는 학업을 중도에 포기했으나 중등교육을 받고 싶어하는 젊은이들을 교육하기 위한 것이다. 2004년에 약 60만 명이 이런 야간학교에 등록하여 약간의 장학금을 받았다. 문법, 수학, 지리와 제2언어를 배우는 이 교육과정은 2년이다.

'리바스 파견대'라는 명칭은 19세기 초의 또 다른 역사적 인물 호세 펠릭스 리바스의 이름을 딴 것이다. 1775년에 태어난 독립투사 리바스는 볼리바르의 고모인 호세파 팔라시오스와 결혼했으며, 1814년 라 빅토리아 전투에서 "우리는 승리냐 죽음이냐를 선택할 수 없다. 반드시 승리해야 한다"는 유명한 말을 남긴 인물이다. 이듬해 그는 어느 노예의 배반으로 스페인 군대에 체포되어 참수됐다. 그의 시신을 펄펄 끓는 기름에 넣었다가 카라카스에서 전시했다고 한다.

볼리비아 정복자의 이름을 딴 '수크레 파견대'(Misión Sucre)는 고등학교 졸업자(또는 '리바스 파견대' 수료자)를 대상으로 하는 대학진학 교육 프로그램이다. 시행 첫해에 약 7만 명이 이 프로그램에 등록했다.

또 한 가지 프로그램인 '부엘반 카라스 파견대'(Misión Vuelvan Caras)는 실업자를 대상으로 한 취업훈련 프로그램이다. '리바스 파견대'와 '수크레 파견대'의 교육을 수료한 사람의 취업을 돕는 이 프로그램은 첫해에 실업률을 5% 줄이는 것을 목표로 삼았다.

2004년에는 그 밖에도 여러 종류의 파견대가 육성되었다. '신원 파견대'는 전체 주민을 선거인 명부에 등록시킬 목적으로 설치된 것이다. 이 파견대는 신분증 없는 사람들을 찾아내는 일 외에도, 베네수엘라에서 오랫동안 거주한 수십만 명의 외국인들을 정식으로 귀화시켜 투표권을 부여하는 일을 하고 있다. 신분증 없는 사람들은 거의가 콜롬비아나 에콰도르에서 온 사람들이지만 등록하지 않고 살아가는 유럽인들도 많았다.

그 밖에 농촌지방에서 운영되는 3개의 파견대가 있는데, '사모라 파견대'는 농민들을 돌보고 '피아르 파견대'는 광산 마을의 여러 가지 문제를 다루며 '과이카이푸로 파견대'는 토착민 그룹들을 다룬다. 그리고 마지막으로 '메르칼 파견대'는 도시주민들에게 값싼 식품을 공급할 슈퍼마켓을 설립·운영하기 위해 설치된 것이다.

반대진영은 처음부터 이 새로운 사업에 맹렬히 반대하면서 '포퓰리즘'이라고 매도했다. 그러나 사우디아라비아와 맞먹는 석유수입을 올리면서도 극단적인 빈곤과 소외의 비극이 존재하는 나라에서, 민주적인 민선정부가 최빈곤층을 위한 특별사업을 벌이지 못하도록 막을 명분은 없었다. 이 사업이 매우 성공적이었기 때문에 반대세력도 어쩔 수 없이 ── 2004년 선거운동 때 ── 자기들이 당선되면 이 사업을 대부분 그대로 유지하겠다고 공약할 수밖에 없었다.

-37-
반대세력의 소환 국민투표운동

2002년 11월의 '49개 법령'으로 볼리바르주의 혁명의 급진적 프로그램이 구현되기 시작한 이래로 차베스 반대세력은 그의 축출을 시도해 왔다. 2002년 4월에는 쿠데타를 일으켰고, 12월에는 석유회사에서 파업을 벌였다. 두 가지 모두 실패했으니 이젠 더 쓸 전략이 남아 있지 않았다. 또 무슨 일을 꾸밀 수 있을까?

2003년에 떠오른 한 가지 새로운 가능성은 헌법에 따라 대통령 소환을 요구하는 국민투표운동을 벌이는 것이었다. 야당은 등록 유권자 20%의 서명만 받으면 차베스의 계속집권과 중도하차를 묻는 국민투표를 발의할 수 있었다. '민주주의 조정자'(Coordinadora Democrática)라는 단체의 산하에 뭉친 반대파는 이 싸움에서 이길 수 있다고 자신했다.

그들은 우선 지미 카터 전 미국 대통령에게 도움을 청했다. 미국 애틀랜타에 있는 카터센터는 다른 나라의 선거운동을 감시하고 그 결과를 검증하는 일을 전문으로 하고 있었다. 카터 자신은 석유산업 파업 동안에 계속된 베네수엘라의 정치적 위기에 큰 관심을 가지고 OAS와 협력하여 여러 가지 제안을 내놓고 있는 터였다. 그는 2003년 1월과 5월에 카라카스를 방문한 끝에 결국은 야당의 '소환 국민투표'를 위한 서명운동 구상을 지지했다.

몇 달 동안 캠페인을 벌인 후 2003년 12월에 전국 각지에서 4일 동안 서명을 받기 시작했다. 거리와 시장에 서명대와 서명박스가 설치되고 시민의 자긍심이라는 분위기 속에서 서명행사가 진행되었다. 서명받기 행사가 끝난 후 야당은 서명자가 347만 7천 명에 달해 국민투표 발의요건을 충족시켰다고 주장했다.

정부는 정부대로 광범위한 부정이 있었다고 주장했다. 전국선거관리위원회(CNE)는 이 주장을 받아들여 서명명부를 집중 검사했다. 선관위는 논란 끝에 유효한 서명은 191만 1천 명, 무효가 37만 5천 명이고 판정 불능이 120만 명이라고 발표했다. 소환 국민투표에 필요한 20%를 충족시키려면, 재검사를 실시하여 판정 불능 서명 중 약 52만 5천 명이 유효로 인정되어야 했다.

여야는 2004년 초에 몇 달 동안 논란을 벌인 끝에 서명자들이 직접 자기 서명을 확인하도록 한다는 데 합의했고, 이에 따른 공식 확인절차가 2004년 5월 말에 3일 동안 실시되었다. 6월 3일에 선관위가 재검사 결과를 발표했다. 서명자 수가 국민투표 발의요건을 충족시켰다는 발표였다.

놀랍게도 차베스는 이 도전을 선뜻 받아들였다. 그는 국민투표를 환영한다면서 자기가 헌법에 국민투표 조항을 넣도록 힘쓴 사람이라고 강조했다. 사실 차베스는 유리한 입장에 있었고, 그의 캠페인은 전국적으로 선풍을 일으키고 있었다. 차베스의 캠페인은 군사전략가 겸 정치조직가로서의 그의 능력을 유감없이 보여주고 있었다. 이윽고 그는 1960년대 미국의 흑인 선거인명부 등록운동을 방불케 하는 유권자 등록운동을 조직하여 수십만 명의 새로운 유권자를 만들어 냈다. 그리고 앞서 언급했듯이 장기 이주민들에게 시민권을 부여하는 캠페인도 벌였다. 이주민 수천 명이 귀화하지 않고 있었는데, 이제 이들도 시민권을 행사하게 되었을 뿐 아니라 그 대부분이 차베스를 지지하고 나섰다. 선관위는 국민투표를 앞두고 새 유권자 200만~300만 명이 등록했다고 추계했다.

그해에 차베스 쪽에 뜻밖의 호재가 생겼다. 석유가격이 배럴당 거의 50달러로 급등한 것이다. 석유가격이 몇 해 전보다 5배나 오른 것은 미국의 이라크전쟁, 세계 산유량의 전반적 감소, 중국과 인도의 수요증가 등이 그 원인이었지만, 베네수엘라의 노력으로 OPEC가 확고한 입장을 고수한 것도 한 가지 원인이었다. 늘어난 오일달러의 대부분은 빈민촌의 각종 교육 및 의료 파견대들에 투입되었는데, 그것도 분명히 차베스 지지표를 끌어들이는 데 큰 요인으로 작용했을 것이다.

라틴아메리카 국가들을 비롯한 외국의 차베스에 대한 태도가 달라진 것도 차베스의 국내 이미지에 도움이 되었다. 기껏해야 혁명적인 언사와 중도 사회민주주의적 프로그램을 별로 벗어나지 못했던 차베스가 직권 6년이 지나면서 미국의 패권적 신자유주의에 맞서는 라틴아메리카의 지도자로 떠올랐다. 그는 지금까지 냉랭했던 콜롬비아 및 칠레와의 관계를 개선했고 2004년에는 메르코수르(Mercosur, 라틴아메리카 공동시장. 브라질, 아르헨티나, 우루과이, 파라과이 등 라틴아메리카 4개국이 1995년 1월 1일에 발족한 지역경제공동체. 베네수엘라는 안데스공동체에 속해 있다-옮긴이)와 제휴협정을 체결하여, 브라질 및 아르헨티나와의 우호관계도 다졌다.

한때 이웃나라들에서 약간 별난 사람쯤으로 인식되었던 차베스가 이제는 라틴아메리카의 정치가로 주목의 대상이 되었다. 쿠바의 카스트로와 긴밀하게 맺어져 있는 그는 카스트로 못지않게 미국의 조지 W. 부시를 거칠게 몰아붙이면서 대부분의 라틴아메리카 나라들에 잘 먹혀드는 반제국주의 전략을 제시하기 시작했다. 그의 메시지는 베네수엘라뿐 아니라 라틴아메리카의 다른 나라들에서도 호응을 얻어, 미국의 정치·경제적 처방에 찬성하는 이 지역 기득권층을 사실상 고립시켜 버렸다. 그 결과 차베스의 인기는 올라가는 반면, 멕시코의 비센테 폭스와 페루의 알레한드로 톨레도 등 라틴아메리카의 친미 대통령들은 점점 더 왜소해졌다. 정치적으로 신중한 브라질의 룰라 대통령조차도 2004년 말 선거에서 상파울루와 포르토 알레그레를 상실하는 등 고전하는 모습을 보였다.

'민주주의 조정자'로 일단 뭉쳤으나 정치적으로 분열되고 차베스에 맞설 카리스마를 지닌 지도자를 갖지 못한 베네수엘라 반대파 세력은 그래도 여전히 국민투표 승리를 확신하는 듯이 행동했다. 그들은 1990년 니카라과 산디니스타의 반대세력이 거둔 것과 맞먹는 승리를 거둘 것이라고 맹신했다. 그들은 차베스 정부 이후의 계획을 토론하는가 하면, 언제나 신빙성이 의심스럽고 기복이 심한 여론조사 결과를 지켜보면서 '모르겠다'는 응답에 부질없는 희망을 걸었다. 그러나 그들의 국민투표운동은 따분하고 열기가 없었다. 그들은 차베스 진영의 당당함과 열정에 맞설 만한 지지층을 확보하지 못하고 있었다. 반대파의 세번째 정부전복 시도는 국민투표 결과가 나오기 오래 전부터 이미 그 운명이 결정되어 있었다.

2004년 8월 15일에 차베스는 멋진 승리를 거두어 반대파의 기를 죽이고 카라카스에 모인 국제기구 감시원들을 놀라게 했다. 차베스의 대통령직 유지에 찬성한 유권자는 약 580만 명(59.25%), 그가 물러가기를 바란 유권자는 398만 9천 명(40.74%)이었다. 반대파는 즉각 '부정'을 항의했지만, 이들의 주장은 특히 지미 카터와 OAS측 감시위원들이 투표 결과를 인정한 후로는 별로 주목을 받지 못했다.

차베스는 이제 논란의 여지가 없는 대통령으로 인정됐고, 마치 국민투표 승리가 단순한 우연이 아님을 입증이나 하려는 듯이, 두 달 후에 치러진 시장·도지사 선거에서도 승리를 거두었다. 10월 31일에 결과가 확정된 이 선거에서 차베스측 후보는 22개 주 가운데 20개 주를 차지했다. 또 여당후보인 호안 바레토는 카라카스 특별시장으로, 그리고 디오스다도 카베요는 인접한 미란다 주지사로 당선되었는데, 이 두 곳은 모두 야당이 장악했던 지역이었다. 중요한 주들 가운데서는 유일하게 술리아 주에서만 야당후보가 당선되었다.

집권 6년째로 접어드는 차베스는 이제 난공불락의 입지

를 굳혔다. 그는 국민투표의 지지를 얻었고, 국회의 과반수 의석을 차지했으며, 거의 모든 지방선거에서 승리한 대통령이 되었다. 그것은 차베스가 반대파의 거듭되는 쿠데타 시도를 물리쳐 가면서 오랫동안 기다려 온 순간이었다. 이제 그는 마침내 자신의 계획을 실천에 옮길 기회를 잡게 되었다.

우선 그는 지난해에 시작한 정부의 국영 석유회사 장악 과정을 마무리지었다. 그는 석유·광업부 장관 라파엘 라미레스를 알리 로드리게스의 후임으로 사장에 임명했다. 이 임명이 가지는 중요성은 라미레스가 장관직을 그대로 유지한다는 데 있었다. 민선정부의 대표가 처음으로 국영 석유회사를 직접 지배하게 된 것이다. 한편 로드리게스는 외무장관에 임명되어 석유를 바탕으로 새로운 외교정책을 펼쳐나가는 한편, 구시대의 콧대 높은 관료들 상당수가 그대로 포진한 외무부를 개혁하는 일을 떠맡았다.

그 다음에 차베스는 새로 선출된 주지사들에게 눈을 돌렸다. 차베스는 주지사들이 각 주의 개발계획을 입안, 새로 구성된 정책수립 기관인 '대통령 조정기구'의 심의를 거쳐 다음 단계의 '볼리바르주의 혁명' 사업계획을 수립하도록 조치했다. 또한 주지사들에게 2002년 이래 답보상태에 있는 농지개혁을 진전시키도록 촉구했다.

세번째의 중요한 변화는 사법부 개혁을 더욱 진전시킨

것이었다. 사법부가 2002년 4월의 쿠데타 주모자들을 방면한 이후로 대법원과 그 구성문제는 여야의 핵심 쟁점이었다. 이제 국회는 대법관의 증원에 합의, 17명을 새로 지명함으로써 대법관 수를 종전의 20명에서 32명으로 늘렸다. 정부는 대법관 수를 늘려 비효율적이고 부패한 재판제도를 개혁하고자 했다. 당연히 야당은 정부가 대법원을 장악하려 한다고 항의했고, 4월 쿠데타 연루자들은 변호사를 찾기 시작했다.

네번째 변화로, 정부는 민간소유 언론의 비행에 대해 보다 확고한 태도를 취하기 시작했다. 새로운 언론관계법이 국회를 통과하여 라디오, TV 및 신문사의 행동을 규제하게 되었다. 반대파와 그 국제적 동맹세력은 언론의 자유에 대해 우려를 표명했지만, 사실 새 언론법은 베네수엘라의 관련법을 서유럽 나라들의 기준에 맞춰 조정한 것뿐이었다. 옥스퍼드대학 출신인 고등교육부 장관 사뮤엘 몬카다는 이 법은 '언론에 대한 민주적 통제'를 위한 것이라고 말했다.

야당과 언론계가 이런 변화를 두고 논의를 벌일 동안, 차베스는 현명하게도 국내문제에서 일단 손을 떼고 2004년 11월과 12월에 석유사업의 우방국들을 순방했다. 그는 먼저 리비아와 이란, 러시아, 스페인 그리고 카타르를 순방했다. 그는 OPEC의 석유가격 안정화 방침을 지지할 필요가 있었고, 또 옐친 시대에 민영화하여 갱단에게 넘겨준 석유산업을 다시 국유화하려는 블라디미르 푸틴의 노력이 OPEC의 목표를 암묵적으로 지지하는 것인지를 확인할 필요가 있었다. 그의 기대는 어긋나지 않았다. 러시아는 베네수엘라의 석유산업 현대화를 지원하고 헬리콥터와 자동소총을 판매하기로 했다. 이란은 계속 협력하겠다고 약속했고, 새로 사회주의 정권이 들어선 스페인도 협력을 다짐했다. 스페인은 이전 아스나르 정부가 4월 쿠데타를 지지했던 기억을 지우고 싶어 했다. 카타르에서 차베스는 아랍의 급진적인 TV방송사 〈알자지라〉를 방문했다. 앞으로 출범시킬 라틴아메리카 방송사에 관해 자문을 구하기 위해서였다.

다극화 세계에 대한 관심을 공공연히 표명해 온 차베스는 베네수엘라의 외교·통상 관계를 다변화하여 궁극적으로 대미의존에서 벗어나고자 했다. 중국은 우방국으로 삼아야 할 중요한 나라였다. 차베스는 12월에 중국으로 가서 환대받았으며, 1999년 10월에 방문했을 때 했던 마오쩌둥 찬양 발언을 되풀이했다. "마오쩌둥과 볼리바르가 서로 알았더라면, 두 분은 생각이 비슷하기 때문에 좋은 친구가 되었을 것입니다. …두 분의 영감은 똑같은 곳에서 나왔습니다. 그것은 휴머니즘입니다. …나는 볼리바르가 중국에 왔더라면, 그분도 사회주의자가 되었을 것이라고 생각합니다."

중국측은 그의 말을 정중하게 경청했고, 베네수엘라산

석유의 구입과 차베스의 라틴아메리카 방송국이 사용하게 될 인공위성의 판매 등 일련의 경제교류 협정을 체결했다.

그리고 차베스는 2004년 말에 아바나를 방문했다. 카스트로는 10년 전 1994년 12월에 당시 무명의 대령이었던 차베스를 아바나대학에 초청하여, 볼리바르에 관해 강의하도록 했었다. 그 당시 차베스는 형무소에서 갓 나와 장래가 불투명한 상태였지만, 카스트로는 내부거래를 한 죄책감 같은 것을 느끼고 있었다. 그는 차베스가 좌파장교라는 것, 베네수엘라의 친쿠바 좌파그룹과 접촉하고 있다는 것 그리고 상당한 대중적 인기를 누리고 있다는 것을 정확하게 알고 있었다. 오래 전부터 라틴아메리카 본토의 동맹세력을 찾고 있던 쿠바에게 차베스는 분명히 한번 내기를 걸어볼 만한 인물이었다.

그러나 정보에 밝고 통찰력이 뛰어난 카스트로도 막상 자기가 큰 대어를 낚았다는 것을 알고 놀랐을 것이다. 이제 두 지도자는 2004년 12월에 아바나에서 다시 만나 그들의 첫 상봉 10주년을 자축했다. 그들은 칼 마르크스 극장의 한 모임에서 연설했는데, 카스트로는 10년 전 차베스가 아바나대학에서 행했던 낙관적이면서도 솔직한 연설을 회상하면서 그의 '위대한 혁명가적 자질'을 찬양했다.

당신은 당신의 희망과 꿈을 실현시켜 언젠가 다시 찾아오겠다고 약속했습니다. 당신은 이제 돌아왔습니다. 당신은 귀국 인민들의 승리한 혁명과정을 이끈 지도자로서만이 아니라, 전세계의 수백만 인민, 특히 우리나라 인민들에게서 사랑받고 존경받는 중요한 국제적 인물로서, 거인이 되어 돌아왔습니다.

차베스와 카스트로는 이어 미국의 미주자유무역지대 설치 음모를 비난하면서, 그 대신 아메리카 대륙을 위한 볼리바르적 대안을 제안했다. 역내의 무역 및 관세 장벽을 제거하고, 투자유인을 제공하며, 금융협력을 강화한다는 내용이었다.

    두 지도자는 또 양국간의 긴밀한 관계를 성문화한 협정을 체결했다. 베네수엘라가 옛 소련과 같은 쿠바혁명의 젖줄 노릇은 할 수 없겠지만, 차베스는 쿠바의 여러 공업 및 기반시설 프로젝트를 지원하겠다고 약속하여, 1960년 11월에 처음 실시된 이래 매년 강화되어 온 미국의 경제봉쇄로 경제가 심각하게 뒤틀려져 있는 쿠바에서 큰 환영을 받았다. 그러나 더욱 중요한 것은 베네수엘라산 석유를 카리브해를 가로질러 쿠바에 매일 5만 3천 배럴씩, 배럴당 27달러의 최저가격(당시 국제시세의 약 절반)으로 공급해 주기로 한 것이었다.

    그리고 쿠바는, 차베스가 지적했듯이 수천 명의 의사를 베네수엘라에 보내, 신축된 전국의 진료소에 배치해 주었다.

쿠바의 이 특별한 배려는 차베스가 소환 국민투표에서 승리하는 데 큰 도움이 되었다.

이때는 차베스와 카스트로가 이 책 서두에 소개한 친선 야구경기에서 어울린 지 꼭 5년이 지난 무렵이었다. 그동안 두 나라에는 여러 가지 극적인 사건이 있었지만, 두 지도자 ── 한 사람은 방대한 지식과 경험을 쌓은 혁명적 독재자, 또 한 사람은 평화주의적 전망과 심오한 민주적 감각을 지니고 빠른 속도로 학습곡선을 익히고 있는 혁명적 군인 ── 의 사적인 우정은 사태발전에 중요한 영향을 끼쳤다.

베네수엘라의 반대파 세력은 종종 차베스가 베네수엘라를 '쿠바화'하려 한다고 비난하지만, 그가 쿠바혁명의 모범에서 많은 위로와 영감을 얻고 있다는 것은 사실이다. 그러나 '볼리바르주의 혁명'의 궤적은 쿠바의 경험과 크게 다른 것으로 나타나고 있다. 쿠바와 달리, 베네수엘라에는 20세기에 강력한 민주적 전통이 정착했으며 차베스도 이를 지지·옹호하고 있다.

그러나 과거 스페인 식민지였던 라틴아메리카 나라들의 혁명은 서로 일정한 친밀성과 보완성을 가질 수밖에 없다. 그들은 정복과 식민지 정착의 역사적 경험을 공유하고 있으며 노예제도와 대량학살 그리고 인종차별과 식민주의에 항거한 투쟁의 역사를 공유하고 있다. 시몬 볼리바르와 호세 마르티의 유산은 두 나라 모두에서 인정받고 있다. 지혜와 행운이 따른다면, 언젠가는 쿠바도 '베네수엘라화'하여 베네수엘라에서 성공을 거둔 것과 같은 민주적 관행에 문호를 개방할 수 있을 것이다. 만일 베네수엘라의 '쿠바화'가 전세계에 걸쳐 쿠바를 전설적 모범국가로 만든 사회적 프로그램의 확립으로까지 이어진다면, 베네수엘라의 대다수 빈민들뿐 아니라 전체 베네수엘라 사람들도 그 혜택을 고맙게 여기게 될 것이다.

에필로그: 군부와 시민사회

차베스 대통령은 교육문제와 경제개발에 큰 관심을 갖고 있지만, 그래도 그는 무엇보다도 우선 군인이다. 그가 존경해 마지않는 두 역사적 인물, 볼리바르와 에세키엘 사모라도 분명히 군인이었다. 차베스는 언젠가 나에게 "나는 군대정신을 이해하며, 나도 그 일부"라고 말한 적이 있다. 그의 한 가지 야심은 군대를 시민사회에 통합하는 것이다.

특히 피노체트 장군이 살바도르 아옌데 정권을 타도한 1973년 9월 이래 거의 4반세기 동안, 라틴아메리카 바깥의 많은 사람들은 군부지도자 하면 검은 선글라스를 끼고 독재정권을 이끌어가는 군 출신 악당의 괴상한 이미지를 떠올릴 수밖에 없었다. 빈민과 농민의 편에 서서 과두지배 체제와 미국의 치열한 반대를 무릅쓰고 급진적 개혁을 밀고 나간 소수의 좌익 군부지도자를 떠올리는 사람은 별로 없다. 아옌데가 진보적 장교들을 정부 공무원으로 채용했다는 것을 기억하는 사람은 더더욱 없다.

차베스는 설사 민주적으로 선출되었더라도 군부의 영향 아래 있는 정부를 지지하기를 꺼리는 사람이 많다는 것을 잘 알고 있다. 차베스는 지난날 자기 세대의 베네수엘라 군인들이 칠레의 피노체트 쿠데타에 정말 큰 충격을 받았지만, 페루와 파나마의 진보적 군사정부에 감명받은 것도 사실이라고 말한다. 차베스는 자신의 군대경력을 자랑스럽게 생각하며, 또 군인들에게도 사회에 진출할 권리가 있고 군인이라고 영영 군대에만 머물러 있어야 할 이유는 없다고 확신하고 있다. 그는 군부와 시민사회가 함께 혁명을 실현하기 바란다. 그는 군인들이 투표권을 가지게 된 것을 기쁘게 생각하며, 앞으로는 사회사업도 벌이고 정부에도 참여하게 되기를 바란다.

호세 비센테 랑헬은 나에게 이렇게 설명했다. "차베스는 틀을 벗어난 장교들의 세대에 속합니다. 이 세대는 베네수엘라 군대가 1960년대의 게릴라전쟁에서 벗어나면서부터 등장했습니다. 그 당시는 군대가 모두 '펜타곤화'되어 있었지요. 파나마에 있는 미국의 아메리카학교, 미국의 군사고문단 그리고 '국가안전 독트린' 등이 모두 중요한 역할을 했습니다."

1970년대에 와서 게릴라 현상이 일단 수그러들자, 젊은 장교들은 '새로운 동기를 모색'하기 위해 대학에서 공부하고 시민사회와도 관계를 맺기 시작했다. 나라의 경제·사회적 상황이 나빠지면서, 그들은 '우선 사회적 위기를 경험'하기 시작했다. 젊은 장교들이 군대막사의 울타리를 벗어나 있는 동안, 고급장교들은 정부의 부정부패에 물들어가고 있었던 것이다. 랑헬은 이렇게 말한다.

부정부패는 군대에 좀 특별한 충격을 주었다. 장교단의 대부분이 이에 연루되어 있었다. 장교들을 타락시키면 그들의 지지를 얻고 불만을 누그러뜨릴 수 있다고 생각한 정계 지도자들이 장교들의 부정부패를 조장했으리라고 생각한다. 그것은 고급장교들을 무력화시킬 수 있었겠지만, 아래로 내려가 대학에서 공부하고 학생들과 접촉하던 젊은 장교들 속에서는 큰 불만을 일으켰다. 그들은 고급장교들이 횡재하고 있으며, 일부는 매우 빨리 부자가 되었다는 것을 알게 되었다.

나와 이 문제를 토론할 때, 차베스는 자기 세대의 하급장교들이 느낀 굴욕감을 강조했다. "나라의 불균형이 군부에 영향을 끼쳤다. 시계추의 한쪽에는 고릴라 악당들이, 또 한쪽에는 환관들이 버티고 있었다. 여러 해 동안 베네수엘라 군부는 환관이었다. 우리에게는 발언이 허용되지 않았으므로 부패하고 무능한 정부가 저지른 참상을 그저 말없이 지켜볼 수밖에 없었다. 고급장교들은 도둑질하고, 우리 군대는 거의 아무것도 먹지 못한 채 엄격한 규율 속에 갇혀 있었다. 그러나 그게 무슨 규율이겠는가? 우리는 참상을 불러온 공범이었다."

차베스는 군대를 시민사회에 끌어들이고자 했다. "그러나 히틀러나 무솔리니 같은 군인은 아니다. 군대를 기본적인 사회기능으로 복귀시켜 국민으로서나 체제 구성원으로서 이 나라의 민주적 개발사업에 참여토록 하자는 것이다."

차베스의 집권 초기에 군대는 자체의 사회사업, 즉 대통령 취임 첫 달에 발족한 '볼리바르 2000 계획'을 추진했다. 이 구상은 군대의 잉여인력을 지역사회 집단과 연계시켜, 휴면상태에 있는 사회적 인프라를 복원한다는 것이었다. 군대는 막사, 운동장, 취사도구 등 군시설을 지역사회에 제공하도록 권장되었다. 군대는 여분의 인력을 동원하여 학교시설과 도로 보수작업을 지원하였고, 외딴 마을과 빈민촌에는 이동식 야전병원이 '마치 교전지대에 가듯이' 파견되었다.

이 비유는 1999년 12월 바르가스 주의 산사태 참사 후에 실감이 났다. 차베스는 이렇게 말했다. "우리는 고맙게도 그

때 이미 볼리바르 계획을 경험했었다. 그때 10개월 동안 해안지방에서 일했는데, 이를 통해 사람들을 구조하고 목숨을 살리는 좋은 경험을 했다."

차베스는 군대가 단순한 사회봉사에만 머무르지 않았다는 것 역시 시인한다. 군대가 "차츰 정당정치는 아니더라도 정계 지도자들과 어울리게 되었다"는 것이다.

차베스는 지난 수십 년 동안 베네수엘라를 통치해 온 양대 정당을 매우 혐오하며, 아예 정당 자체를 좋아하지 않는다. 정당에 대한 이 같은 적대감은 한때 급진운동당(LCR)에서 활동하던 정치이론가들 때문에 생긴 것이기도 하다. 독일의 녹색당과 비슷한 이념을 가지고 제4공화국의 기성정당들을 비판했던 이 70년대 좌파정당의 큰 분파는 90년대에 '만민을 위한 조국'(PPT)을 결성하여, 차베스를 지지하는 연립정부에 참여했다. 차베스 자신의 '제5공화국운동'은 활동을 중단한 상태였고, 차베스를 지지한 양대 정당인 PPT와 '사회주의운동'(MAS)은 사사건건 서로 싸우기만 했다. 역시 연립정부에 참여했던 옛 공산당은 실체 없는 그림자일 뿐이었다. 실제로 '볼리바르주의 혁명'을 뒷받침한 것은 훈련받은 활동가와 합의된 이념을 갖춘 그 어떤 정당이 아니라, 기층민중의 폭넓은 연합세력이었다.

차베스는 또 군대를 균형 잡힌 국제주의를 증진시키는

데도 활용했다. 차베스는 여전히 장교들이 미국으로 파견되지만 "그러나 지금은 장교들이 쿠바, 볼리비아와 브라질에도 파견되어 현재 베네수엘라 군대가 수행하고 있는 사회적 기능에 대해 설명하고 있다"고 말한다.

기자라면 라틴아메리카에서 등장하는 강력한 급진적 지도자에게 늘 매력을 느끼게 마련이고, 나 역시 예외가 아니었다. 그레이엄 그린(Graham Greene, 1904~91, 영국의 작가 겸 언론인-옮긴이)은 지미 카터를 설득하여 파나마 운하를 넘겨받은 파나마의 오마르 토리호스 장군에 매료되었고, 가브리엘 가르시아 마르케스(Gabriel Garcia Marquez, 1928~ . 1982년 노벨문학상 수상자인 콜롬비아 출신 작가 겸 언론인-옮긴이)는 피델 카스트로에 대한 애정을 숨긴 적이 없었다. 또 페루의 지식인들은 1960년대에 '사회주의로 가는 군사도로'를 개척한 후안 벨라스코 장군에게 매혹되어 있었다. 차베스 역시 이 장군들과 같은 매력적인 카리스마를 지닌 인물이지만, 한 가지 그들과 다른 점이 있다. 그것은 그가 1992년에 무력에 의한 집권을 시도했다가 실패한 후 나중에 거듭된 선거를 통해 국민의 신임을 얻어 집권했다는 점이다. 2004년까지 6년 동안 차베스는 총 여덟 차례의 선거를 통해 검증받았는데, 이것은 라틴아메리카 초유의 기록이다. 그는 2006년 대통령 선거에서도 당선될 것으로 예상된다.

그의 계획은 아직 설명되지 않은 부분이 많다. 그러나 방향은 분명하다. 신자유주의 세계화에 대한 적개심, 토착민 권리에 대한 지지, 오일달러를 이용하여 국민이 굶주리지 않고 더 좋은 교육을 받도록 하겠다는 결의 그리고 자급자족의 농업전략을 모색하고자 하는 노력은 차베스를 1999년의 시애틀 WTO회의 이래 전세계적으로 확산되고 있는 반(反)세계화 운동의 암묵적인 동맹자로 부각시키고 있다. 세계화가 새 천년의 질병이라면, 이를 퇴치할 항생제가 지금 서서히 만들어지고 있다. 2005년 1월, 브라질 포르토 알레그레의 사회포럼에서의 연설에서, 차베스는 처음으로 베네수엘라의 당면과제에 사회주의란 용어를 추가했다.

지금까지 차베스는 민중들에게 깊은 관심을 가지고 있으며 자기 나라의 역사를 변화시켜 나가고자 하는 흥미롭고 중요한 인물임이 입증되었다. 집권 6년이 지난 지금 그의 참 모습이 드러나고 있다. 그는 무솔리니 같은 사람도 아니며, 한때 마르크스가 매료되었던 나폴레옹처럼 위험한 인물도 아니다. 그는 독재자가 되고자 하는 사람이 아니며, 지난날의 실패한 정치·경제적 처방을 옹호하는 시대착오적인 인물도 아니다.

차베스는 좌익으로서 새로운 형태의 정치·경제 조직을 철저하게 모색하고 있다. 또한 라틴아메리카 내부와 남북 아메리카 사이의 국제관계를 새로운 시각에서 내다보고자 하는 사람이다. 그의 '볼리바르주의 혁명'은 라틴아메리카의 미래상으로, 세계화와 신자유주의에 대신할 진정한 대안으로 제시되고 있다.

확실히 그는 유토피아적 비전을 가지고 있으며, 따라서 매사가 그렇듯이 그의 꿈이 결국은 좌절될 수도 있다. 그러나 그는 자기 나라의 가장 유능한 인재들을 자기 편으로 끌어들였고, 베네수엘라 역사를 복원시켜 궁극적으로 미국이라는 거물에 맞설 문화를 부활시킬 틀을 마련해 놓았다.

석유정치에 대한 총명하고도 분별력 있는 태도를 지니고 신자유주의의 폐단을 겨냥하여 강력한 발언을 해온 차베스는 이미 베네수엘라 경제를 20세기의 진보에서 소외되었던 대다수 가난한 사람들에게 혜택이 되는 방향으로 가동시켜 가고 있다.

라틴아메리카의 급진적 지도자들은 종말이 좋지 않은 경향이 있다. 종종 자유선거를 통해 미국정부가 쉽게 묵인하기에는 너무 좌경화한 지도자가 배출되기도 한다. 역대 미국정부는 눈밖에 난 정권을 파멸시킬 수많은 수단을 보유하고 있었다. 정치 · 경제적 방법을 통한 협박, 야당 등 반대세력에 대한 자금지원, 적대적인 언론 캠페인 조장 등이 그것이다. 경우에 따라서는 쿠데타 · 암살 또는 노골적인 군사적 침공이 뒤따르기도 한다. 지난 반세기 동안 라틴아메리카에서는 이 모든 수단이 동원되었다. 차베스의 '볼리바르주의 혁명'도 이 가운데 몇 가지를 이미 경험한 바 있으며, 지금도 늘 이런 협박을 받는 위험한 상태에 있다.

어쩌면 이 위대한 혁명이 때 아닌 중단을 경험할지도 모른다. 어쩌면 모두의 눈물 속에서 끝나버릴지도 모른다. 지금까지 있었던 라틴아메리카의 여러 급진적 계획들이 효시대에 매달린 시체처럼 바람에 날리고 있다. 하지만 차베스 사령관의 여러 제안과 그의 '볼리바르주의 혁명'은 더 좋은 결말을 기대해 볼 만하다.

[부록]

아바나의 차베스와 카스트로

> 베네수엘라 볼리바르주의 공화국 대통령 우고 차베스의 첫번째 쿠바방문 10주년을 맞이하여 2004년 12월 14일, 아바나의 칼 마르크스 극장에서 그에게 카를로스 마누엘 데 세스페데스 훈장을 수여하면서 피델 카스트로가 한 연설이다.

우고 차베스가 누구인지 알려면, 꼭 10년 전인 1994년 12월 14일, 아바나대학교 대강당에서 그분이 했던 연설의 내용을 상기할 필요가 있습니다. 나는 그분의 발언내용 일부를 발췌해 왔는데, 다소 방대하기는 하지만 여러분은 이 연설이 혁명적 내용과 정신으로 가득 차 있다는 것을 충분히 느낄 수 있을 것입니다. 차베스는 내가 공항에서 그를 영접했던 사실을 언급하면서 이렇게 연설을 시작했습니다.

"나는 호세 마르티 국제공항에서 직접 피델의 영접을 받는 엄청난, 그러나 즐거운 놀라움을 겪었을 때 그분에게 이렇게 말했습니다. '나는 이런 영광을 받을 자격이 없습니다. 내가 앞으로 몇 달, 몇 년 후에 이런 영광을 입을 자격을 갖게 되기 바랍니다.' 나는 이제 쿠바의 라틴아메리카 동포 여러분에게 똑같은 말씀을 드리고자 합니다. 우리는 언젠가는 쿠바에 와서 도움을 제공하고, 라틴아메리카 혁명사업에서 서로 지원하게 되기를 바랍니다…."

"볼리바르는 '썩은 정치는 진정제로 치유할 수 없다'고 말했거니와, 지금 베네수엘라는 괴저병에 걸려 완전히 썩어 있습니다."

"설익은 망고는 익을 수 있지만, 썩은 망고는 절대로 익지 못합니다. 썩은 망고는 씨를 보관했다가 심어서 새 나무가 자라도록 해야 합니다. 이것이 오늘날 베네수엘라의 상황입니다. 체제를 치유할 방법이 없습니다."

"베네수엘라에서 우리는 무장투쟁을 배격하지 않습니다. 지금도 베네수엘라 육·해·공군의 80% 이상이 우리를 지지하고 있습니다. …이에 덧붙여 우리는 한계 수준의 빈곤 속에 살고 있는 베네수엘라 국민들에게서 60%라는 높은 지지를 받고 있습니다."

"믿기 힘든 일이지만, 지난 20년 동안 베네수엘라에서 200억 달러가 증발했다는 것은 사실입니다. 카스트로 대통령께서는 제게 '그럼, 그 돈이 어디로 갔느냐?'고 물으셨습니다. 그 돈은 거의 모든 역대 집권자들의 해외은행 계좌에, 자기들이 지지해 준 권력의 비호를 받으며 주머니를 채운 민간인들과 군인들의 해외은행 계좌에 들어가 있습니다."

"우리는 압도적 다수의 베네수엘라 사람들에게 대단히 긍정적인 영향을 끼쳤으며, 여러분도 이해하시겠지만, 군·민 양 세력의 지지를 받아 베네수엘라가 절실히 필요로 하는 변혁을 위해 총력을 기울일 준비가 되어 있습니다. 만일 이 정치체제가 다시 가로막고 나서서 민중들을 농간할 수단과 방법을 강구한다면, 우리가 이를 바로잡기 위해 군대에 가 있는 민중들의 무기를 사용할 가능성을 배제하지 않고 있는 것은 바로 이 같은 이유 때문입니다."

"우리는 내년에 제헌의회를 요구하고 있습니다. 우리는 단기적 전략으로 이 해결책을 밀고 나가고 있습니다."

"자주적 경제모델은 20~40년에 걸친 장기적 사업입니다. 우리는 식민지경제를 보완해 주는 모델을 계속 유지할 생각이 없습니다…."

"다가오는 세기는 희망의 세기입니다. 우리의 세기입니다. 볼리바르의 꿈, 마르티의 꿈, 라틴아메리카의 꿈이 다시 태어나는 세기입니다."

이처럼 차베스는 완벽하게 체계화된 혁명적인 정치·경제 사상과 전략적·전술적으로 일관성 있는 사고를 지니고 있었습니다.

여러분도 알다시피, 그 연설에서 차베스는 아주 솔직하게 "우리는 베네수엘라에서 무장투쟁을 배제하지 않는다"고 말했습니다. 이 중요한 문제는 지난번 방문기간 동안에 우리가 여러 시간에 걸쳐서 서로의 의견을 나누며 토론했던 문제입니다.

볼리바르주의 지도자는 피를 흘리지 않고 집권하는 쪽을 택했습니다. 그러면서도 그분은 과두체제가 군부 장성들의 지원을 받아 쿠데타를 일으켜서, 1992년 2월 4일 반란군 장교들이 시작한 운동을 중단시킬까 봐 매우 걱정했습니다.

나는 언젠가 그분이 내게 한 말을 기억합니다. "힘든 상황과 유혈사태를 피하자는 것이 우리 생각이다. 우리 계획은 사회·정치적 세력과 제휴하는 것이다. 실제로 우리는 1998년에 민중들과 군대의 지지를 얻어 활기찬 정치운동을 벌임으로써 이 전통적인 방법으로 권력을 장악했다. 나는 그것이 최선의 전략이라고 생각한다."

나는 그때 짤막하게, 그러나 진지하게 "그거 좋은 방법이다"라고 평했던 것을 지금도 잊지 않고 있습니다.

그리고 사태는 바로 그분이 말한 대로 진행되었습니다. 그가 만들고 이끌었던 애국세력과 좌익진영의 연대조직 '볼리바르주의 혁명운동'은 인민과 군부의 대다수, 특히 젊은 장교들의 지지를 얻어 1998년 선거에서 압승했습니다. 그것은 혁명가들에게 좋은 교훈을 주었습니다. 일을 하는 데는 도그마도 없고 외길도 없습니다. 쿠바혁명 자체가 이를 입증해 주었습니다.

내가 오랫동안 마음속 깊이 품어온 확신은 위기가 오면 지도자가 등장한다는 것입니다. 나폴레옹이 스페인을 점령하자 볼리바르가 등장했고, 외국인 왕을 들어앉히자 이곳 남반구에서 스페인 식민지들의 독립을 촉진할 조건이 조성되었습니다. 마르티가 때맞춰 등장하여 쿠바에서 독립운동을 일으켰습니다. 베네수엘라와 라틴아메리카의 처참한 사회적·인간적 상황이 제2의 진정한 독립을 위해 싸울 때가 되었음을 알리자 차베스가 등장했습니다.

오늘의 투쟁은 더욱 힘들고 어렵습니다. 냉전종식 후 유일한 초강대국이 된 패권주의적 제국이 엄청난 장애가 되고 있기 때문입니다.

오늘날 세계가 겪고 있는 위기는 어느 한 나라나 한 대륙에만 영향을 끼치지 않으며 모두에게 영향을 주고 있습니다. 그렇기 때문에 제국주의 체제와 그 세계경제 질서는 지속될 수 없습니다. 스스로의 독립만이 아니라 생존 자체를 위해 투쟁에 나선 여러 나라의 인민들은, 설사 한 나라의 인민이더라도, 결코 패배당할 수 없습니다.

거의 반세기 전 쿠바에서 일어났던 사태를 잊어서는 안

되며, 역사상 최장기간의 경제봉쇄에도 불구하고 우리나라가 이룩해 놓은 엄청난 사회·문화적 진보 나아가 휴머니즘의 진보를 망각해서도 안 됩니다. 베트남에서 일어났던 사태, 지금 이라크에서 일어나고 있는 사태를 결코 잊어서도 안 됩니다.

현재 베네수엘라에서 일어나는 사태가 또 하나의 유력한 모범이 되고 있습니다. 군사쿠데타나 석유쿠데타로도, 거의 전체 언론을 등에 업은 소환 국민투표로도 '볼리바르주의 혁명운동'의 압도적인 승리를 가로막지 못했습니다.

이 역사적인 기념행사를 마무리하면서, 두 나라 정부는 오늘밤에 ALBA(아메리카를 위한 볼리바르의 대안) 공동선언에 서명하게 됩니다. 우리는 또한 이 개념을 실천에 옮길 쌍무협정도 체결하게 됩니다. 이 두 가지는 역사적인 문건이 될 것입니다.

우고, 당신은 10년 전 당신이 야례 감옥에 수감되어 있을 동안 뉴스를 통해 당신의 내력, 당신의 행동, 당신의 이념을 접하고 위대한 혁명가로서의 당신의 자질을 알게 됐던 사람들이 당신에게 베푼 영광을 받을 자격이 없다고 말했습니다.

당신의 조직력, 젊은 장교들을 가르치는 역량, 고귀한 사상 그리고 역경에도 흔들리지 않는 모습으로, 당신은 이제 그런 영광뿐 아니라 더 많은 영광을 누릴 자격을 갖게 되었습니다.

　당신은 당신의 희망과 꿈을 실현시켜 언젠가 다시 찾아오겠다고 약속했습니다. 당신은 이제 돌아왔습니다. 당신은 귀국 인민들의 승리한 혁명과정을 이끈 지도자로서만이 아니라, 전세계의 수백만 인민, 특히 우리 쿠바 인민들에게서 사랑받고 존경받는 중요한 국제적 인물이 되어 돌아왔습니다.

　오늘은 당신이 언급했던 그 자격을 갖춘 영광, 우리가 당신께 수여한 두 개의 훈장이 오히려 왜소해 보입니다. 무엇보다도 우리를 감동시킨 것은 당신이 약속했던 대로 일찍이 볼리바르와 마르티가 한 투쟁을 우리와 함께하기 위해 돌아왔다는 것입니다.

　볼리바르와 마르티 만세!
　베네수엘라 볼리바르주의 공화국 만세!
　쿠바 만세!
　우리의 형제애와 단결의 연대여 영원하라!

참고문헌

Arvelo Ramos, Alberto, *El dilema del Chavismo: una incógnita en el poder*, Caracas: José Agustín Catalá, 1998.

Bilbao, Luís, *Chávez, después del golpe y el sabotaje petrolero*, Puerto La Cruz: Editorial Fuego Vivo, 2003.

Blanco Muñoz, Agustín, *Habla el Comandante: testimonios violentos*, Caracas: UCV, 1998.

Boustany, Nora, "Venezuela's Aspiring Innovator," *Washington Post* 1999. 9. 24.

Bravo, Douglas and Argelia Melet, *La otra crisis, otra história, otro camino*, Caracas: Oríjinal Editores, 1991.

Briceño Porras, Guillermo, *El extraodinário Simón Rodríguez*, Caracas, 1991.

Brito Figueroa, Federíco, *Tiempo de Ezequiel Zamora*, Caracas: José Agustín Catala, 1995.

Britto García, Luís, *El poder sin la máscara: de la concertación populista a la explosión social* 2nd edition, Caracas: Alfadil Ediciones, 1989.

Burgos, Elizabeth, "Base-ball: imposition impériale ou affirmation du sentiment national?," *L'ordinaire latino-américain* no. 187,

Université de Toulouse-le-Mirail, 2002. 1~3.

Buxton, Julia, *The Failure of Political Reform in Venezuela*, Aldershot: Ashgate, 2001.

Buxton, Julia and Nicola Phillips, *Case Studies in Latin American Political Economy*, Manchester: Manchester University Press, 1999.

Castañeda, Jorge, *Utopia Unarmed: the Latin American Left after the Cold War*, New York: Random House, 1994.

Castro, Orlando, *Orlando Castro*, Caracas: Editora Anexo, 1998.

Chávez, Hugo, *The Fascist Coup against Venezuela: speeches and addresses, December 2002~January 2003*, Havana: Ediciones Plaza, 2003.

_____, *Discursos fundamentales: ideología y acción política, Vol. 1, 1999*, Caracas: Foro bolivariano de Nuestra América, 2003.

Coppedge, Michael, *Strong Parties and Lame Ducks: presidential partyarchy and factionalism in Venezuela*, Stanford: Stanford University Press, 1994.

Coroníl, Fernando, *The Magical State: nature, money and modernity in Venezuela*, Chicago: University of Chicago Press, 1997.

Díaz Rangel, Eleazar, *Todo Chávez: de Sabaneta al golpe de abril*, Caracas, 2002.

Dietrich, Heinz, *Hugo Chávez: con Bolívar y el Pueblo, nace un nuevo proyecto latinoamericano* Editorial 21, Buenos Aires, 1999.

Elizalde, Rosa Miriam and Luis Báez, *Chávez nuestro*, Havana: Casa Editora, 2004.

Ellner, Steve and Daniel Hellinger eds., *Venezuelan Politics in the Chávez Era: class, polarization and conflict*, Boulder: Lynn Rienner, 2003.

Ewell, Judith, *Venezuela: a century of change*, London: Hurst and Co., 1984.

Garrido, Alberto, *Guerrilla y conspiración militar en Venezuela*, Caracas: José Agustín Catalá, 1999.

_____, *La historia secreta de la revolución bolivariano*, Mérida, 2000.

_____, *Mi amigo Chávez: conversaciones con Norberto Ceresole*, Caracas, 2001.

Giordani, Jorge A., *La puropuesta del MAS*, Caracas: UCV, 1992.

Gott, Richard, *Guerrilla Movements in Latin America*, London: Thomas Nelson, 1971.

_____, *In the Shadow of the Liberator: Hugo Chávez and the transfor-mation of Venezuela*, London: Verso, 2000.

Grüber Odreman, Hernán, *Antecedents históricos de la insurrección militar del 27-N-1992*, Caracas, 1993.

_____, *Soldados alerta!*, Caracas, 2004.

Harnecker, Marta, *Hugo Chávez Frías: un hombre, un pueblo*, Bogotá, 2003.

Henry, James, *Banqueros y lavadolares: el papel de la banica internacional en la deuda del Tercer Mundo, la fuga de capitales, la corrupción y el antidesarrollo*, Bogotá: Tercer Mundo Editores, 1996.

Iglesias, María Cristina, *Salto al futuro: conversaciones con Pablo Medina(y otros)*, Caracas: Ediciones Piedra, Papel o Tijera, 1998.

Kornblith, Míriam, *Venezuela en los 90: las crisis de la democracia*, Caracas: Ediciones IESA, 1998.

Krehm, William, *Democracies and Tyrannies of the Caribbean*, West-port: Lawrence Hill & Co., 1984.

Langue, Frédérique, *Hugo Chávez et le Venezuela: une action politique au pays de Bolívar*, Paris: L'Harmattan, 2002.

Ledezma, Eurídice, "Crísis política y nacionalismo, en Venezuela, Mexico, y Peru: un estudio comparado," unpublished thesis, Universidad Complutense de Madrid, 1998.

López Maya, Margarita, "El ascenso en Venezuela de la Causa R," *Revista Venezolano de Economía y Ciencias Sociales*, Caracas: UCV, 1995. 2~3.

_____ed., *Lucha popular, democracia, neoliberalismo: protsta popular en America Latina en los años de ajuste*, Caracas: Editorial Nueva Sociedad, 1999.

McCaughan, Michael, *The Battle of Venezuela*, London: Latin America Bureau, 2004.

McCoy, J. ed., *Venezuelan Democracy under Pressure*, New Brunswick: North-South Centre, 1995.

Maringoni, Gilberto, *A Venezuela que se inventa: poder, petróleo e intriga nos tempos de Chávez*, São Paulo: Editora Fundacao Perseu Abramo, 2004.

Martín, Américo et al., *Chávez y el movimiento sindical en Venezuela*, Caracas: Alfadil Editores, 2002.

Martínez Galindo, Román, *Ezequiel Zamora y la batalla de Santa Inés*(prologue Hugo Chávez), Caracas: Vadell Hermanos, 1992.

Medina, Pablo, *Rebeliones*, Caracas, 1999.

Mieres, Francisco et al., *PDVSA y el glope*, Caracas: Editorial Fuentes, 2002.

Moleiro, Moisés, *El poder y el sueño*, Caracas: Editorial Planeta Venezolano, 1998.

Müller Rojas, Alberto, *Relaciones peligrosas: militres, política y estado*, Caracas: Fundo Editorial Tropykos, 1992.

Naím, Moisés, *Paper Tigers and Minotaurs: the politics of Venezuela's economic reform*, Washington: Carnegie Endowment, 1993.

Olavarría, Jorge, *El efecto Venezuela* 3rd edition, Caracas: Editorial Panapo, 1996.

_____, *Historia viva: articulos publicados en El Nacional, marzo 1998-marzo 1999*, Caracas, 1999.

_____, *Historia viva 2002～2003*, Caracas: Alfadil Ediciones, 2003.

Peña, Alfredo, *Conversaciones con José Vincente Rangel*, Caracas: Editorial Ateneo de Caracas, 1978.

Petkoff, Teodoro, *Hugo Chávez, tal cual*, Madrid: Los Libros de la Catarata, 2002.

Ramírez Rojas, Kléber, *Historia documental del 4 de febrero*, Caracas: UCV, 1998.

Robinson, Max, *La raíz robinsoniana de la revolución bolivariano en Venezuela*, Caracas, 2004.

Rodríguez, Simón, *Sociedades americanas*, Caracas: Biblioteca Ayacucho,

1990.

Rodríguez-Valdés, Angel, *Los rostros del glope*, Caracas: Alfadil Ediciones, 1992.

Romero, Celino, "Pacific Revolution," *World Today* vol. 25/no. 10, London, 1999. 10.

Sánchez Otero, Germán, *Cuba desde Venezuela*, Caracas: CONAC, 2004.

Santodomingo, Roger, *La conspiración 98: un pacto secreto para llevar a Hugo Chávez al poder*, Caracas: Alfadil Ediciones, 1999.

Sanz, Rodolfo, *Diccionario parp uso de: Chavistas, Chavologos y Antichavistas*, Caracas, 2004.

Stepan, Alfred, *The State and Society: Peru in comparative perspective*, Princeton: Princeton University Press, 1978.

Tarre Briceño, Gustavo, *El espejo roto: 4F 1992*, Caracas: Editorial Panapo, 1994.

Vivas, Leonardo, *Chávez: la última revolución del siglo*, Caracas: Editorial Planeta Venezolano, 1999.

Williamson, John ed., *The Political Economy of Reform*, Washington: Institute for International Economics, 1994.

Zago, Angela, *La rebelión de los Angeles*, Caracas: Fuentes Editores, 1992.

Zapata, Juan Carlos, *Los ricos bobos*, Caracas: Alfadil Ediciones, 1995.

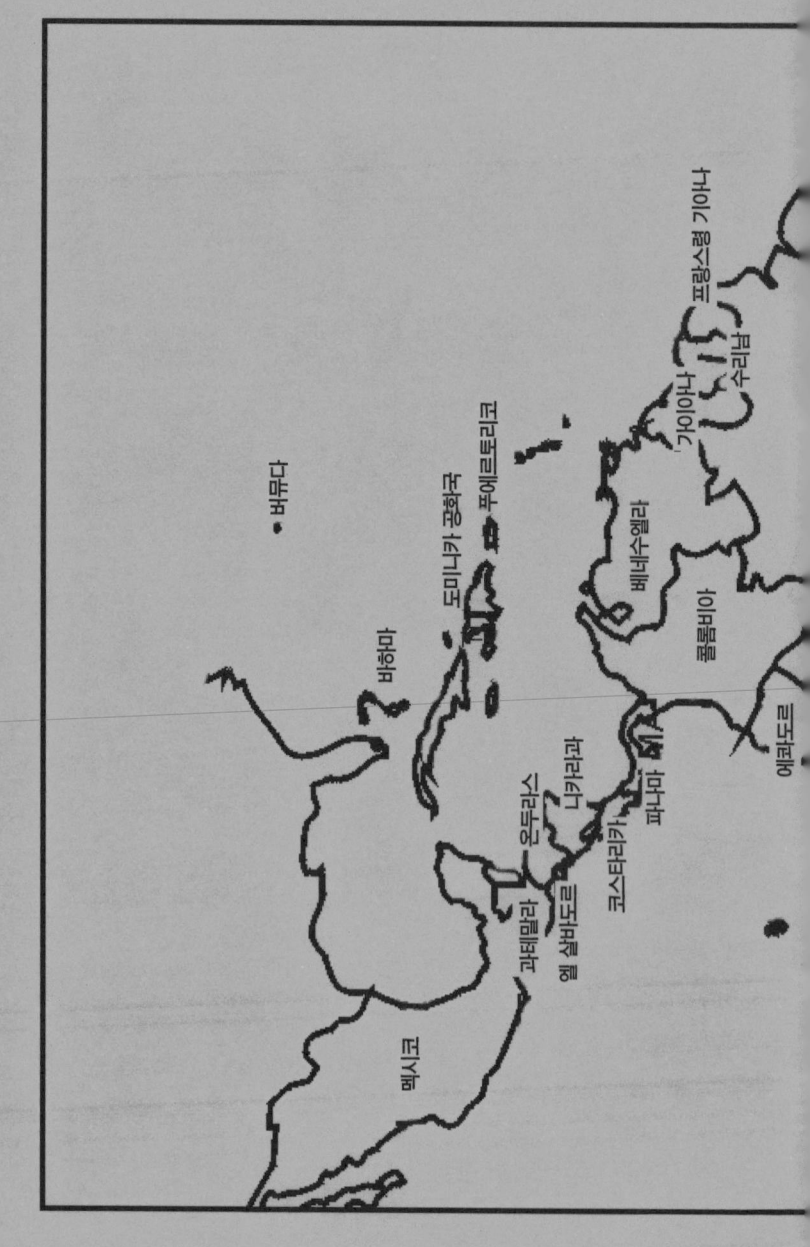

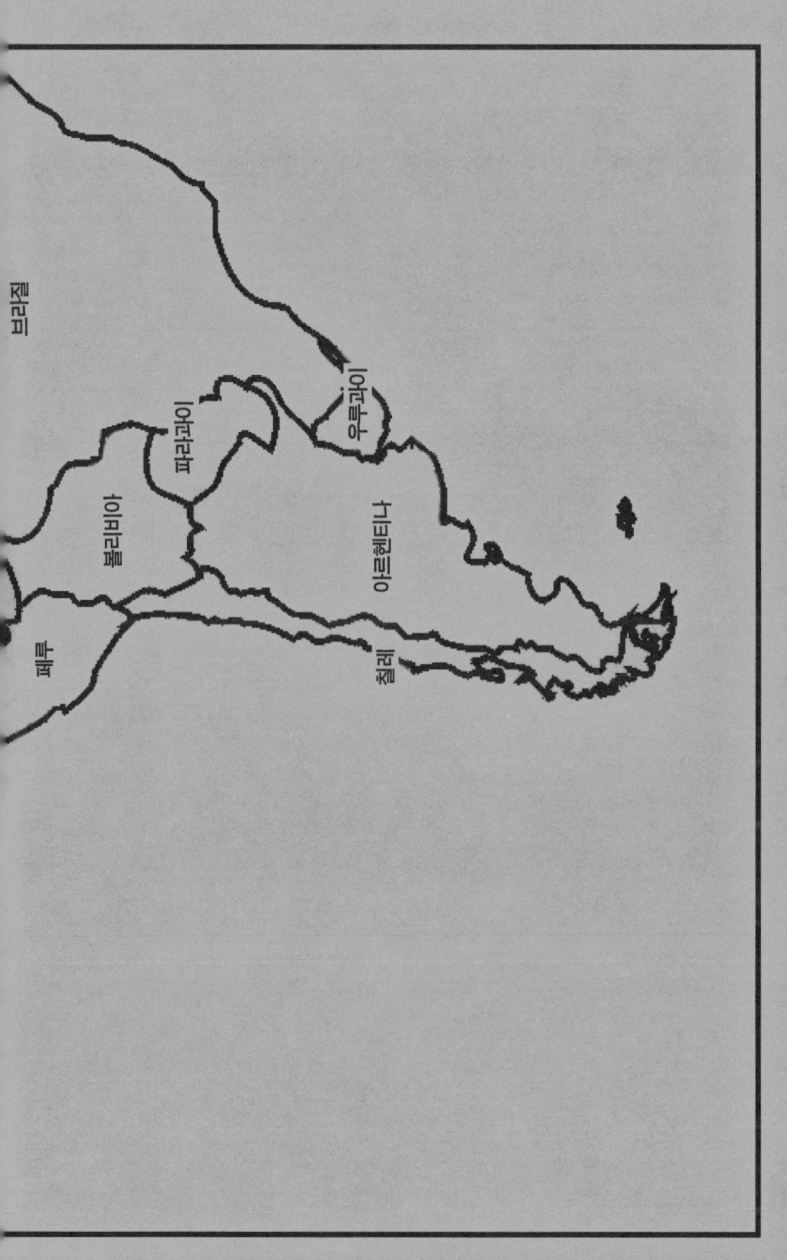